I0581260

Et l'Oscar va...
au blaireau mécanique!!

Erik Gosselin

Mise en page / Graphisme : Francis Gosselin
Couverture et illustrations : Rick Trembles
Consultante à l'édition : Edwina Voda
Imprimé aux États-Unis par Ingram-Spark

ISBN 978-1-7751465-6-8

Publié par Lifemaker FX
5105 rue Viger
Saint-Hubert, Québec
Canada J3Y 8Y9

www.erikgosselin.rocks
www.lifemakerfx.com

Ce livre est dédié à Karl, Manon et Edwina.
Pour toutes sortes de raisons aussi différentes qu'importantes.

Il est aussi dédié à tous ceux qui m'ont aidé
quotidiennement depuis plus de 30 ans.

Prologue... parce que ça en prend un! — 1

Les *'blockbusters'*, une médaille à deux tranchants ou une lame à deux côtés? — 7

Les mégas vedettes et le gars de Trois-Rivières! — **23**

Des balles courbes quotidiennes et inévitables! — **63**

Les influences allumeuses! — **71**

Un hobby qui pourrait être payant? — **91**

L'Halloween avant le vedettariat de quartier. — **97**

Twins FX avec mon frérot! — **103**

Un ex-chanteur de pomme m'ouvre la porte du Royaume Hollywoodien! — **121**

La frénésie de l'Halloween avec plus de visibilité. — **127**

Voyager sur le bras de la production! — **133**

Les projets tombent du ciel. — **223**

Des compétitions de maquettes chez l'Oncle Sam. — **247**

Des projets décousus, en v'là deux en tête de liste! — **259**

Le département costumes, et les autres... — **273**

Les moments mémorables, même ceux que j'essaie d'oublier! — **281**

Les gens en uniformes. — **317**

On arrive au blaireau du titre... Enfin! — **329**

Épilogue. — **339**

RIP

Prologue… Parce que ça en prend un!

En plus de 30 ans de carrière, j'en ai fait des maquillages et des accessoires spéciaux. Des milliers.

Des demandes aussi petites qu'une seule palette en or dans la bouche du frère d'Eddy Murphy ou un doigt coupé pour Luc Picard sur **l'Audition**… le poisson à la queue arrondie dans **La Grande Séduction**. Des brosses à dents de 2 mètres de long, un énorme ours animatronique version costume, un écureuil enragé, des égorgements sanglants et des créatures fantaisistes de toutes les couleurs et grosseurs.

Des vieillissements, des chiens écrasés, des bébés mécanisés / radio-commandés avec ou sans cordons ombilicaux 'sectionables', des extra-terrestres mignons, etc., etc. Des milliers.

De la télé-communautaire jusqu'aux **X-Men**, des commerciaux **Ford / Coke / Roi du Matelas / Adidas / Joe Patate Frite** jusqu'aux cadavres de l'École Nationale de Police à Nicolet, en passant par les **19-2**, **Mommy**, **Crimson Peak**, **Death Race**, **La P'tite Vie**, **Mensonges** et autres.

Les premières années d'opération de Twins FX avec Karl, puis ensuite le pivotage vers Lifemaker FX, nous ont emmené beaucoup de joie mais beaucoup de stress. Des défis en apparence insurmontables desquels on riait après une livraison couronnée de succès.

De l'argent aussi et des maux de tête rebelles, guerriers tenaces contre les **Tylenol**. À cause de l'aura autour de ce métier et du fait que nous étions jumeaux identiques oeuvrant dans un domaine spectaculaire et visuel, nous avons donné beaucoup d'entrevues. Autant pour la radio, la télé ou les médias écrits.

Les 4 questions qui me sont posées le plus de fois durant ces entrevues sont la raison majeure pourquoi j'ai décidé d'écrire **'Et l'Oscar va... au blaireau mécanique!!'**

- Comment devient-on un maquilleur d'effets spéciaux?
- Vous ne faites pas de cauchemars la nuit entouré de toutes ces choses terrifiantes?
- Pourriez-vous nous raconter une anecdote croustillante de plateau pour nos auditeurs?

Et la quatrième, mais non la moindre :

- Quand l'un de vous se fait mal, est-ce que l'autre jumeau le ressent à distance?

La dernière, j'y réponds tout de suite et on oublie ça pour le restant des 350 pages ou même si vous me croisez un jour dans la rue.

Absolument pas!

Quand j'ai le malheur de me cogner l'orteil, Karl continue de jouer de la guitare sans aucune douleur. Et je pourrais ajouter que le Père-Noël n'existe pas non plus. Désolé les enfants.

Une question bonus qui est devenue populaire bien assez tôt: Pourquoi est-ce qu'un blaireau mécanique remporterait un **Oscar**? Bonne question. L'histoire hilarante et surréelle complète est plus loin dans le livre.

Explication préliminaire: c'est la faute de la série pour ados **Blue Mountain State**.

Et aussi le résultat d'une conversation entre Jean-Michel et moi, créant la phrase mythique ***'And the Oscar goes to… THE BADGER!'*** J'en ai fait un titre de livre.

C'est *'frenglish'* à l'atelier Lifemaker.

Quelques noms d'acteurs et de productions sont changés surtout si j'ai du négatif à raconter. En fait plusieurs, trop négatifs, ne se sont même pas rendus jusqu'à ces pages. Inutile. Une poursuite judiciaire par décennie, ça suffit. Le syndicat local du moment ou encore les avocats de David Bowie m'ont traumatisé pour la vie.

Il y a donc quelques *'Acteur W'* ou *'Actrice Y'* ou des titres de films qui n'existent pas, tournés en Allemagne au lieu de la Suisse, comme exemple. Si j'écris *'le gars sur X-Men m'a pété deux dents'*, je parle de **X-Men**... si j'écris, *'La vedette américaine m'a demandé où trouver de l'héroïne sur le blockbuster Z'*, les noms du demandeur et du projet resteront secrets, jusque sur mon lit de mort!

Par contre, si j'ai du positif à raconter sur quelqu'un ou une production, j'utiliserai les vrais noms.

Halle Berry, David Bowie, Jason Statham, Donald Sutherland, Luc Picard, Sonia Vachon, Johnny Depp, le clan Labrèche, Bob Hoskins, et des dizaines d'autres, sont là.

J'ai travaillé pendant 5 années sur ce livre et la publication s'étirait... mais quand j'ai lu l'ouvrage de mon ami Éric Falardeau, ***'Une histoire des effets spéciaux au Québec'***, et que je me suis enfargé sur un chapitre qui mentionne mon frère Karl et moi comme les '*... parrains des effets spéciaux...*', ça m'a botté le derrière pour terminer l'écriture du mien.

Sans parler de la pandémie, qui m'a donné du temps libre comme j'ai rarement eu depuis des années.

Le voici donc!

HOLLYWOOD

Les *'Blockbusters'*, une médaille à deux tranchants ou une lame à deux côtés? Ou vice-versa... Anyway.

Les 'gros' films, tous les techniciens les veulent. Prestige, grosse paie et sécurité d'emploi dus aux longues semaines sur les plateaux, voire moins. C'est vrai pour moi comme pour les autres. Ou plutôt c'était vrai pour moi.

Des tournages plus consistants et motivants comme tous les longs métrages de Robin Aubert sur lesquels j'ai travaillé. Ou encore, des drames québécois, genre **Dédé à travers les Brumes**, m'ont fait apprécier aussi les budgets moins fous que les **X-Men** ou **Death Race**. On s'investit plus, on crée plus, on sympathise plus et on s'assoit avec le réalisateur au diner pour jaser philosophie ou Canadiens de Montréal.

C'est tout simplement plus humain. J'y reviendrai.

Mais il n'y a pas que le grand écran qui offre du visuel avec un contenu décent. Le petit écran ne donne pas sa place et certaines productions télé ont des imposants montants d'argent sous l'aile. Malgré nos nombreux contrats de cinéma, les séries américaines et locales ont bâti Twins FX et Lifemaker. Notre pain et notre beurre pendant trente ans.

Les 64 épisodes / 3 ans du **Loup-Garou du Campus**, les quelques saisons de **19-2** anglophone (*'nineteen-two!'*) ou encore les 4 saisons de la magique **Being Human** pour ne mentionner que celles-là. Ce sont tous des contrats qui ont fait grandir l'entreprise, le compte de banque, l'expérience et les tablettes à nominations et trophées.

Mais le chapitre focus sur les 'gros' films. Alors, allons-y.

Mon tout premier blockbuster U.S.? **Screamers** de Christian Duguay. Mon baptême hollywoodien mettant en vedette un jeune Roy Dupuis et Peter Weller, **Robocop** lui-même!

Le jeunot qui était venu me rencontrer avec son porte-folio alors que j'étais une 'vedette' de la télé-communautaire, celui à qui j'avais prédit un Oscar, me donne un coup de téléphone pour que je joigne son équipe comme superviseur d'atelier. C'était son premier gros show, et moi aussi. Grosse machine à mettre sur pied. Gros budget à dépenser. On serait utile l'un à l'autre.

La liste d'épicerie incluait un Roy qui se faisait couper en deux par un Screamer aux lames bien aiguisées. Des cadavres destinés aux pires outrages, quelques accessoires animatroniques, des quantités de Screamers à différents niveaux d'évolution (d'un lézard robotisé à une version Roy en tueur mécanisé) et d'innombrables prothèses de blessures.

Mon premier de 5 projets avec Roy: **Screamers**, **Bleeders**, **Emotional Arythmetic**, **Truffe** et celui où on a pu jaser pour vrai, enfin, **Brain Freeze**, le dernier de ma trilogie *'zombies made in Québec'*.

Le département mécanique était donc chapeauté par mon jumeau Karl, qui lui était supporté par mon autre frère Ronny, le maquettiste aux gros doigts de fée. Même Manon, ma conjointe au début de ma carrière, à qui je dois beaucoup d'ailleurs, mettait la main à la pâte. Un show de famille, qui comptait près de 20 techniciens / maquilleurs dans son atelier.

Roy Dupuis était la coqueluche des demoiselles grâce à son Ovila des **Filles de Caleb** et Manon était de celles qui le trouvait de son goût. Quand elle a appris qu'il fallait le mouler en entier pour sa scène de coupage en deux, Manon s'est portée volontaire. Il fallait être au moins 3 pour ce travail d'envergure et son aide serait la bienvenue. Gagnant-gagnante!

Le premier jour de fabrication à l'atelier fourni par la production, j'avais les yeux grands comme des 'deux piastres'! Ils avaient loué un plancher complet d'un édifice bicentenaire vide au coin des rues Maisonneuve et Parthenais... je crois. Juste pour l'équipe des maquillages FX. De mémoire, environ 2000 pi.ca. Mon patron, le jeunot, acheta des tables de travail, des chaises, des outils, d'énormes quantités de matériaux pour remplir cet espace éphémère. 3 mois.

On avait aussi accès à plusieurs restants de moules et accessoires du légendaire film **Scanners**. Wow! Définitivement le plus gros projet dans ma jeune carrière à ce moment-là.

C'est sur Screamers que j'ai été témoin de mon premier acteur-diva (pas Roy!), et expérimenté les horribles tournages de nuit (en hiver en plus) où ta vie sociale est à l'inverse de ton entourage. Des figurants chialeux et / ou traités comme des meubles, par intermittence, ça aussi. J'apprenais.

Ce sera un projet stimulant mais difficile qui m'enseigne énormément pour ma future carrière. Techniquement et socialement. Le fait d'assembler une équipe de surdoués et motivés, issus de différents parcours formatifs ou provinces, amenait de l'eau au moulin créatif, ce que le jeunot ne manquait déjà pas.

Ce fut un point tournant du début de mon cheminement que je ne changerais pas. Phrase que je me suis répétée à maintes reprises lors du visionnement d'équipe organisé par les producteurs avant la première mondiale.

Screamers a commencé le bal, **Riddick** et **Fatal Bazooka** l'ont continué, mais **X-Men** est encore le grand champion toutes catégories pour le 'luxe', les excès et les demandes spéciales... des départements et des acteurs. Il y en a beaucoup trop pour tout énumérer, titres de projets, luxures ou caprices, mais je vous en présente quelques-uns.

Fascinant et incroyable. Je me disais que c'était probablement plus facile de gérer un petit pays que cette machine aux centaines de techniciens et multiples unités de caméras.

Les cartes d'identité obligatoires pour simplement circuler dans les limites du tournage ou des bureaux. Les *food trucks* tacos / gaufres / poutines à volonté comme collations de temps en temps. Le massothérapeute pour des 15 minutes de relaxation installé dans sa minuscule tente de nylon noir aménagée au bord des Studios. Du jamais vu avant pour moi, et rarement depuis. Avec la Covid, ces cartes avec photo sont devenues essentielles sur les tournages étrangers à Montréal, plus seulement sur les *blockbusters.*

Au début des années 2000, mon entreprise de maquillage FX allait déjà très bien, et grâce à mon C.V. chapeauté par le récent **Screamers**, je m'étais ramassé avec deux beaux contrats de longs métrages américains tournés au Québec, bout à bout. Un combo point-tournant pour la suite de ma carrière.

Gothika, mettant en vedette Halle Berry et Robert Downey Jr., ainsi que **Secret Window** répliquant avec Johnny Depp, Maria Bello et Timothy Hutton. Charles Dutton soutenait les acteurs principaux dans les deux projets. Toute une brochette pour un fan de cinéma.

Des gros shows comme ceux-là ne font qu'amplifier toutes mes angoisses comme mises sous une loupe géante. J'ai toujours l'impression que mes clients vont se rendre compte d'une minute à l'autre que je ne suis qu'un petit garçon ordinaire, sans talent, déguisé en grand homme fort et créatif. Mais ça n'arrive jamais.

Même si mon côté cartésien me dit clairement que mes sculptures, mes peintures et mes maquillages sont professionnels, que j'ai un bon 'oeil' pour les couleurs et les formes, que j'ai reçu toutes sortes de trophées… amassé beaucoup d'argent et que je suis un organisateur qui fait face aux problèmes, malgré cela, j'avais quotidiennement peur de me faire démasquer comme imposteur.

Donc, 2 énormes projets qui se succèdent en 2004. Le premier à tourner, **Gothika**.

Ma liste d'épicerie :

- des dizaines de profondes blessures de torture pour les victimes des tueurs. ('tueurs' au pluriel… désolé de voler le punch final!)
- une écriture au rasoir sur le bras de Halle, 'NOT ALONE'.
- un corps de Charles Dutton, qui tenait le rôle du mari d'Halle Berry, mécanisé et incluant des avant-bras et une tête de remplacements puisqu'il se faisait tuer à coups de hache!
- la 'petite fantôme blonde' qui causait un accident de la route au personnage de Halle.
- des dizaines de faux tattoos pour l'acteur qui jouait le tueur. Un gars de presque 2 mètres avec un long torse à couvrir.

Juste ça.

Le corps de Charles était un beau défi en soi puisqu'il y avait de la mécanique particulière, donc un projet conjoint avec mon frérot. Un cou 2-axes pour donner l'impression que le personnage panique en voyant la hache approcher. Et un bras droit 'défensif' qui devait se lever pour bloquer l'arme tout en se cassant en deux sous la force de l'impact. Rien que ça!

Lors du moulage à notre atelier du défunt Ciné-Cité de Saint-Hubert je me souviens qu'on avait aussi une actrice suspendue par des crochets industriels vissés au plafond, soutenue par un harnais de parachutiste. Elle se faisait mouler le bas du corps pour une fabrication de queue de sirène. Une scène surréelle de deux acteurs immobilisés dans la même pièce pour deux projets différents.

Charles ne pouvait pas bouger à cause des bandes plâtrées durcies. Seuls sa tête et ses pieds avaient un peu de liberté quand il essayait de s'étirer le cou pour comprendre ce que la fille pouvait bien faire accrochée au plafond, les jambes enroulées dans le **Saran Wrap**.

Nous avions donc 3 têtes et 3 bras droits, peints, prêts à être installés sur le corps mécanisé de Charles. Après chaque impact significatif (c.-à-d. bris sérieux) on n'avait qu'à dévisser la partie endommagée et en mettre une autre. On avait 3 chances de filmer un bon coup, de 3 angles différents, avec 3 caméras en simultané.

Une fois la scène mise en place, Halle arrive sur le plateau, gonflée à bloc. Deux choses l'ont frappé instantanément... notre corps qu'elle trouvait ***"incredible!"*** et le poids de la vraie hache qu'elle devait utiliser sur Charles Dutton version plastique.

Après quelques répétitions de mouvements et ajustements d'éclairage, on tourne quelques plans où Halle s'approche d'un Charles Dutton couché par terre suppliant son épouse de ne pas le tuer, avec les deux comédiens et une copie de l'arme, légère et inoffensive. Puis on remplace Charles par le faux corps, et la hache par la vraie.

Elle essayait de la soulever avec conviction. Une question de vie ou de mort pour son personnage mais elle insistait à son réalisateur.

"That thing is too heavy for me Mathieu.

Can I have the other one?"
"Non! Let's go. Work it Halle! Meeerde!"

Halle s'élance à quelques reprises sous les éclairs du département éclairage. Mathieu est rivé au moniteur et motive son actrice en criant comme un déchainé, histoire d'exsuder de l'agressivité ET casse l'avant-bras ET défonce le front de notre bonhomme en mouvement. On fait plusieurs prises avec les deux premiers *kits* de têtes / bras remplaçables. Utilisables pour tous les angles nécessaires sauf celui du gros plan de la lame entrant DANS la face de Charles.

Mathieu Kassovitz est intense, et comme la plupart des réalisateurs, il veut ce qu'il veut, là. Halle essaie donc d'en briser deux tant bien que mal et Mathieu se réserve la troisième pour la destruction de la tête.

À son tour, il prend la hache et se met à la faire virevolter dans tous les sens.

"Allez! On éclate le mec! Go. Éclairs!
Pluie! Action!"

Mathieu la soulève avec un sourire enfantin, diabolique, accroché au visage. Toute l'équipe retient son souffle. Nous sommes 5 Lifemaker ce jour-là à le manipuler. Mathieu ajoute,

"Go Twins, plus de mouvements,
j'veux que ça bouge!"

On s'active comme des fous sur les manettes et le personnage gesticule comme un enragé, puis la hache tombe dans un grand élan violent! CRACK!

Le bras droit est traversé comme si c'était un cure-dent, puis un deuxième CRACKK! quand la lame poursuit son chemin destructeur et sépare la face de Charles en deux (comme une hache dans une face finalement!), du sang giclant partout. L'outil de destruction reste pris dans le crâne de fibre de verre et Mathieu se met à la bouger dans tous les sens en se servant du manche comme poignée. Le bonhomme avait l'air d'un possédé lancé dans un bain d'eau bénite!

Le réalisateur meurtrier éclate de rire, comme toute l'équipe d'ailleurs, puis des applaudissements suivent. Il faut aimer le stress pour patauger dans ce métier...

Si vous passez par mon atelier un jour, demandez-moi de vous montrer la vidéo *'behind the scenes'* du meurtre de Charles Dutton silicone par Mathieu Kassovitz. Fou! Ça vaut le détour.

La 'p'tite fantôme blonde' avait aussi des spécifications bien précises. Se tenir debout au beau milieu d'une route de campagne asphaltée, sous la pluie. Elle devait surprendre la psychiatre (Halle) au volant de son automobile et l'envoyer dans le fossé.

Les gars des FX nous patentent un système simple mais efficace de tiges de métal dans les talons, trouant l'asphalte précisément. Notre personnage se tenait droit au beau milieu de la rue déserte.

Quand la pluie se met de la partie, la vue de la petite fille martyrisée prend une autre dimension. Ses cheveux s'aplatissent sur sa tête et créent des couettes sur son visage suppliant. Sa chemise de nuit devient vite moulante et translucide montrant toutes ses blessures de torture. Elle avait l'air de grelotter.

Mathieu s'en est approché et l'a étudié. Puis, Halle aussi, fascinée mais hésitante.

Le premier matin du tournage, 6 h, soleil resplendissant, je marche sur le bord du fleuve près du Pont-Jacques-Cartier où les roulottes de **Gothika** sont alignées pour deux semaines. Au ***'vieux Mel's'***, affectueusement surnommé depuis les nouvelles constructions sur l'autoroute 10.

"Hello Erik! I'm Halle..."

Ça avait commencé comme ça. Un beau bonjour de la femme la plus sexy du monde.

Ce projet fut une expérience incroyable avec une actrice talentueuse mais aussi humaine et sensible. Je reparle de Halle plus tard, elle le mérite.

Les producteurs de **Gothika** m'ont contacté et j'avais le contrat. Simple. Ma réputation me précédait selon leurs dires. Mais dans le cas de **Secret Window**, ça a été plus compliqué. En fait, je n'ai pas été choisi immédiatement, la liste d'épicerie complète allant à un de mes compétiteurs.

Mais, je voulais travailler avec Johnny Depp! Alors j'ai planifié un coup d'éclat pour tordre le bras du décideur. Un plan diabolique que j'ai mis à exécution le soir même.

N'étant qu'en préproduction, les bureaux du nouveau Mel's 2 étaient déserts dès l'heure du souper. Je connaissais bien le gardien de sécurité pour avoir déjà jasé avec lui lors de mon passage dans son métier des années auparavant.

Je me présente donc à la porte principale après le coucher du soleil avec un *bodybag* sur l'épaule. Un *'Bodybag'* plein. J'échange un peu avec Raymond comme si de rien n'était. Quand il mentionne enfin le cadavre que je transporte, je lui explique qu'un des producteurs l'attend.

"Shit! Ils sont tous déjà partis?"

J'ai sorti mon talent d'acteur limité, presque aussi crédible que mes incursions dans la figuration.

"J'peux pas laisser ça à la réception Serge!
J'pourrais l'mettre devant son bureau,
comme ça, il va l'avoir tôt demain?
Ça semblait urgent la dernière fois qu'on s'est parlé."

Il pense quelques secondes.

"Pas de problèmes Rick, vas-y.
J'vas t'débarrer l'ascenseur."

dit-il, tout content de pouvoir faire partie du puzzle 'grosse production américaine' lui aussi.

Et voilà. Infiltration parfaite.

Je monte au troisième, sors le superbe corps du pendu de mon dernier projet, habillé en veston-cravate arborant des yeux globuleux. Je l'assois sur une des chaises de secrétaire que je roule jusque devant la porte du bureau du producteur. Pour entrer le lendemain matin, il devrait enjamber mon bonhomme au regard surpris, langue mauve pendouillante et barbichette de poils implantés un à un.

Avant de repartir, je colle un **Post-it** fluo avec un mot écrit au **Sharpie**, sur la cravate du cadavre... ***"I can help this show with WHATEVER you need! Erik Gosselin, LIFEMAKER FX"*** puis mon numéro de téléphone.

Ça a marché. Mon compétiteur a reçu une demi-commande de deux corps et quelques prothèses, j'ai hérité de l'autre demi-commande 3 faux corps et un chien articulé, éventuellement poignardé au tournevis par le personnage de Johnny Depp.

La fabrication a été complexe. Remplie de problèmes. Comme pour plusieurs contrats, la peinture sécherait ou le dernier poil serait implanté en route vers le plateau, sûrement pas des jours d'avance.

On commence par mouler nos acteurs principaux, Timothy Hutton et Maria Bello. Le premier nécessitait un double de silicone de lui-même 'frais' et un autre pourrissant depuis quelques mois. Maria ne serait que 'pourrie'. Après quelques semaines de travail acharné, nous avions nos corps.

Il nous restait le chien poignardé qui ne serait prêt qu'à la dernière minute, comme prévu.

Heureusement, mon assistante aux nerfs d'acier était à terminer la fourrure dans une petite tente de 8x8 éclairée d'une ampoule unique et d'une lampe de front à batteries faibles. Un mélange de touffes de poils savamment collées et d'implantation un-à-un. Une heure avant le ***"Action!"*** Et on tournait de nuit, en forêt. Merveilleux.

J'ai eu toute une surprise alors que je transportais d'un pas rapide le faux chien vers le plateau tournage. J'avais les bouts de doigts pleins de poils collés comme si je venais tout juste d'éviscérer un animal à mains nues. Et de la peinture dans le visage. Je tenais en plus une bouteille de **KY-Jelly** sous le bras.

Et j'ai croisé Johnny Depp en robe de chambre usée (son costume) qui m'a lancé, en français SVP,

"Il a un gros Schmenkel le chien."

LE Johnny Depp. J'ai eu l'air surpris, très surpris. Et en français.

Puis ça m'est revenu. Il était marié avec la Française Vanessa Paradis et probablement bilingue maintenant.

"Schmenkel?"

Mais aussitôt que le mot est sorti de ma bouche j'ai fait le lien avec les énormes testicules qui pendouillaient entre les pattes de la bête.

"Yes... euh, Johnny...
Oui. On devait imiter le vrai chien
et lui aussi à un gros... euh... Schmenkel!"

Il rit et continue son chemin.

"Good work buddy!"

Et il disparait entre les arbres.

On a tourné avec l'animal qui était superbe à l'écran malgré les nombreux problèmes de fabrication. Créer une doublure exacte d'une bête vivante, entrainée pour un film, n'est jamais facile. Le travail de fourrure tardif, routinier. On ne s'en sort jamais sans maux de tête.

NOTE COMPÉTITIVE: On venait de livrer un faux corps exceptionnel de Charles Dutton (**Alien III**) pour **Gothika**, quand le personnage de Halle Berry le tue à coups de hache. Mais la production de **Secret Window** a quand même confié ce nouveau double de Charles au compétiteur qui partageait le contrat avec moi. Je pense que Lifemaker a gagné la compétition des Dutton!

Des vedettes spéciales et impossibles à côtoyer pour un 'civil' avec qui j'ai partagé des tranches de vie quotidienne. Des lunchs à la sauvette avec des gagnants d'Oscar, des jasettes culturelles, des échanges de recettes de gâteau aux bananes ou sauce à spaghetti, etc. Des parties de poker, échange de conseils de placements à la bourse, cocktail avec discussions endiablées au bar de l'hôtel. Mais y'en a eu des dizaines d'autres par la suite…

Aucun d'eux n'a mon numéro de cellulaire sur leur *'speed dial'* et ils ne m'appellent pas à mon anniversaire, mais ça reste des moments privilégiés et uniques.

Ces 3 blockbusters l'un à la suite de l'autre sont des défis que je suis fier d'avoir relevés. Du travail d'équipe, car ce genre de projets d'envergure requiert un bras droit solide, 3-4 bras gauches et plusieurs soldats motivés comme membres de Lifemaker.

Lors de visites d'atelier ou de partys de famille, on a souvent soulevé le point de la différence entre les productions québécoises et américaines au fil des ans.

Mis à part la camaraderie (Qc gagne), les décors (U.S. gagne) et la nourriture (1-1), le budget total à dépenser est toujours le plus grand différentiel. Exemple :

J'avais budgété la même semaine sur une série québécoise, un faux cadavre pour une intense scène où la police trouve un gars édenté qui flotte dans le fleuve Saint-Laurent. Je vous donne un chiffre rond, approximatif, pour les besoins de mon histoire… 13 000 $.

Cheveux humains implantés un à un, yeux de verre identiques à ceux de l'acteur doublé, corps de silicone avec armature articulée. Le gros *kit*, parce que je voulais que ça crève l'écran. J'estimais de 4 à 6 semaines de fabrication.

La productrice manque de s'évanouir (stratégie d'une ex-actrice en mode négociation) et me demande si je peux leur louer, contrairement à un achat, car ils n'allouent que 1 500 $ dans le budget pour ***"… ce genre de chose."***

Évidemment, je ne peux pas parce que le 'corps loué' directement de mes tablettes poussiéreuses ne ressemble pas à leur acteur.

Trois jours plus tard, la production d'un autre show m'appelle, Américain, pour s'informer de possibles faux corps à fabriquer pour peupler un background de leur film d'action.

Je fais un copier-coller virtuel (parce que j'ai dû leur traduire) de la soumission pour la série québécoise, convaincu qu'ils réagiraient d'une façon similaire. Leur réponse :

"OK. Je vais en prendre une douzaine.
Femmes et hommes."
C'est ça la différence.

L'an dernier, quand Roland Emmerich a trainé le tournage de son **Moonfall** à Montréal, pendant la pandémie, Edwina et moi avons eu la chance d'y participer. Elle était assistante-chef du département maquillage alors que j'étais un simple sous-contractant pour mes amis du département artistique.

Mais pour nous deux, ça sentait les retrouvailles.

Donald Sutherland pour Edwina. Puisqu'ils avaient tourné **American Haunting** et **Land of the Blind** ensemble. Et Halle Berry pour moi.

En prévision de la fin du tournage, je suis à lui préparer un *'bobble head'*. Clin d'oeil à celui qu'on avait remis à la merveilleuse Meaghan Rath pour la remercier des 4 saisons de collaboration et d'amitié sur la version américaine du succès britannique **Being Human**.

Quoi donner à quelqu'un qui n'a besoin de rien? Une pièce unique, personnalisée. Un *'bobble head'* signé.

Heureusement pour mon niveau de stress Covid, la majeure partie de la liste d'épicerie de **Moonfall**, comme **Midway** juste avant, se réaliserait dans mon atelier ; 95 % en fait. Juste des faux corps et accessoires spéciaux sur mesure.

Contrairement au personnel côtoyant directement le plateau, je n'aurai pas la contrainte de me faire tester 3 fois par semaine ou de ne pas utiliser de scénarios en papier. Sécure, tranquille, **CHOM FM** dans l'tapis, mes propres heures. Presque le paradis.

Les mégas vedettes et le gars de Trois-Rivières!

J'ai côtoyé plusieurs célébrités dans ma carrière et sans surprise, quelques-uns m'ont impressionné positivement, d'autres négativement. Certains n'étaient même pas conscients de ma présence dans leur champ de vision ce qui les situe au neutre dans mes bulletins de fin de tournage. Y'en a qui ont coulés à pic, d'autres passés à 60 %, d'autres ont eu des A++. Je pense que c'est clair?

Malheureusement pour les avides lecteurs de croustillantes bitcheries, je ne vais pas mentionner ceux qui n'ont pas eu la note de passage. Pas par leurs noms *anyway*. Les moins sympathiques qui ont changé ma perception d'eux avec une rencontre *'live'* seront absents.

Seulement les premiers de classe seront à l'honneur.

Les **M&M** triés par couleurs exigés tous les matins, le tapis rouge déroulé de la roulotte de la vedette jusqu'au plateau incluant des chaufferettes sur toute la longueur, les avis distribués pour ***"ne pas regarder Un ou Une telle dans les yeux si on les apercevait dans notre champ***

de vision", la chaise de massage tout près de la scène pour en profiter entre les prises, la bouffe importée par **Fedex**, etc., etc. J'en ai vu des demandes de divas et à chaque fois je hochais de la tête...

Les détails de cocaïne, les liaisons extra-maritales, l'alcoolisme flagrant, les escortes de luxe, les surdoses d'anti-dépresseurs resteront donc dans mes filières mentales, tout comme les moules et photos de références, sans maquillage ou vêtements, de plusieurs stars dorment dans mes filières concrètes. Sous verrou. *'For my eyes only.'*

Edwina a une consigne, dans mon testament, stipulant qu'il faut détruire TOUTES ces filières lors de ma mort. Sérieusement.

J'ai croisé quelques vedettes sur un ou deux des projets qui sont dans nos C.V. respectifs mais je n'ai pas eu assez d'interactions ou d'histoires divertissantes avec eux pour m'étendre. Comme Jason Statham, Vin Diesel, Jennifer Lawrence, Timothy Hutton, Rutger Hauer, Bob Hoskins, Robert Downey Jr., Dennis Quaid, Tom Hiddleston, Jessica Chastain, etc. On a partagé un plateau ou deux mais pas de communications significatives. Donc pas d'opinion sur leur caractère humain.

Je vais plutôt me pencher sur Halle Berry, Brad Garrett, David Bowie, Matt Lucas et Donald Sutherland. Des premiers de classe confirmés, pour moi.

HALLE BERRY.

J'en ai parlé plus haut mais je dois mentionner une deuxième fois l'exceptionnelle Halle Berry. Son propre petit chapitre. Rien de moins.

Quelques mois avant que je la rencontre, Halle avait remporté un Oscar pour **Monster's Ball**, et elle figurait dans la liste annuelle du fameux **Parade.com** comme ***"... femme la plus sexy du monde"***.

Je m'attendais à une attitude exécrable de la super vedette, diva et 'grosse tête' ; elle fut tout le contraire. Plaisante, drôle, joueuse d'équipe... une perle.

Dès notre première rencontre, elle est apparue souriante et intéressée aux autres. En plus, maquillage ou non, elle resplendissait toujours. Elle semblait se lever du lit le matin et HOP! Halle Berry.

Le jour où Marie et moi avons été tester les différentes blessures (ou la peinture sur son bras cassé?) sur l'actrice, à son hôtel, me restera à jamais en mémoire. L'année dernière j'ai eu une pensée similaire lorsque j'ai dû aller dans la suite de Michael Fassbender pour un moulage. 15 ans après avoir travaillé sur **Gothika** je moulais 1 seul doigt de Michael Fassbender pour **The Snowman**. La même charge de travail que j'avais eue pour le film de Luc Picard, **L'Audition**. 1 doigt. Y'a pas de sot métier ou de trop petits contrats.

De l'impossible pour la plupart des gens mais que je vivais. Là. Dire que je me sentais privilégié serait un euphémisme.

Quand elle m'a questionné un matin sur la grippe de Francis pour savoir s'il allait mieux... je n'en croyais pas mes oreilles. Premièrement, elle m'avait entendu en parler avec Marie quelques jours avant, et deuxièmement, elle en demandait des nouvelles d'un air intéressé.

La seule et unique fois où une blessure sérieuse à l'acteur principal a repoussé un tournage.

En plein milieu du projet, lors d'une scène très intense entre Halle et Robert, elle s'est fait fracturer l'avant-bras et a dû retourner à Los Angeles histoire de recevoir une évaluation de son propre médecin.

Le personnage de Robert et un autre infirmier devaient restreindre celui de Halle mais l'intensité des deux gagnants d'**Oscars** à escalader.

En bout de ligne nous avons donc eu 2 semaines de vacances le temps qu'elle revienne à Montréal pour terminer le tournage de **Gothika**, malgré son bras cassé. Elle aurait pu décider de repousser jusqu'à une guérison complète, mais non. Courageuse joueuse d'équipe!

À la demande explicite de son agent le scénario a été un peu réajusté pour qu'elle n'ait plus de scènes avec Robert. Elle refusait d'être en présence de sa co-vedette mâle, trop motivée. Se casser le bras dans un élan d'intensité, ça traumatise.

À son retour du hiatus forcé, le travail reprend. Elle portait maintenant une coquille de fibre de verre allant du poignet jusqu'au coude.

Le matin du premier jour elle entrevoit une rangée de canettes de peinture avec sur leur étiquette ***'Car Urethane Spray'*** bien en vue sur notre station de maquillage. Surtout des teintes de verts et bruns. Quelques ocres et rouges aussi, mais moins présents.

Je lui apprends qu'on doit peindre sa protection au bras avec un produit tenace qui ne nécessitera pas de retouches aux 10 minutes et que je peux utiliser avec un aérographe. Demande impérative de la production.

"But that is GREEN, Erik!
I'm not green ... "

Et j'ai donc dû lui expliquer les lois de la roue des couleurs, les contraires, les cancellations, les tonalités voisines, etc. Et lui dire qu'en terme 'maquillage' elle n'était pas une 'rouge' ou une 'jaune' ou une 'carreautée' mais bien une 'verte'. Moi, je suis rouge. Ce sera pour un autre livre plus technique.

Et on a fini le tournage avec la courageuse Halle qui faisait ses scènes restantes avec une blessure sérieuse. Même si je sais où sont les plans de son bras cassé, j'ai de la difficulté à le remarquer en observant le montage final. Bravo à notre peinture, oui, mais aussi au cadreur, directeur photo et aux costumes. Le public n'y a vu que du feu.

Une journée vers la fin de la production (il restait 4-5 jours) le superbe

Black Interceptor qui lui servait de véhicule personnel est arrivé sur le plateau et s'est stationné au beau milieu. Son assistante en est sortie pour aller ouvrir le coffre arrière, rempli de caisses de champagne.

Et elle les a distribués à toute l'équipe en répétant à chaque fois, en Français cassé,

"Halle vous dit merci"
en ajoutant ensuite
"A little thank you from Halle".

Plusieurs acteurs ont payé des tournées de viande fumée **Schwartz**, de bagels **St-Viateur**, de crème glacée molle ou de t-shirts génériques. De beaux gestes très appréciés des techniciens, mais jamais du champagne.

C'est Halle.

La seule actrice à qui j'ai PRESQUE demandé une photo de fan. Un *'selfie'!* Mais non. Ça n'a pas abouti. J'ai gardé mon envie de *'nerd amouraché'* pour moi.

Les demandes de photos souvenirs sont très 'autre côté de la clôture' alors que nous sommes théoriquement du même côté que les vedettes. Quand le ***fanboy*** en moi prend le dessus, je lui calme les nerfs et lui rappelle que je suis du côté privilégié. Donc, pas de photo avec la plus belle femme du monde, mais des moments mémorables.

Dans toute ma carrière je n'ai succombé que pour deux selfies, brisant ma propre règle, Georges St-Pierre et Sydney Crosby. Mes deux interventions avec eux étaient pour des commerciaux. L'un pour les breuvages énergétiques **NOS** et l'autre, pour **CCM**!

Le premier au Québec, le deuxième aux États-Unis. Un petit voyage aller-retour où j'ai découvert l'utilité des **Uber** et la beauté du **UPMC-Lemieux Sports Complex**!

Georges avait été le premier à l'ile Sainte-Hélène. Edwina était la chef maquilleuse, moi le prothésiste. C'est un très sympathique bonhomme qui a remarqué après 3 mots qu'Edvi était Roumaine. Moi, j'ai échangé quelques phrases maladroites sur le fait qu'il était une grande inspiration anti-bullies pour moi, et son agent l'a vite tiré par le bras pour un autre rendez-vous.

Puis est venu Sydney Crosby. Une publicité de **CCM**, en location à Pittsburgh. Une journée intense mais vraiment cool où j'ai pu constater à quel point une super vedette sportive de sa trempe est minutée et sollicitée de tous bords tous côtés! L'agenda d'entrevue et de commerciaux zigzaguait en plus avec les pratiques des Penguins, histoire que le capitaine ne manque pas l'entrainement d'équipe. Admirable.

On avait déjà tourné la scène où l'on découvre que Marc-André Fleury lui vole ses bâtons, tout prêt de chez moi, à Boucherville. Un autre personnage sociable d'ailleurs. Le *'reveal'* du concept. Le punch.

Mais pour la partie Sydney Crosby je devais me rendre au site d'entrainement Mellon, à Pittsburgh, pour appliquer un faux cou étirable à souhait donnant l'impression qu'il retire son visage.

Le gars est sympathique et bâtit comme un cheval. Ses 2 agents, les représentants de **CCM**, un responsable des Penguins, notre équipe de tournage, l'assistant-entraineur, les invités du Club des p'tits déjeuners local, etc. Une tornade d'attention chronométrée pour chaque intervention.

Les prothèses que je devais lui poser sont habituellement un travail minutieux de 60-90 minutes, mais pour les besoins d'agenda, mon temps était réduit à quelques minutes. 5.

"Put down some glue, stick the neck and GO!
You have less than 5 minutes"

Avait dit le gars de **CCM** qui devait tourner 37 plans / scènes en 3 heures. Pas une minute de plus. Mettre la colle, poser le faux cou, salut!

Le concept était simple et marchait très bien. L'agence de publicité avait vu le produit final sur d'autres commerciaux de mon cru dont celle de l'agent secret **Keurig** et celle de **Chevrolet** où l'on révèle Mariloup Wolfe sous le masque de l'homme bizarre.

L'effet **Mission Impossible** / Tom Cruise mais sans travail d'ordinateur.

Pendant que je collais comme un déchainé, je lui ai glissé un mot sur un possible selfie à la fin du tournage. Il ne pouvait pas me regarder parce qu'un autre gars lui passait des casquettes à signer au **Sharpie**. Et il est parti en coup de vent s'installer devant les caméras en me lançant un rapide,

"Thanks buddy!"

2 heures plus tard, alors que tous se serrent la main et se félicitent d'avoir fini à temps, Sydney me lâche un cri.

"Hey Erik, where you going?
How about that photo?"

Bord en bord de la patinoire du Centre d'entrainement Mario-Lemieux, vide et écho.

Wow. Je retraverse la glace tant bien que mal, en souliers glissants (*please* tombe-pas, *please* tombe pas!...). Sydney demande à un des représentants de **CCM** de prendre quelques photos avec mon cellulaire et hop, il s'est volatilisé en me remerciant encore pour la journée.

Mon deuxième et dernier selfie en trente ans de carrière.

BRAD GARRETT.

Comme pour Halle, j'ai décidé de rendre hommage à Brad avec son propre chapitre dans le cadre de **Gleason** / Los Angeles. Un peu plus loin.

Très connu pour son génie comique dans la série **Everybody loves Raymond**, Brad Garrett, est l'un des acteurs qui m'a le plus touché dans ma carrière, pour de multiples raisons.

L'esprit d'équipe, la générosité émotionnelle, le talent d'interprète, la générosité monétaire, l'humour constant et vif. On ne s'ennuyait pas.

Je n'ai que de bons souvenirs malgré la longueur du contrat avec des appels quotidiens vers les 4 heures du matin pour l'application des nombreuses prothèses pour le vieillir ou l'engraisser.

La veille du tournage Brad invite le réalisateur et ses deux maquilleurs au prestigieux **La Queue de Cheval**, LA place des connaisseurs de boeuf à Montréal. Une première visite pour moi. Aussi une première pour un steak de 32 oz. Un deux-livres de protéines appelé *'Porterhouse'*!! Un filet mignon ET un T-bone dans le même morceau, si j'ai bien compris. J'avais en tête l'image de l'intro des **Pierrafeu** de ma jeunesse quand la pièce de viande fait basculer l'auto de **Fred Flintstone**.

On s'était entendu pour parler de tout sauf de *'business'*, histoire de relaxer avant le marathon de plus de 30 jours.

Ça m'a pris 3 jours à digérer la montagne de steak et ses nombreux à-côtés de patates pilées à l'ail, épinards au fromage et champignons sautés à la sauge.

Un souper extravagant qui allait mettre la table (jeu de mots!) pour notre diète du reste du projet. On ne jeunerait pas grâce à notre acteur principal généreux, et *'foodie'*.

Le matin numéro 1 au luxueux **St-Sulpice** du Vieux-Montréal, on s'est fait ouvrir la porte de la suite VIP par un Brad en robe de chambre, yeux collés, cheveux tout croches. Nous avons tous eu la même réaction. Ça va être un long tournage et on ne verra pas de levées de soleil pour le prochain mois.

Le deuxième jour, nous arrivons à la #312 aux petites heures du matin, aussi déconfits que la journée d'avant. Mais Brad change l'ambiance avec un retentissant,

"Hey guys. I ordered breakfast.
It's waiting for you in the other room..."

L'énorme table de verre dans le 'salon' était recouverte de bouffe. Croissants, brioches, fruits frais, oeufs pochés, une demi-douzaine de sortes de viandes, une tablée pour dix personnes. Notre acteur voulait que nous ayons tous les trois accès à ce buffet chaque matin. J'étais au début d'un régime 'sans féculent ou sucre' pour perdre une vingtaine de livres. Mais ma réflexion interne n'allait pas passer avec le grand patron.

(je traduis)
"Je lis ton visage bonhomme...
Ne me mentionne pas le mot 'diète', Rick!"

Et il se met à rire.

"Remplis-toi une assiette de bacon avec
deux-trois excellents bagels.
Tout de suite!"

Qui suis-je pour m'obstiner? GO BACON!!

Et il disparait dans l'immense salle de bain toute de verre et de marbre. Puis lance au travers de la porte un dernier,

"J'ai fait réveiller le chef pour nous!"

Et nous avons eu ce déjeuner royal, tous les matins du tournage.

Pour rester dans la bouffe, les diners étaient aussi merveilleux autour du cercle des visiteurs américains. Des repas steak / fruits de mer de **La Queue de Cheval** et des sushis du **Kyo Bar Japonais**. En plus, les deux restos livraient nos lunchs à la loge. Pas des livreurs mais bien des serveurs des établissements respectifs, en uniformes. Même la coutellerie et les assiettes avaient les logos uniques gravés / imprimés dessus. Pas d'ustensiles jetables sur **Gleason** non plus. Rien de trop beau. Ajouter un chef privé thaï et quelques tournées de *smoked meat*.

Le coût de chacun de nos luxueux festins devait équivaloir à ma paie hebdomadaire, brute. Du jamais vu avant ou après, pour moi. Merci encore Brad!

Comme ça pour tout le reste du tournage. On n'a pas jeuné...

NOTE COCASSE ET ATTENDRISSANTE: Quand mon fils Francis m'a visité avec Manon à un de nos décors de restaurants montréalais (**Madame Tucker's**), Brad a quitté le plateau pour venir le saluer. Francis. Puis ils se sont assis par terre au beau milieu du couloir du hall d'entrée pour 'jouer'. Juste Francis et Brad, face à face. Le réalisateur lui a demandé de revenir pour pouvoir continuer la scène... Poliment puis de plus en plus sérieusement.

(je traduis encore)

"Vous voyez bien que je suis occupé avec mon ami Francis!"

Et il a étiré le jeu 5-6 minutes, bien assez pour avoir quelques roulements d'yeux d'une partie de l'équipe et des regards admiratifs de l'autre moitié.

Plus tard cette semaine-là, j'ai pris la photo mythique du COUP DE TÉLÉPHONE DE 1 000 000 $, grâce à un *timing* incroyable et une chance inouïe. Je m'explique...

Tous les comédiens vedettes entourant Ray Romano sur sa série étaient mécontents de leur salaire qui approximait les 160 000 $ par épisode quand ils ont appris quel était celui du créateur de l'émission, Ray lui-même. Environ 2 Millions par épisode + droits de suite.

Le mécontentement s'est transformé en une sorte de grève qui durait toujours pendant que Brad tournait avec nous ici. Un jeu de patience et de négociations entre la production de **Everybody Loves Raymond** et les agents des acteurs de soutien, dont Brad.

Ce matin-là, dans la suite de son hôtel, Brad reçoit un coup de téléphone de Los Angeles alors que le maquillage n'est pas terminé. Les grosses bajoues sont collées, les poches sous les yeux, mais pas de coloration... il se lève et écoute sans rien dire d'autre que des ***"interesting!"*** et ***"wow!"***... j'en profite donc pour amasser quelques photos de continuité habituelles. CLIC. CLIC.

"Really! That's it then ..."

Je prends toujours des photos. CLIC. CLIC. Puis Brad raccroche.

"Well boys, it's done. We prevailed!"

La 'grève' était terminée. Tous les acteurs principaux de la série recevraient un *'package deal'* gonflant leurs salaires de 160 k par épisode à 20 Millions par saison et des droits de suite. Rien que ça!

Brad a reparti le CD intitulé **Old School Funk** qui lui était si cher et nous avons pu compléter le maquillage de Jackie Gleason sur son visage souriant.

Et ce n'est sûrement pas cette nouvelle qui a fait descendre la qualité ou la quantité des lunchs royaux non plus pour le reste du tournage.

Les transformations de différents âges et poids de Gleason sont superbes. Tellement réalistes que ça sent une possible nomination aux **Emmy** Awards. Les **Oscars** de la télé. Wow! Brad promet à Wesley et moi de payer le voyage à Los Angeles avec nos épouses si ça se concrétise!

Quelques mois après la diffusion de la série Brad reçoit lui-même une nomination aux Emmys comme meilleur acteur dans deux catégories! Comédie (**Everybody Loves Raymond**) et Drame (**Gleason**)... mais les producteurs oublient de soumettre les maquillages.

***"If the producers sent in our work,
we would have won this damn thing for sure!"***

C'était la phrase qui circulait entre nous.

On a quand même une nomination aux **Hollywood Guild Awards** comme 'meilleur maquillage prothèses', sans que je le sache. Un prestigieux honneur remis par le syndicat hollywoodien, voté par les membres.

Surprise! Un lourd colis **Fedex** de la grosseur d'une boite de souliers, fin 2003, est apparu à ma porte. Un superbe trophée à l'intérieur s'y trouvait avec une plaque avec mon nom et un CD de la grandiose cérémonie où je n'étais pas.

Encore merci à Greg Cannom et Wesley Wofford de m'avoir fait participer. (Ou plutôt trainé dans leur talentueux sillage!)

LE DUO DAVID BOWIE ET TONY SCOTT.

Mon prochain tournage sera avec le seul et unique David Bowie.

Le duo Tony Scott et David Bowie s'est retrouvé pour une série télé croustillante avec le même titre que leur projet initial plus de deux décennies avant. **The Hunger**. Pour éviter la confusion ils ont ajouté *'the TV series.'*.

La liste d'épicerie pour nous? Formidable.

Des petites créatures rat / taupe / chauves-souris animatroniques toutes plissées (*'molerats'*) ; une balayeuse hi-Tec mangeuse d'hommes trop machos ; des femmes nues qui sortent d'écrans de téléviseurs défectueux ou de murs mous. Des visages humains qui fondent, des globes oculaires éclatés avec des tournevis, une transformation de Marina Orsini en reine des vampires, des tattoos qui prennent vie... etc. Tous des effets qui utiliseraient au moins en partie des VFX aujourd'hui avec l'amélioration des logiciels pour la post-production.

Nos *molerats*, comme les bébés naissants fabriqués pour **Truffe** et **Le Marais**, auront droit à un traitement de VFX pour les clignements d'yeux essentiels pour donner vie à un animatronique trop petit pour recevoir plus de servos-moteurs.

Absent dans la liste plus haute mais l'effet le plus important de ma carrière à ce moment-là, une copie hyperréaliste de M. Bowie en silicone. Son personnage est un sculpteur vieillissant et dépressif qui décide de faire d'une pierre-deux-coups : se suicider tout en 'sculptant' son propre corps, littéralement. L'oeuvre de sa vie. Sa plus belle sculpture. Sa dernière avant de mourir.

Dans une scène cruciale, il doit donc regarder son double, auto-amputé de quelques morceaux. Une fois terminé, le faux cadavre aura un bras et les deux jambes en moins, parce que le sculpteur avait besoin de son bras droit pour couper les 3 autres membres! Logique. Mon travail devait être parfait.

On avait déjà complété la majorité des épisodes mais découper un David Bowie grandeur nature avec une scie chirurgicale était l'effet vedette de la série. Le dernier de 3 mois de labeur pour nous et la plus grosse dépense pour eux.

Au meeting de production initial où tous les chefs de départements sont présents, chacun montre ses designs et partage leurs visions, incluant moi. Poignées de main. Toaste de vin mousseux et la salle se vide. L'assistant / bodyguard de M. Scott vient me chercher juste avant que je passe la porte. J'ai droit à un entretien privé de 30 secondes avec Tony Scott.

La phrase qu'il m'a chuchotée à l'oreille :

"If you FUCK this up,
you'll never work in this business again!"

GULP…

Un avertissement sérieux DU Tony Scott, producteur et réalisateur de multiples projets de Tom Cruise et Denzel Washington, frère de Ridley (**Blade Runner**, **Alien**). Puis il me serre la main, se tourne et sort avec le bodyguard à sa suite.

Ma carrière était en jeu!

Étrangement, mais naturellement, David Bowie ne m'a jamais parlé, même aux moulages. Ni même quand je lui ai collé des prothèses pour un superbe effet de peau d'avant-bras qui se fait arracher en une mince couche sur toute sa longueur. Vraiment dégoutant et efficace. Un signe de la tête en 'bonjour' en arrivant dans la salle de maquillage. Même chose après l'heure d'application. Pas un mot.

Il lisait son journal pendant que je travaillais sur lui. Tout simplement. La seule communication 'verbale' que j'ai eue avec lui est venue d'une autre bouche.

J'observais M. Bowie s'avancer lentement vers son cadavre ceinturé à la civière antique, toucher le nez avec délicatesse, puis replacer une couette de cheveux rebelles sur la tête du faux corps. Il se fixait lui-même, fasciné. Puis il alla glisser quelques mots à l'oreille du réalisateur, qui lui, transmit un message à son assistant qui finalement vint me voir avec le contenu officiel.

"Mr. Bowie is gonna leave with his dummy, the cut-off limbs and the stretcher at the end of the shoot."

Et il est reparti. Ce n'était pas une demande mais bien une évidence. Un ordre. La légende du rock emporterait son cadavre et les accessoires du décor avec lui.

J'imagine qu'il aimait vraiment notre travail. Pour la première fois de ma carrière je n'hériterais pas d'un cadavre après le tournage.

Quelques minutes plus tard, Tony est venu me voir pour ajouter,

"David says his personal hairdresser Hugo will take care of the mannequin's hair too".

Première fois aussi que l'une de mes réalisations aurait son propre coiffeur.

Ce tournage de **Hunger: the TV series** illustre bien ma théorie des enfants-réalisateurs et des parents-producteurs dans un **Toys'R'Us**. Ça démontre de plus celle disant que si un enfant est laissé seul au beau milieu des rangées de jouets, avec une carte de crédit valide, ça peut dégénérer sur le solde mensuel.

Lors de la semaine avec David Bowie où notre producteur (parent) était en plus réalisateur (enfant), le 'combat du siècle' allait être diffusé sur *'Pay per View'*. Antenne satellite requise. (Ça fait longtemps = vieille technologie.)

Holyfield-Tyson. Celui où Mike a arraché un bout d'oreille à l'autre.

Deux jours d'installation de l'antenne et de tout le système de télécommunication sur la roulotte de M. Bowie pour être prêts à l'évènement. Le problème est que le combat aurait lieu en plein milieu de notre journée planifiée. Et les deux amis depuis le film original **The Hunger** avaient décidé de mettre les caméras à OFF pour la durée de celui-ci, laissant toute l'équipe en mode pause, payée.

Deux heures plus tard, après la surprenante victoire d'Evander Holyfield, les gars sont ressortis de la roulotte et les caméras se sont remises à tourner pour compléter la scène.

Tony Scott s'est suicidé en 2013 en se lançant en bas du pont de San Francisco. Il ne voulait pas vivre avec la maladie dégénérative fraichement diagnostiquée.

Les t-shirts conçus et payés par Tony lui-même pour **The Hunger** se lisaient,

'I survived Tony Scott.'

Il savait qu'il était dur avec l'équipe parfois.

Après son saut tragique, ce bout de coton prenait un deuxième sens. Plus prophétique que ça...

MATT LUCAS.

Les Nord-Américains le connaissent plus pour son apparition dans le **Alice** de Tim Burton avec Johnny Depp où il jouait les jumeaux *Tweedledee* et *Tweedledum*, ou encore la série de sketchs loufoques **Little Britain U.S.A.** Mais en Angleterre, c'est une superstar depuis des années.

Lors de la visite de son fiancé aux studios de Buftea, là même où j'ai rencontré Edwina en Roumanie, Matt nous annonce son mariage pour l'automne. Une grosse affaire avec tapis rouge, location d'un château comme salle de réception et invités de marque. Un grandiose bal masqué.

Et à notre grande surprise, il invite toute l'équipe de maquillage Canado-Britannique à l'évènement!

Les médias y seraient comme une gang de ratons laveurs essayant de renverser des conteneurs à déchets pour avoir des photos inédites de Courtney Love, Elton John et autres flamboyantes personnalités.

Je me suis donc retrouvé à Londres pour une semaine de tourisme, partys et découvertes. James Bond, Sherlock Holmes, les taxis noirs, **Big Ben** peut-être même un p'tit café avec la Reine au **Buckingham Palace**? J'en avais des plans et Matt Lucas aussi, pour nous.

Je trouve une chambre avec un prix relativement décent, pour Londres, 130 livres sterling (plus de 200 $ / soir!). Situé près du 'parc préféré de Lady Di' d'après la réceptionniste de l'hôtel, Hyde Park. Ce n'était absolument pas dans mon budget mais on ne vit qu'une fois et je n'étais pas dans l'esprit étudiant / **YMCA** local à 30 $ la nuit pour un voyage VIP de mariage de star.

Par contre, et malgré le prix, la grandeur des chambres à Londres est impressionnante, négativement. Les mètres carrés par habitant canadiens versus ceux de Londres sont diamétralement opposés. Grosso modo, 3 mètres carrés pour un Londonien, et 300 mètres carrés pour un Canadien.

Lors de mes promenades je me suis rendu compte que j'habitais à quelques maisons du *'birth place'* de Matt Lucas. Quand on est *big*, il y a une plaque sur notre demeure d'enfance qui annonce qu'on y est né!

J'étais aussi à 5 minutes de marche du grandiose Musée d'histoire naturelle où je pourrais étudier des formes, textures et couleurs pour ma palette de création mentale.

Une fois installé, je ne serais pas laissé à moi-même non plus. Matt avait pensé à tout et tenait à ce qu'on s'amuse. Les chefs maquilleuse / coiffeuse britanniques qui étaient au tournage en Roumanie ainsi que mon incroyable bras droit sur **Wind in the Willows**, Bibi, étions tous invités à diverses sorties et spectacles gracieuseté de notre acteur principal. Tout ça dans les deux journées avant le mariage de l'année à Londres.

Premier arrêt, une partie de soccer en après-midi à l'impressionnant et tout nouveau **Emirates Stadium**. 61 000 spectateurs. **Arsenal-Juventus**. Ça commençait en grand. Même si je n'étais pas un fan de ce sport je savais très bien qu'un affrontement de ce calibre… wow.

Évidemment, le match était de la loge VIP de Matt. Écrans géants privés. Serveuse. Barman. Hors-d'oeuvre chauds et froids. Sofas de cuir. Je me sentais riche! **Arsenal** 3, **Juventus** 0. Notre hôte était content.

Le lendemain, on est invité à la version *'live'* de sa série télé à succès **Little Britain** au prestigieux **Hammersmith-Apollo Theater**. Le spectacle est présenté à guichets fermés depuis des semaines et se prépare pour une longue tournée. Première rangée, évidemment.

Matt et son partenaire David Walliams jouent tous les personnages principaux et écrivent tous les textes. Ils ont donc des possibilités d'improvisation fréquente dépendant de leur humeur ou de la foule.

Comme à leur habitude, les deux gars sont en feu et on en rit aux larmes toute la soirée.

Déjà touché et impressionné par sa générosité, Matt en rajoute en donnant mon nom à l'un des personnages. Imaginez ma surprise quand la 'secrétaire' avise son patron,

"Mrs. Gosselin has arrived, Doctor."

Hé oui. Madame Gosselin. Le coeur m'a arrêté 11 secondes...

Seulement Matt, Bibi et moi comprenions le clin d'oeil de l'acteur au maquilleur, attention qui est passée totalement inaperçue au reste des 1500 spectateurs. Magique.

Je regarde Bibi puis chuchote à l'oreille de Penny,

(je traduis)
"Il vient d'utiliser mon nom sur scène! Pour la vieille femme!"
Elle s'est mise à rire.
"Il m'avait avisé qu'il te ferait la surprise."

Matt ne pouvait pas nous laisser partir après son hilarant spectacle sans en rajouter non plus, parce que c'est Matt! Nous avons donc eu droit à une tournée backstage avec hors-d'oeuvre, cocktails et un magicien pour divertir les quelques heureux élus. Un magicien. Juste pour la douzaine de VIP en arrière-scène.

Puis vint le mariage tant attendu.

Le soir de l'évènement, je sors fièrement le costume du **Capitaine Crochet** du sac de transport après m'être ajouté quelques cicatrices grotesques au visage. Après tout, je suis maquilleur et les pirates ont des cicatrices. Une évidence.

L'ensemble du vêtement et des accessoires du personnage était un superbe travail, détaillé et fin, d'une talentueuse amie costumière, fabriqué sur mesure spécialement pour le mariage londonien.

En plein apprentissage de la création de chaussures d'époque elle avait malgré tout décidé de me faire des bottes impressionnantes. Des *'fuck me boots'* (pour ceux qui comprennent les références anglophones des années '80) pour un gars qui chausse des 13-14. Merci Claire!

La réceptionniste m'avise que leur hôtel n'appelle pas de taxis pour la clientèle... il faut sortir sur le boulevard et attendre d'en trouver un libre. Pas évident dans cette ville toujours en mouvement. Pas vraiment un problème pour moi puisque l'excitation m'avait vu être prêt 1 heure d'avance.

Pendant une quinzaine de minutes, j'ai donc paradé de long en large sur la grande rue, accoutré en Capitaine. J'ai diverti les passants et motoristes bien malgré moi en gesticulant pour signaler un taxi. Éventuellement, j'ai pu disparaitre dans l'une des typiques voitures noires londoniennes. Ça aurait valu une photo...

Mon arrivée au **Banqueting Hall** à Whitehall, un palais du 17ème siècle construit pour **King James 1st**, fut aussi toute une expérience.

Premièrement, mon transport commercial, une fois aligné avec les autres chauffeurs qui débarquaient des invités à la porte principale, faisait contraste avec les **Rolls Royce**, **Bentley** et limousines fraichement cirées. Deuxièmement, je ne m'attendais pas à ce qu'il y ait autant de paparazzi!

Aussitôt que mon pied droit est sorti du taxi, les flashs caméras m'ont aveuglé jusqu'à ce que les photographes se rendent compte que j'étais un inconnu pour les journaux à potins. Les flashs sont morts. Éventuellement, je suis arrivé devant la porte vitrée qui semblait peser 1 tonne et un maitre d'hôtel m'a ouvert. Et j'ai pu disparaitre dans l'édifice après une longue marche sur un tapis rouge impressionnant mais intimidant.

La soirée a été folle… MAIS, à cause d'un contrat signé à l'entrée par tous les invités, un *'non-disclosure agreement'* (clause de confidentialité stricte), je ne peux parler des décors flamboyants ou des divertissements hétéroclites pour 'adultes avertis' offerts aux plus de 300 convives costumés.

Par contre, je peux partager mon expérience personnelle avec quelques notables dont Elton John, Sir Elton, et Courtney Love, Madame Kurt Cobain, entre autres.

Bibi et les maquilleuses britanniques me rejoignent éventuellement, coupe de champagne à la main, et Matt prend la peine de venir nous saluer quelques minutes.

Commençons par Courtney. Ça ne sera pas long ni positif. Elle avait de la difficulté à se tenir debout et avait l'air de ne pas avoir dormi depuis six mois. Je ne m'étais même pas rendu compte de qui elle était jusqu'à ce que ses titubations la poussent dans les bras en brisant ses coupes de cristal accidentellement dans sa chute. Une consommation dans chaque main, des murs qui refusent d'arrêter de virevolter, c'était inévitable qu'elle bouscule quelques autres invités. Et j'ai été l'un d'eux. Et la soirée ne faisait que commencer pour elle…

C'est tout.

Il y avait deux **Capitaines Crochet** au somptueux Bal masqué : Elton John, qui vaut 500 millions de dollars et mesure 5'5", et moi, qui valait pas mal moins que ça, 6'3" + talons hauts. Un contraste spectaculaire.

L'investissement était visible dans le détail et la qualité du déguisement de Sir John mais curieusement, le mien déménageait aussi! J'en étais fier. Au moment où j'ai réalisé la situation du duel amical des costumes, nous allions dans des directions différentes, bedaine à bedaine, et nous avons échangé un long regard intense. Moi, admiratif, parce que c'est

ELTON JOHN. Mais également surpris, parce que son nez m'arrivait au-dessous du bras. Lui, il semblait questionnant et frustré. Il avait l'air de penser ***"qui est cet énorme ogre qui ose porter le même costume que moi?"***... ou quelque chose du genre, avec un fort accent britannique sans aucun doute.

Nos regards se sont croisés quelques fois durant la soirée et chaque fois son intensité montait d'un cran jusqu'à devenir l'oeil-du-tigre. Un regard qui tue. Je répliquais immanquablement par un sourire.

NOTE DOULOUREUSE : J'étais tellement impliqué émotivement dans cette soirée incomparable, soulevé par l'excitation, que je n'ai pas remarqué que j'avais un trou saignant sous le pied avant de retirer mes bottes à 3 heures du matin. Il semblerait que le 'léger inconfort' durant le bal était le résultat d'un clou laissé sans attention par la fabricante toujours en apprentissage.

DONALD SUTHERLAND.

Edwina était chef maquilleuse bien avant de me rencontrer. Elle avait aussi suivi le seul et unique Donald Sutherland sur deux projets consécutifs en Europe comme maquilleuse personnelle. Monsieur '200 films' dans son C.V., fan des **Expos de Montréal** dans leurs bons et mauvais moments... et le président de la République dans la série de petits films presque inconnue, **The Hunger Games**.

Elle a adoré ces deux années avec M. Sutherland et était très triste que les circonstances professionnelles fassent que leurs chemins se séparent. Une fois arrivés au Québec, nous nous sommes rendu compte que nous l'avions en commun dans nos souvenirs respectifs. Elle, pour le travail, et moi, un de mes acteurs favoris de tous les temps.

Le suspense noir **Don't look now** tourné à Venise et le classique **Invasion of the Body Snatchers** m'avaient fait passer des nuits blanches plus jeune. Plus récemment, son travail sur **Land of the Blind** (avec Edwina) m'a fasciné.

Je savais qu'il était marié à une Québécoise et qu'il avait déjà dit en entrevue avoir des feuilles d'érable sur les bobettes tellement il était fier d'être Canadien.

Anyway. Lors de sa première année au Québec et grâce à quelques messages de ***"Welcome to Canada my dear Edwina!"*** de Donald à son ex-maquilleuse, on s'est ramassé avec une invitation surprise à un BBQ au domaine de Magog de l'acteur! Rien que ça. Des steaks de 2 pouces d'épais sur une terrasse surplombant le lac Memphrémagog.

L'adresse que j'avais m'emmenait droit devant une énorme guérite électrique avec intercom et clôtures de fer forgé à perte de vue des deux côtés. Aucune maison en vue. Puis les portes se sont ouvertes (caméra?)...

Le chemin bucolique et sinueux nous conduisait vers la superbe demeure au style victorien nous a vus saluer quelques cerfs. Puis, les quelques bâtiments rouge et blanc se sont révélés au travers de la verdure entretenue par un professionnel sans aucun doute. Immenses. Beau. Pleins de caractère historique. Un jardin. Des fleurs partout. Un paradis naturel sans voisins.

Après accolades et poignées de main (Donald est GRAND!) on a pu descendre sur le bord du célèbre Lac où ses voiliers et chaloupes sont amarrés.

Toute cette excitation nous a ouvert l'appétit, la nervosité était tombée, c'était le temps des steaks. Pas des coupes faites par le boucher, emballées dans des papiers bruns, non. Donald a coupé nos pièces de viande lui-même dans un énorme flanc de boeuf de l'Ouest qu'il garde toujours à la maison. J'étais impressionné, encore.

Jaser de tout et de rien avec une idole en shorts et gougounes tout en dégustant un repas 4 étoiles dans un endroit secret un impossible à infiltrer en temps normal. Mémorable! (après avoir écrit 'magique' et 'mémorable' 235 fois, je vais visiter le dictionnaire des synonymes. Pour ceux qui comptent, je ne suis même pas à 130 pour l'instant)

Je ne pense pas que Donald en est conscient mais il a changé la vie d'Edvi et saupoudré de la magie sur la mienne indirectement.

Certains réalisateurs sont une race à part, comme les figurants d'ailleurs. Des personnages eux-mêmes, et comme dans toute bonne histoire, il y en a des 'gentils' et des 'méchants'. Des mégalomanes et des équilibrés. Des zens et des stressés.

Les entraineurs de hockey sont motivateurs ou criards, techniques ou intuitifs. Même chose pour les réalisateurs.

L'image de l'un d'eux mimant avec beaucoup de convictions, devant toute l'équipe et les 2 comédiens, une scène d'agression restera brulée dans ma mémoire. L'une de nos créatures voulait s'accoupler avec une jeune scientifique dans un laboratoire militaire. Le réalisateur prenait tour à tour la place de l'agresseur et de l'agressée en se déhanchant sur un bureau, faisant tomber la paperasse et la lampe par terre. Gesticulant. Criant. *Swingant.* Haletant. Poussant. J'ai eu besoin de tout mon contrôle intérieur pour ne pas éclater de rire. J'en ris encore aujourd'hui en écrivant ces lignes.

Ce qu'ils ont de plus que les autres méchants, zen ou mégalomanes c'est le pouvoir d'être en charge. Ça change tout et ça occasionne des situations surréelles.

En plus, tout comme les vedettes devant la caméra, plusieurs de celles derrière la caméra ont des demandes bien particulières et des superstitions inconcevables. Exemples? J'y arrive.

Comment parler de chefs d'orchestre cinématographique flamboyants sans toucher à mon expérience avec les Français? Impossible. Un Mathieu Kassovitz sur **Gothika** était viscéral et intense. Damien Odoul sur **La Peur** refusait qu'on voie une seule image filmée et insistait pour immortaliser de 'la réalité'. Si un personnage devait être 'fatigué', l'acteur ne dormirait pas. Un point c'est tout.

Si le personnage était sale, il se roulerait dans la boue. Saoul, il boirait. Même chose pour les animaux du tournage. Du vrai ou rien. Admirable mais potentiellement dangereux. Réaliste mais potentiellement illégal. La Société protectrice des animaux et le syndicat des techniciens ne se tenaient pas trop loin de leurs téléphones respectifs…

Je m'arrête là.

J'ai gagné des cheveux gris avec Jacques Malaterre sur **AO, le dernier Néandertal** en Bulgarie en plus de perdre 60 euros en Vodka à cause d'un pari.

Y'a pas seulement les Français. Certains Américains se sont pointés dans la course.

Tony Scott, le petit mais intensément grand visionnaire. Bryan Singer, des trois **X-Men** tournés à Montréal. Des personnages uniques.

Un des Américains avec qui j'ai travaillé sur **Death Race**, pour ne pas le nommer, m'a déjà dit:

(je traduis)

"Je ne me souviens pas d'avoir demandé TON opinion. Quand je voudrai t'entendre, je le demanderai. Spécifiquement! En attendant, va donc t'assoir plus loin. Merci."

Il a au moins ajouté 'merci' à la fin même s'il y avait un peu de dédain entremêlé au mot.

J'étais excité de travailler avec lui, jusque-là. J'y ai croisé un souriant et poli Jason Statham, pour qui je faisais de nombreux masques du personnage ***Frankenstein***. Ma première occasion de composer avec un scan 3D en résine au lieu d'un moulage habituel en alginate et bandes plâtrées, coulé en plâtre.

Quand le budget le permet et les acteurs n'aiment pas se faire recouvrir la tête de mélasse à base d'algue, ils se font maintenant scanner! Moins salissant. Plus rapide. Anti-claustrophobie.

Tout-l'monde a déjà entendu parler des demandes folles de certaines vedettes comme des **M'n'M** rouges exclusivement par-ci ou des lattés-lait-d'avoine-équitable-extra-mousse-saupoudré-de-cannelle-bio par là. **M'n'M** dans des bols de cristal SVP.

Les réalisateurs aussi ont des égos et des caprices. Tout ce que j'écris dans le livre sur les acteurs peut s'appliquer à quelques réalisateurs et vice-versa. En bon et en mauvais.

Parfois, en croiser un sur le plateau c'est comme essayer de contourner un Pitbull qui dort si tu portes des gougounes *cheaps*. C'est stressant et tu t'attends au pire.

L'entourage de gérants, agents, assistants personnels, cuisiniers privés, médiums (!!) et cousins lointains est répandu des deux côtés des égos de la caméra.

Nous sommes des conseillers et confidents avec nos discussions allant des plus superficielles aux plus intenses, des questions des plus innocentes aux plus sordides. J'ai dû gérer toutes ces situations au mieux de mes connaissances et croyances.

J'ai déjà travaillé avec un acteur qui respirait l'énergie des plantes avant chaque scène ou un autre qui enfilait ses caleçons porte-bonheur lors de cascades. Un toutou d'enfance dans une boite à lunch 24/7, comme sécurité émotive. Ne pas regarder directement dans les yeux à moins de se faire spécifiquement nommer. Parler à son maquilleur en passant par le garde du corps qui se tient debout à 3 pieds de son patron.

"M. 'X' dit que votre pinceau est trop rigide
pour le tour de ses yeux.
Ça lui fait mal."

Les entraineurs privés, les gyms mobiles aménagés dans des **Winnebagos** de luxe. Des acupuncteurs sur un vol nolisé venaient de l'Espagne pour la vedette à Toronto. Eh oui. Pis? C'est leur argent ou celle des producteurs. Nous sommes tous des adultes, plus ou moins équilibrés ou matures, mais adultes.

Les meilleurs endroits au quartier gai ou pour le smoked meat. Cocaïne, tacos, prostituées 'propres' ou 'ethniques', anti-dépresseurs, saucisses européennes, automobiles *vintages*, n'importe quoi!

Trouver du **Jack Daniels** à 3 h du matin. Boire du vin dans une tasse à café entre les scènes ou voir de jolies jeunes filles défiler dans la roulotte d'un acteur marié. Tout du déjà vécu.

Une clause du contrat de la vedette 'X' sur le blockbuster 'Y' stipulait que toute la coutellerie et les assiettes utilisées lors de ses repas devaient être neuves et détruites après une seule utilisation. Pas propre. NEUVE. Preuve d'achat à l'appui.

Souvent un monde hors-norme et désaligné de la vraie vie.

DES STARS QUÉBÉCOISES.

Je devais commencer par Robin... Robin Aubert. Qui tombe dans les deux catégories. Je ne pourrais pas écrire ce livre sans parler de lui. Mon chum qui ne sait pas que je l'aime!

Notre première poignée de main était lors du tournage de la poétique **Comtesse de Baton-Rouge** de Marc-André Forcier. Robin tenait le rôle principal et avait besoin de se faire poser des fausses joues et des poches sous les yeux chaque matin. On s'entendait bien.

Quand je parle de Robin je me sens comme l'ado qui montre la photo d'une jolie fille à ses amis en leur disant que c'est sa blonde... mais elle-même ne le sait pas. Une *'bromance'* non déclarée. C'est moi et Robin. Je n'ai pas son portrait dans mon porte-feuille mais le montage de ses affiches de **St-Martyrs-des-Damnés**, **À l'origine d'un cri** et **Les Affamés** est mon fond d'écran MAC!

3 films originaux, 10 ans entre chacun.

Je connaissais le 'kid' comme gagnant de la course **Destination Monde** en 1998 à **Radio-Canada** mais pas comme réalisateur, encore moins comme acteur. **Saint-Martyrs** serait son premier long métrage.

Mais le jour 1 de ma relation professionnelle avec Robin (réalisateur) est arrivé grâce à un coup de fil du légendaire producteur Roger Frappier qui magasinait un gars de FX pour fabriquer les accessoires et cadavres d'une production fantastique québécoise. Ça tournait dans deux mois aux alentours du village Saints-Martyrs-Canadiens près de Thetford Mines. Ceux qui ont lu mon premier livre connaissent déjà quelques anecdotes juteuses de ce tournage comme celle du 'lancer du nain' ou du *'in-house sex shop'*! (disponible sur **Amazon**... le livre, pas le *sex-shop*.)

Saint-Martyrs-des-Damnés. Un titre intrigant avec une liste d'épicerie exceptionnelle pour un jeune maquilleur FX.

Une construction *à-la-Docteur-Frankenstein* constituée de dizaines de visages humains cousus les uns sur les autres, des blessures murs-à-murs, une momie mariée, une poupée de ventriloque ressemblant à son propriétaire, etc.

Lors du tournage, notre créature multi-visages était suspendue au beau milieu d'une usine désaffectée de Thetford Mines. L'intense senteur de rouille et de la moisissure dans l'air nous étouffaient. **La Boule-d'Yeux** était prête à être immortalisée.

Avec tous les fils, tuyaux et marionnettistes attitrés à notre construction monstrueuse, l'arrière-scène ressemblait au **Magicien d'Oz** quand le chien de Dorothée tire sur le rideau pour exposer un *'magicien'* poussant d'innombrables manettes histoire d'épater la galerie!

Saint-Martyrs fut aussi ma première rencontre avec un très jeune Patrice Robitaille qui devait interagir avec notre création, nu, si je me souviens bien.

Après avoir passé quelques années à la **Cinémathèque québécoise** à Montréal, la créature (Boule-d'Yeux) de ce film s'est ramassée en 2020, juste avant la pandémie, au **Musée de la Civilisation** de Québec pour l'exposition ***'Effets Spéciaux'***. La construction représentant plus de 50 visages cousus ensembles surmontant de gros poumons aux couleurs malades trônait entre un des loups-garous grandeur nature de **Being Human** et une Sonia Vachon de silicone en ***Reine des Blancs***, fabriquée pour **5150 Rue des Ormes**.

À l'Origine d'un Cri. Pas une grande liste d'épicerie mais un beau défi qui m'emmènera au Collège de Rosemont pour faire un peu d'étude de l'art de l'embaumement et ses techniques.

Une histoire d'amour triste et poétique... mais dure. Du Robin. Son deuxième. Il m'appelle et m'explique le scénario. Il requérait un cadavre flexible et empesé imitant la jeune épouse défunte du personnage principal. Le long métrage mettait vedette Jean Lapointe, Patrick Hivon et le surprenant Michel Barrette. Une brochette d'hommes sans demi-mesures. La contrepartie féminine? La merveilleuse Véronique Beaudet qui a souffert sans rechigner à travers les difficiles étapes de fabrication d'un faux corps à son image.

Ma première scène se tourne dans un cimetière, quand le personnage de Michel Barrette déterre sa bien-aimée pour l'emmener en Gaspésie. J'ai une photo favorite de cette nuit-là où je transporte la morte dans mes bras sous une pluie battante dans ce cimetière boueux construit de toutes pièces par le département artistique.

J'ai l'air d'un chevalier sauvant sa princesse inconsciente, la serrant doucement, bravant la température. Sa tête était accotée au creux de mon épaule et ses jambes pendouillaient. Beau moment.

L'autre scène marquante, tournée à Sept-Iles, est celle de l'homme qui peut enfin laisser flotter le corps de son épouse sur un Fleuve tranquille pour la regarder s'éloigner au gré des vagues.

L'équipe des maquillages FX s'y est rendue en petit avion nolisé avec 2 fausses Véro à bord. L'une empesée et l'autre flottante. La photo de la comédienne avec ses doublures alignées sur la plage gaspésienne et portant des robes rouges identiques immortalise parfaitement cette fin de tournage émotif et satisfaisant.

Entre ses deux premiers films, je dois tuer le personnage de Robin, acteur et non réalisateur, en prison. Sur la série **Temps Dur**, 'Alain Bergeron' meurt d'un tournevis dans la poitrine nécessitant qu'on lui fabrique une prothèse spéciale.

Puis, plus de 20 ans après **Saint-Martyrs**, **Les Affamés**. Enfin un zombie québécois qui se respecte!

De l'hémoglobine à souhaits à quelques endroits bien calculés mais surtout des émotions humaines viscérales et des femmes fortes, multi-dimensionnelles. Je capotais. On a ouvert le champagne à l'atelier juste après l'invitation de Robin à joindre l'équipe!

Des membres arrachés, des zombies simplistes sur un casting approprié, local, des fausses têtes explosives, des cadavres en morceaux, et des blessures sanguinolentes appuyant les scènes émotives.

Je ne suis pas devenu riche avec **Les Affamés** mais j'ai beaucoup mieux connu Robin et ramassé 3x trophées différents pour le travail accompli. Un **Prix Écran Canadien**, au Canada... un **Iris** au Québec... et un ??? Au Festival de Madrid en Espagne.

Merci Robin, encore, de me faire confiance décennie après décennie. Et merci à la dynamo humaine Stéphanie *'super woman'* Morissette pour sa force tranquille. Et évidemment, à toutes mes équipes d'artisans passionnés, sur tous ces projets!

Lors des remises officielles où j'ai pu accepter les trophées en personne, à Toronto et Montréal, je l'ai même dit au micro, une fois en anglais, l'autre en français. La *'bromance'* et la *'super woman'*.

Je l'ai déjà mentionné avec **Screamers**, ma première rencontre avec Roy Dupuis, où l'équipe maquillages FX doit lui trouer le visage après un impact de balle puis le couper en deux au niveau de la ceinture.

"Bonjour Roy, moi c'est Erik. Erik Gosselin, maquillages FX."

"Salut!"

Simple. Plaisant. On le moule. On le tue. On change de projet.

Quelques années plus tard je le retrouve sur **Bleeders** qui est devenu

Dark Harbor lors de sa sortie en DVD. Roy jouait le cousin *'normal'* (à part pour ses iris de couleurs dépareillées), d'une mystérieuse famille de *'déformés'* vivant sur une ile des Maritimes.

Des co-sanguins avec de petits moignons dégoutants comme jambes, une peau translucide et veineuse, et, dépendant de leurs lignes ancestrales directes, 4 yeux, 7 oreilles, 3 bras, etc. Des mutants habituels finalement, dans toute leur laideur.

J'en parle ailleurs dans le livre avec les détails croustillants.

Sur **Emotional Arythmetic** il partageait la vedette avec deux grands du cinéma, Max Von Sydow et Christopher Plummer. Mais je ne l'ai même pas croisé accidentellement; pas 1 seule seconde. J'ai su que c'était ma collaboration #3 avec lui quand j'ai vu le poster du film au cinéma. Mais le projet est dans nos C.V. respectifs.

Puis le # 4, l'étrange et poétique **Truffe** de Kim Nguyen. Les morts de Michèle Richard et Jean-Nicolas Verreault étaient particulièrement satisfaisantes pour nous.

Le surréalisme et l'absurdité de voir la tête de Michèle Richard en ***Terminator*** déglingué traverser le hangar en vol plané à cause d'un grand élan de pelle bien placé du personnage de Roy valaient l'investissement. Divertissement garanti.

Et il y avait un bébé mécanisé dans un genre de cocon / toile d'araignée. Un mauvais flashback au dégât de **Colle Contact** de l'**Insectarium**!

J'ai enfin pu jaser de choses et d'autres avec lui entre les scènes. Les batteries du bébé animatronique, la saison du **Canadien de Montréal**, l'état des artistes au Québec... toutes sortes de sujets.

Et, très récemment, **Brain Freeze** de Julien Knafo. C'est là où j'ai le plus connu le reclus notoire qu'est Roy Dupuis, en conversant plus en profondeur. Des moments plaisants à échanger sur nos passions respectives de bonne bouffe et trains miniatures ou l'environnement et la vie en dehors des Villes. J'aurais pu jaser des jours durant avec lui mais on était là pour travailler en bout de ligne. Un homme intelligent, intéressé et intéressant.

Je me procure mon Bar chilien et les épices cajuns qui l'accompagnent à la poissonnerie judicieusement recommandée par mon acteur principal de **Brain Freeze**.

Edwina et moi l'avons bien écouté avant d'acheter notre paradis au milieu de la forêt d'Eastman sachant qu'il vivait aussi avec la nature, dans la nature, depuis plusieurs années.

Notre collaboration #5, dernière pour l'instant... mais j'espère qu'il y en aura beaucoup d'autres. Peut-être un **Brain Freeze 2** où l'invasion de zombies gazonnés déborderait de l'Ile-aux-Paons pour envahir la grande Ville?

Tout comme pour Roy Dupuis, ça a pris un film de zombies québécois pour que je jase 'pour vrai' avec Marc-André Grondin.

Je l'ai rencontré sur **5150 Rue Des Ormes**, le thriller de notre Stephen King local, Patrick Sénécal. Nous n'avons pas travaillé ensemble autant que j'aurais voulu sur celui-là, notre équipe étant plus occupée par le jeu d'échecs de 36 cadavres grandeur nature représentant les pièces utilisées par le tueur.

Je me souviens que l'écrivain se promenait d'un projet à l'autre, presque quotidiennement, alternant entre **5150** et **Les 7 jours du Talion**.

D'ailleurs, pour les intéressés, il faut savoir que plusieurs de ces personnages sur roulettes dissimulent des messages à mes amis et familles ou des membres / têtes de célébrités de projets du passé. Divers remerciements pour services rendus ou clins d'oeil à ces amis et cobayes maquillages. Presque tous les invités aux soupers Lifemaker annuels y sont passés d'une façon ou d'une autre. Avec beaucoup d'observation et le bouton *'pause'*, c'est possible de les trouver parmi les cadavres du jeu d'échecs! Environ trois douzaines de ces *'easter eggs'* sont là. Bonne chance!

J'y ai aussi rencontré Sonia Vachon, sympathique à souhait, parce que je devais fabriquer deux versions de son corps.

La *'pendue'* dans le garde-robe qui pouvait se pisser dessus sur commande, et la **Reine des Blancs** assise sur son trône à roulettes, resteront toujours dans mon coeur d'artiste. Je salue la deuxième tous les matins à mon atelier depuis des années puisqu'elle garde l'entrée principale de Lifemaker à Saint-Hubert. Elle ne répond jamais, paisible, les yeux fermés, poussiéreuse.

Sonia ne les a jamais vus d'ailleurs, à sa demande. Des instructions avaient été relayées à toute l'équipe pour éviter une rencontre même accidentelle. (elle n'était pas ma première cliente à ne pas vouloir confronter son âge ou sa mort en direct)

Après le jeu d'échecs morbide, **Cendrillon**. Mon deuxième M.-A. Grondin, **After the Ball**, une adaptation moderne financée par les boutiques de vêtements **Le Château**. Je devais faire de petites prothèses pour l'actrice principale quand elle était déguisée en homme, mais ça m'a permis de connaitre Marc-André un peu plus. On n'ira pas prendre de bière ensemble au Pub du coin mais si on se rencontre par hasard au centre d'achats, il sait qui je suis et on piquerait une jasette dans l'genre,

"Hey salut!
(C'est quoi son nom donc??)
Sur quoi tu travailles ces temps-ci?"

Et puis, **Les Affamés**. Ma dernière collaboration avec Marc-André. Après notre aventure zombie commune, si on se croisait dans la rue, la même phrase que plus haut sortirait. Mais il serait positif sur mon nom et mon travail.

"Hey salut Erik sur quoi tu travailles ces temps-ci avec Edwina?"

Mais toujours pas de BBQ dans nos cours respectives. Peut-être un jour j'aurai un moment Donald Sutherland avec lui?

L'adulé et énigmatique Xavier Dolan. Je l'ai croisé souvent sans trop jaser. J'ai fait 3 projets avec lui en moins de 10 ans, en plein milieu d'un quatrième en 2021. Mais on ne se connait définitivement pas. On rentre, on fait le travail avec les nombreux ajustements de dernière minute inévitables, on va dormir... puis on recommence le lendemain. Une relation d'affaires comme un steak médium. Pas saignant, pas trop cuit.

C'est un gars privé. Tout simplement.

Quand on tournait **Mommy** dans le minuscule appartement de Longueuil avec une équipe réduite, je n'aurais jamais pensé que ce serait BIG comme c'est devenu. J'y ai été 3-4 jours pour appliquer des blessures sur les deux acteurs principaux. Bien content du travail mais minime en termes de charge.

Peu de temps après je reçois un appel pour retravailler avec Xavier pour un vidéoclip français. **College Boy** d'**Indochine**, le projet où j'ai le plus jasé avec Xavier... au moins 4 phrases, peut-être 5.

Malgré le fait qu'un vidéoclip est un court-métrage, la liste des maquillages spéciaux était intéressante. Un pénis avec pompe à pisse, un oeil enflé à moitié fermé, de nombreuses coupures et trous de balle, des gros clous de rail de chemin de fer rouillés traversant les poignets pour une intense crucifixion. Etc.

C'est là que la production, et Xavier, ont croisé Edwina pour la première fois. Assistante aux maquillages FX pour son mari, moi. Plusieurs projets d'envergure plus tard, pour Edwina et Xavier, elle est devenue sa chef maquilleuse sur **Matthias & Maxime**. Du travail minutieux et réaliste qui a nécessité le moulage de la tête du réalisateur / acteur.

Et dernièrement, couramment, ma quatrième collaboration avec lui, le superbe et nébuleux **La nuit où Laurier Gaudreault s'est réveillé**. D'autres défis de subtilité et de perfection.

Tellement récent en fait que je ne peux même pas parler de ma liste d'épicerie du projet, mon livre étant publié avant la sortie officielle de la série télé de Xavier. Mais disons qu'elle est longue et extraordinairement excitante.

MENTIONS HONORABLES :

Labrèche, père et fille.

J'ai eu la chance de transformer Marc en **Klingon** sur **La P'tite Vie** il y a très, très longtemps. Nous avions déjà fabriqué quelques gadgets pour la série de Claude Meunier comme le ventre enceinte radio-commandé de ***Thérèse***, mais c'était mon premier maquillage pour eux.

Son professionnalisme et son humour m'avaient charmé. 20 ans plus tard, j'ai eu la chance de rencontrer sa talentueuse fille, Léane.

Par contre, je ne l'ai pas maquillée, mais on a travaillé ensemble plusieurs fois. Je l'ai connu quand je jouais l'ours propriétaire d'un camping (lire marionnettiste et voix temporaire du personnage mécanisé) et qu'elle partageait la vedette en tant qu'employée du dit ours. Une série loufoque de **VRAK**.

Pour ensuite m'occuper des faux corps et maquillages de blessures sur le long métrage **Le Rire**, où elle a démontré tout son talent d'actrice dramatique.

En plus, la synchronicité a fait que ce soit elle qui anime les **Prix Iris** avec Pierre-Luc Funk. Je l'ai donc recroisé sur une scène de **Radio-Canada** quand j'ai reçu le trophée *'meilleurs maquillages'* pour **Les Affamés**.

Patrice Robitaille, croisé souvent mais avec très peu de mots. Salut-Merci-Bye.

Il débutait sur **Saint-Martyrs-des-Damnés**, puis dans l'oubliable **Le Poil de la Bête** j'avais eu quelques petites patentes à faire sur lui. Son personnage manipulait aussi la tête coupée du ferblantier, avec beaucoup d'humour.

Et sur la série **Pour Sarah**, j'ai enfin pu échanger quelques mots sur la rivalité **Canadiens-Nordiques**. Sur le fait qu'il portait un chandail des **Nordiques** sous celui de *'Butch'* Bouchard lors du tournage et sur le pourcentage de sa vraie personnalité infusé dans le *'dick'* des **Beaux Malaises**. J'ai bien ri.

Et comme dernière mention dans une liste qui pourrait s'allonger, Claude Legault et ses dentiers de *stand-up* que je n'ai jamais livrés il y a des décennies. J'ai pu constater son amabilité sur le tournage d'**Une Galaxie près de chez vous**, puis à maintes reprises où nos chemins se sont croisés, soit sur des séries télé ou lors de galas. On se connait. Un peu.

Assez pour qu'il s'exclame,

"Hey Rick! Qu'est-ce qu'est-ce tu fais-là?
Y'a des FX aujourd'hui?"

Quand je me suis présenté au poste de pompiers de Longueuil lors du tournage de **Matthias & Maxime**. Sauf que, notre tournage avait changé de location durant la nuit et que celui de Claude, sans FX aucuns, avait pris notre place. Mêmes roulottes blanches dans le stationnement, mêmes stations de maquillage / coiffure au deuxième étage, mêmes serpents de gros fils électriques dans les escaliers, mais pas nous.

N'ayant pas lu les emails de la veille je me suis pointé au mauvais endroit, prothèses et coffres de maquillage en main.

Un gars sympathique à souhait comme il y en a beaucoup au Québec! J'aurais pu écrire un chapitre complet de remerciements et accolades sur les Marianne Fortier, Mylène St-Sauveur, Laurence Leboeuf et Véronique Beaudet. Sonia Vachon, Marcel Jeannin, Sébastien Ricard, Arthur Holden, Patrick Hivon, Vincent Leclerc, Kwasi, Guylaine, Sylvie, Marc…

Des balles courbes quotidiennes et inévitables!

On m'a suggéré de ne pas commencer ce livre avec un genre de ***"quand j'étais petit j'aimais déjà les monstres."*** J'ai écouté les conseils, à moitié, mais il y a quand même un chapitre jeunesse artistique plus loin.

Quand on me demande de décrire mon métier, j'hésite souvent. J'ai trop de choix d'adjectifs ou de qualificatifs. Mais je reviens toujours à l'adaptabilité, faire face aux demandes des producteurs et réalisateurs. Gérer les balles courbes!

L'un des grands points négatifs pendant l'action, mais satisfaisants lors d'une réussite, et combien stimulants.

Des exigences plus ou moins réalistes ou des mauvaises surprises qui nous sont garrochées à la dernière minute. Des balles courbes! **'Solveur de problèmes'** devient donc la nomenclature de mon métier. L'improvisation à une vitesse fulgurante reste encore un atout indéniable qui assure la survie d'un maquilleur FX.

Comme quoi? Tourner une scène sous l'eau qui était prévue la veille sur terre; changement d'acteur à la dernière minute se retrouvant sans prothèses sur mesure; des ajustements de dentiers entre deux prises (parfois avec des bouts de gomme); un globe oculaire 'gossé' à l'**X-Acto** dans une barre de savon; un faux corps à la tête explosée qui doit être intact pour la scène d'AVANT mais filmée APRÈS, etc.

Concevoir, fabriquer et installer une érection fonctionnelle sur un acteur pour tourner 3 jours de suite. C'est fait. Et ce n'était absolument pas un film porno...

Le cadavre 'flottant' au début pour couler à pic pendant le tournage dans une rivière endiablée restera toujours dans mes souvenirs. C'était sur le court-métrage **Le Revenant**, pas **'The Revenant'**. **Le Revenant**, 20 ans avant celui de Leonardo DiCaprio.

Mon genre de courbe favorite après 30 ans de métier: le mauvais casting de figuration. 'Favorite' parce que je suis maintenant mature et pausé. C'est presque comique à chaque fois que ça se reproduit.

J'imagine que certaines agences 3èmes rôles et figurants ploguent leur cousin ou conjoint sans se soucier des descriptions de personnage du réalisateur. Ça transforme une petite journée tranquille en cirque.

Un figurant, mâle, aux mains poilues comme Mad dog Vachon, pour doubler une fille... un Africain, très foncé, tout en muscle et un mon'oncle à grosse bedaine arrivé du Mexique la veille pour jouer les rôles de cadavres pâlots émaciés!!

Je pourrais lister des dizaines de ces situations frustrantes mais cocasses qui nous ont fait pratiquer les colorations de peau et trompe-l'oeil à outrance, chronométrées.

Du côté des producteurs, il y en a des pros et d'autres moins. Des fins et des moins fins. Mais en règle générale, le but est de sauver de l'argent.

C'est normal, sauf quand ça dégénère en ridicule.

Jaser avec le Client irréaliste est souvent un rappel du terme que ma mère aimait bien utiliser... la pensée magique! On claque des doigts et HOP, ça apparait. Faux.

"Un 'bald cap' ça coûte ça!!!! C'est juste un casse de bain en latex. Il va se le mettre lui-même, ce n'est pas son premier BBQ."

Comme si un comédien pouvait (ou voulait!) se coller un bonnet en caoutchouc et le peindre professionnellement lui-même, en moins de temps et mieux que nous! Rien qu'ça. Les fausses calvities sont complexes même pour nous.

Cadavres en tablette ***"à louer au lieu d'acheter"***... que ce soit des humains ou des animaux. Pas d'argent! Position, âge, couleur de peau, pas grave.

"Ajuste ça avec ton maquillage pis GO!"

Non. C'est pas comme ça que ça marche.

Ou les forfaits 'à la journée' pour un débutant qui n'est pas encore initié à ces pratiques. J'y suis passé moi aussi. Plus longue journée de ma carrière, littéralement ET figurativement. Avec une offre de 500 $ pour 'la journée', on se croyait riche à la signature. Quand le tournage a duré finalement plus de 27 heures avec un réalisateur et un directeur photo en pleine forme (cocaïne) on se sentait moins riche et pressé comme des citrons.

Sur papier on passait d'environ 50 $ / heure + surtemps à 18 $ / heure sans surtemps... ce qu'on ne réalise pas quand on est jeune et excité.

"Le gars peut jouer au moins deux rôles si on change de chapeau et lui met une barbe! Oui, mais la barbe aussi faut la payer... T'as pas une barbe en tablette?"

Non. Pas de barbes.

Une de mes meilleures, qui m'est arrivée la semaine dernière encore :

***"Le mouler??
On a juste à ré-utiliser son moule du Bye-Bye de 2003!"***

Remplacez '**Bye-Bye** de 2003' par '**Tower Inferno** de 1986' ou n'importe quel autre projet qui aurait moulé la vedette auparavant et ça marche quand même. Peu importe l'âge de l'acteur ou la position requise cette porte de sortie financière m'a souvent été demandée et n'a jamais fonctionné.

Et maintenant, roulement de tambour nécessaire! La pire demande d'économie de ma carrière qui restera sans le nom de la production ou du producteur. Trop gênant pour les concernés qui sont toujours des joueurs majeurs à la télé au Québec.

Les membres de l'équipe de réalisation m'attendaient déjà dans la roulotte de production. J'ai reçu une invitation à discuter de la scène du bébé avec le producteur qui tenait à négocier ma soumission originale à la baisse. Évidemment.

Les 4-5 autres personnes semblaient 'sur les dents', inquiètes, et le producteur était en retard d'une demi-heure. Je sentais que c'était soit une ruse de sa part pour me 'ramollir' avant négos ou un manque de respect. Dans les deux cas, pas positifs pour la suite des choses. J'étais déjà contrarié avant même d'arriver et ça ne s'arrangeait pas.

Après quelques subtils messages du genre ***'soit compréhensif avec lui'*** ou ***'il est de mauvais poil aujourd'hui'***, je comprends que les membres de la production ont besoin de mon aide mais que leur patron ne veut pas payer le prix.

Visiblement, tous savaient très bien que j'allais recevoir une offre ridicule mais essayaient de me convaincre de sauver leur scène...

Quand la porte ouvre d'un coup sec, j'entends un bien senti et confiant,

"Bon! y'é où l'gars d'FX là
qu'on s'parle dans l'blanc des yeux?"

La table était mise pour un 6 minutes mémorable. Tous les autres retenaient leur souffle et souriaient à pleines dents, malgré l'imminent carambolage d'autoroute qui se pointait le nez.

Je me lève et tends la main,

"C'est moi, le gars d'FX".

Et la discussion endiablée commence. Un match de tennis où les joueurs sont des deux côtés de la roulotte louée, avec les spectateurs assis en sardines tournant la tête de gauche à droite à chacune de nos répliques.

"C'est trop cher ton affaire,
pis c'est JUSTE une scène"

"Je me disais justement que je vous faisais un bon prix
parce que je connais bien le réalisateur"

"Crisse, un bon prix!
J'pourrai même pu envoyer mes enfants à l'Université
si je dis oui à ça!"

"Vous avez des enfants?"

"Non. Mais SI j'en avais..."

Le **Wimbledon** du bébé animatronique dans une roulotte commerciale.

Je sentais très bien qu'on ne s'entendrait pas et, honnêtement, le gars me tapait déjà sur les nerfs après 2 minutes! Sa réputation était fondée.

Après un autre 5 minutes et quelques phrases mielleuses enrobées de menaces passives-agressives, je me lève.

"Bon. C'est assez évident
qu'on ne travaillera pas ensemble sur votre show.
On se reprendra peut-être une prochaine fois."

Et je lui tends la main.

"OK. Ma dernière offre...
je m'arrange avec mon réalisateur pour qu'il tourne
d'un seul angle, disons, la gauche, ou droite, anyway.
Juste d'un bord. Ça nous prendrait simplement
un demi-bébé vu qu'on voit pas l'autre bord.
1/2 bébé, 1/2 prix?"

Et il me tend la main à son tour. Il l'ignore et me relance.

J'esquisse un sourire et hoche la tête.

J'étais sûrement à une émission de caméras cachées et on essayait de me prendre au piège, ou le gars avait besoin de thérapie?

Je regarde sa main insistante et l'ignore à mon tour.

"Je vous mets au défi d'interpeler un concessionnaire Ferrari et lui demander le prix d'une demi-Ferrari, voir sa réaction! Ou mieux, parce que je ne voudrais pas comparer mon travail sur le bébé animatronique à une Ferrari... disons BM. Allez voir le concessionnaire BMW et offrez-lui moitié prix pour une demi BM."

Et je suis sorti sous le regard de tous les spectateurs. En sourdine, j'ai entendu la voix du producteur crier :

"J't'ai jamais vu pis ça fait 25 ans que je produis!"

Moi je me suis dit,

"Ah bon, moi non plus j'vous ai jamais vu pis ça fait 25 ans que je me fais offrir des montants ridicules par des producteurs qui roulent en BMW!"

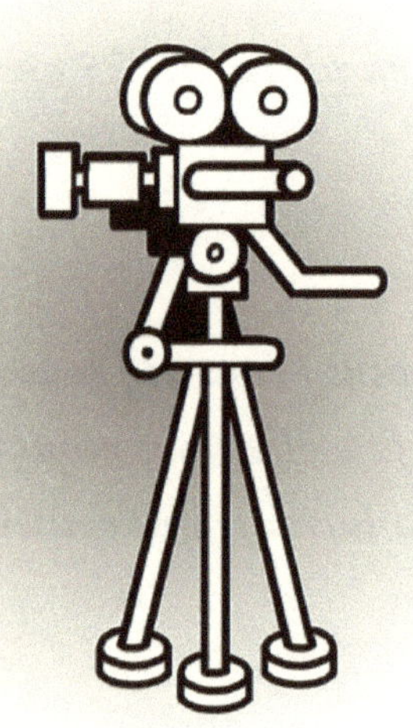

Les influences allumeuses!

Il fallait que ce soit quelque part dans le livre et c'est ici. Dans ma jeunesse...

Personne ne devient gynécologue ou plombier sans un déclencheur. Une scène de film marquante, une personne exceptionnelle rencontrée, un genre de mentor qui lui ont montré que telle ou telle carrière serait la meilleure. Celle qui pourrait lui apporter plus de hauts, moins de bas dans une vie qui parfois peut perdre du lustre.

Il faut qu'une graine soit plantée dans un cerveau ouvert à la suggestion... ce qui est le cas pour la plupart des enfants humains, de la naissance à l'adolescence. Il y'en a des plus susceptibles aux influences, suggestions ou impressions. D'autres pas. Moi, oui.

Ma belle-soeur Roxi avait décidé d'être médecin dès l'âge de

6 ans, ce qu'elle est devenue. Moi, j'ai décidé de vivre des maquillages d'effets spéciaux à 24 ans. Cheminements différents mais succès et passion similaires au fil d'arrivée.

Se faire pousser dans une direction ou une autre n'a pas d'âge.

La répétition accidentelle ou non de facteurs déterminants qui m'ont emmené à ce travail de fou me fascine encore.

Chaque évènement ou indice devient une tuile dans un chemin qui se dessine et s'allonge jusqu'à se transformer en choix de carrière.

Il y'a des milliers de *jobs* différentes sur la terre, la plupart qu'on ignore à moins de tomber dedans par accident. Jeune, on parlait de médecin, astronaute, ballerine, secrétaire ou postier, même prêtre (!!!) alors qu'on n'aurait jamais mentionné être 'technicien en assemblage de pacemaker', 'concepteur graphique d'identité visuelle', 'contrôleur laitier', 'agent de recherche en urbanisme' ou 'nettoyeur de turbines Crossflow', des vraies titres qui peuplent le paysage professionnel de 2021.

Dans ma jeunesse, ***"je veux devenir maquilleur d'effets spéciaux"*** n'était pas une phrase qui résonnait bien souvent dans les écoles d'Amérique du Nord. Aujourd'hui par contre, oui. Si j'en juge par les émissions télé spécialisées, les 'extras' à la fin des DVD ou encore la pile de C.V. sur mon bureau qui ne cesse de grossir.

Mes premiers déclencheurs furent certainement nombreux, définitivement hétéroclites :

M. D'Arnoust, mon professeur de français, Français, avec ses vestons de velours violet, ses 'R' roulés et ses histoires de théâtre rocambolesques qui nous fascinaient.

La bibliothèque bien garnie de ma mère, allant des tribus Africaines et leurs tattoos / scarifications aux Ovnis, en passant par les dossiers d'enquêtes sur les maisons hantées et fantômes.

Les maquettes de résine, petits personnages d'horreur à assembler dans la même lignée que les avions ou bateaux de jadis, mais en versions **Frankenstein**, **Momie** frustrée ou **Loup-Garou** de mauvais poil.

Les inoubliables ***'24 heures du 10'*** et ses films d'horreur diffusés un à la suite de l'autre, toute une nuit dans le temps où il n'y avait pas de canaux 24 / 24.

La fascination pour les animaux morts dans la rue, des vers de terre aux chiens errants. Dieu ait leur âme...

Et l'universitaire format géant déguisé en créature de **Frankenstein** au ***Hollywood Wax Museum*** de Myrtle Beach.

... toutes des tuiles pavant mon chemin professionnel futur au moment où mon cerveau était une éponge.

Quand j'ai décidé de mettre en page les notes d'une vie d'un maquilleur FX, je me suis penché sur ces tuiles. Des pièces individuelles importantes qui n'avaient pas l'air de ça au moment où elles se présentaient à moi.

Pour choisir de faire des faux corps de pendus ou de femmes assassinées, ou ajouter 40 ans / 40 livres à un acteur à l'aide de prothèses faites de bonne vieille gélatine **Knox** trouvée sur les tablettes du **IGA** local, ça prend de bien drôles de tuiles sur le chemin d'un gars. En plus, l'effet accompli doit renvoyer à l'artiste 'pute à trophées' des accolades à travers la fascination du spectateur. Susciter des émotions desquelles le maquilleur est directement responsable.

Beaucoup de tuiles. Uniques et bien placées, pour créer la surprise et l'admiration.

Y'a 4 décennies, sans les **Google**, les **YouTube** ou les logiciels de livres comme **Kindle** ou **Ibooks**, l'imprimerie restait l'une des seules ressources visuelles ou d'information disponible. La soif de connaissance passait inévitablement par les livres et les magazines.

Beaucoup de mon argent de poche s'est envolée à acheter toutes sortes de revues et livres même avant de faire un choix de carrière, avec des **Dracula** ou **Frankenstein** en couverture.

Sûrement pas aussi spécialisés que les publications plus modernes couvrant spécifiquement les techniques et les personnalités des maquillages

FX, ils restaient quand même une plate-forme remplie de créatures fantastiques et d'informations techniques utiles.

Ceux qui ont eu la chance, ou la malchance, de lire mon premier livre **Un Gros ça sourit toujours** (au moins jusqu'à la page 153!) savent déjà que le magazine américain **FANGORIA** avec le personnage **Rawhead Rex** en couverture avait attiré mon attention dans un dépanneur et a été LE moment déclencheur dans ma carrière d'effets spéciaux.

Je vais lire et relire ce premier magazine une bonne douzaine de fois, surtout les articles *'comment faire un faux-nez avec de la cire'*, *'canines de vampires, la prise d'empreinte expliquée'* et, évidemment, *'Rawhead Rex, la créature... comment ont-ils fait?'* Faut bien commencer quelque part.

La découverte de cette revue à la circulation très basse pour une clientèle très spécifique et hétéroclite sera la naissance de ce qui deviendra mon métier et ma passion encore aujourd'hui. Après que les vannes soient ouvertes avec **Fangoria**, je me suis mis à acheter tout ce que je pouvais... **Mad Movies**, **Cinefex**, **L'Écran Fantastique**, même un fanzine titré **Amateur Monster Maker**. Je me procurais tout ce qui se rapprochait de près ou de loin au cinéma et au maquillage FX.

Je m'abonne officiellement à quelques-uns de ces magazines américains et français, et commence à jouer dans le faux sang et le latex plus sérieusement. J'essaie de copier les créatures et blessures expliquées dans chaque nouveau numéro que je reçois par la poste. Abonnements, paiements et livraison par la poste. *Old School.* Timbres et tout...

Plus artisanal que les autres de ma collection mais 100 % monté par des fans du maquillage FX, imprimé en noir et blanc de la bibliothèque du coin et plié à la main, un peu croche. Mais bien avant de savoir que je fabriquerais des 'monstres en latex' pour payer mon loyer un jour, il y a eu d'autres facteurs incitatifs.

J'ai été abonné et contributeur assidu de ce *'fanzine'* (mariage de *fan* et magazine) pendant 3 ans, jusqu'à ce qu'il plie bagage. Trente ans plus tard, je suis toujours en contact avec quelques-uns de mes amis **Amateur Monster Makers** du temps, mais aucun n'a continué en cinéma. Un seul est encore dans les arts étant devenu un excellent animateur image-par-image surtout pour des commerciaux. Celui du personnage ***Noid*** de **Dominoes Pizza** à la fin des années '90 ou des ***California Raisins*** chantants, débuts 2000 me viennent à la tête entre autres.

Un des fondateurs est maintenant assistant administratif pour une coop de produits laitiers au Vermont et on jase de temps en temps sur **Facebook** ou **Messenger**. Une autre est devenue avocate. Chainsaw Stevie, après quelques beaux maquillages et articles dans le *fanzine*, s'est transformé en vendeur d'assurance et est en prison pour avoir tué sa copine... avec un nom comme 'Chainsaw' fallait s'y attendre. Billy dit 'Biggs' est aussi en prison, pour extorsion, fraude et évasion fiscale.

Finalement, j'ai bien tourné, pour un maquilleur FX.

Au milieu des années '80, je traficote dans les monstres en latex comme passe-temps lors des longues nuits de surveillance et de filature sur les contrats de sécurité. Pendant mes premiers balbutiements, le film **FX: Effet de choc** (titre français) sort sur les grands écrans et vient jeter de l'huile sur le feu de mon excitation.

Mettant en vedette Bryan Brown en maquilleur d'effets spéciaux aux prises avec des criminels, ce film d'action complétera l'opération de charme pour le métier. Son personnage se sert de ses connaissances en maquillages spéciaux et gadgets pour vaincre les gros méchants. Science et art versus bullies. Parfait scénario. Le mélange de techniques et de création m'accroche sérieusement pour ne plus jamais me laisser. Les FX passeront de hobby à carrière en l'espace de quelques années seulement.

Les cadavres, les masques et les pots d'yeux commencent à s'empiler à mon entrepôt favori, la maison de ma mère.

Je transforme, égorge ou vieillis tous mes amis pour perfectionner mes techniques encore rudimentaires. Les photos de mes maquillages et créatures remplissent rapidement mon premier porte-folio.

Pendant cette première année d'expérimentation et d'apprentissage, entre mes contrats d'escortes de sécurité, je donne quelques entrevues pour des journaux locaux. Les clichés qui sont pris pour illustrer les articles immortalisent la véranda et le sous-sol de ma mère, redécorés d'items sanglants. Avant les ***'Face-Off'*** et les 'extras' à la fin des DVD, il semblerait que les gens s'intéressaient déjà à ce domaine. C'est l'été de mes 20 ans.

Encore aujourd'hui, malgré **Google** et autres engins de recherche, mes encyclopédies couleurs (des BRIQUES!) de toutes sortes me servent régulièrement. Tourner les pages ou plier un coin comme marqueur est toujours aussi magique pour moi.

Même la senteur du papier et de l'encre me transporte. Dans mes tablettes, se trouvent d'intrigants titres comme ***'Encyclopédie couleur des maladies de peau'***, ou celle des ***'Accidents de travail en chantiers'***.

'Colour Atlas of Accidents and Emergencies' et 'Forensic Pathology Illustrated'. Wow.

J'ai aussi déniché sur internet les graphiques ***'A Homicide Detective's Scrapbook'*** et ***'War Surgery in Afghanistan and Irak'***. J'avais déjà accumulé plusieurs références au fil des ans, même en VHS (autopsie et embaumement), mais ces quatre-là sont encore les plus utiles et intenses malgré leur niveau de *'dégoutance'* assez élevé.

Les façons de mourir et leurs effets sur la rigidité cadavérique? Le recueil visuel du traitement des blessures en période de guerre? Je possède les encyclopédies couleur de ça aussi. Merci **Amazon** et **Université McGill**, et aux amis bien placés!

Des bribes d'intérêts pour l'horreur, des soupçons de fascination pour les trucages qui fascineraient un public, des questionnements incessants concernant les magiciens de l'époque.

Sur la couverture de ***'Three Dimensional Makeup'***, les photos du même acteur à 35 ans, 55 ans et 75 ans m'ont accroché. En utilisant le livre comme guide étape-par-étape, je me suis lancé dans la fabrication de mon premier dentier pour ensuite m'attaquer au rendu de différents effets de peau sur de la plastine. Pores individuels, rides, brulures, écailles, toutes des textures qui me serviront plus tard, à répétition.

Moulage de l'acteur et de ses dents. Théorie des couleurs et compléments. Principes de base des moules négatifs, positifs et *'undercuts'*. Je l'ai lu et relu.

J'ai vieilli plusieurs cobayes en décortiquant ce livre penture de ma bibliothèque sous tous ses angles. Les coins sont pliés aux endroits d'importance, la moitié des pages sont annotées. Je l'ai encore aujourd'hui avec toutes ses marques d'abus au fil de deux décennies.

Je peux dire que c'est LE livre qui a été mon professeur de maquillages FX. Un **YouTube** en version papier. Pas d'écoles spécialisées non plus pour te tenir la main en échange de milliers de dollars.

L'évolution des étapes du vieillissement du gars en couverture était accomplie en utilisant des prothèses subtiles et des trompes-l'oeil de maquillages experts. Tout était expliqué en détails avec des centaines de photos couleur à l'appui, à l'intérieur de cette boite à surprise.

Aussitôt que j'ai acheté ***'Three Dimensional Makeup'*** je me suis négocié quelques volontaires pour traverser le livre en les utilisant comme canevas.

Plusieurs pages de mon porte-folio initial sont décorées de ces vieillissements par étapes mettant en vedette mes premiers coups de pinceaux et prothèses de mousse de latex.

D'ailleurs, la senteur de caoutchouc brulé est restée bien présente dans le four familial durant dix ans!

Merci à la famille pour votre patience! Et vos amis du moment... et nos voisins. Sans vous, ça aurait été plus compliqué!

Maintenant, c'est à mon tour de propager mes techniques et images saisissantes grâce à l'imprimerie (et l'internet, années 2000 obligeant) à travers de nombreux sites web, articles et entrevues depuis près de 30 ans. **Journal de Montréal**, **Mad Movies**, **L'Écran Fantastique**, **Iwata.com**, **Airbrush Magazine**... Je continue le cycle de partage pour de futurs artistes en parlant de mon métier.

Plus récemment, le chapitre dans le merveilleux livre d'Eric Falardeau ***'L'histoire des effets spéciaux au Québec'*** où les Twins FX sont mentionnés comme *'Parrains des effets spéciaux au Québec'* m'a touché droit au coeur.

C'pas rien, être parrain de quelque chose!!

LES MAQUETTES 'FLUO' AURORA.

Mon plus vieux souvenir de pièces décoratives mélangeant art et horreur. Les maquettes **Aurora**.

Soyons honnêtes, mes meilleurs clients depuis trente ans sont des films de genre! 'Genre' dans le sens HORREUR. Des fausses joues 'invisibles' et organiques sur un Sébastien Ricard dans **Dédé à travers les Brumes** ou un vieillissement tout en subtilité pour un commercial de Banque TD ou Desjardins sont exceptions. Malheureusement.

L'horreur est roi.

Tout jeune, tout a commencé avec des maquettes. Des petits personnages en résine qu'on assemble et peints en y investissant beaucoup de patience.

Comme les casse-têtes typiques, il en existe pour tous les niveaux intellectuels (enfants de 3 ans ou adultes éveillés) et tous les niveaux de folie / OCD. Un puzzle classique à 6x morceaux mettant en vedette un poussin *cartoon* ou un 10 000 morceaux illustrant un CARRÉ TOUT BLANC ne sont pas pour le même bassin de population. Les maquettes, c'est pareil!

Y'en a des simples et y'en a des cauchemardesques.

Les maquettes **Aurora** de mes souvenirs : **Dracula** debout sur un caveau entrouvert, la sorcière au long chapeau pointu brassant sa marmite, ou la momie attaquant une jeune archéologue toute en poitrine. Il y en avait une dizaine au total dans la collection des années '70.

J'adorais assembler ces patentes qui brillaient dans la noirceur. Un vert fluo et enchanteur dans une chambre sombre.

La sorcière et ses rats. Une belle relation. J'en ai passé des heures avec la langue sortie à essayer d'aligner les morceaux de plastique.

Quand les pièces finies étaient disposées sur ma tablette, je les regardais de mon lit et pouvait m'imaginer dans les décors du lugubre château et cimetière de résine. Une belle échappée créatrice.

Mes premières n'avaient que 5-10 morceaux faciles à compléter. Des instructions simples sur une seule page étaient même fournies avec de petits pots de peinture et le pinceau le plus *cheap* de la planète. Je pouvais les assembler et peindre en une heure et les admirer pour les mois suivants. Coût : 8.59 $

La **Reine Alien** que j'ai achetée il y a quelques années : 740 $, U.S. Deux mondes. Les hommes sont des enfants avec des jouets plus coûteux? Mes amis Bert et Philippe ne m'obstineront sûrement pas sur ce point.

Partir d'une pile de morceaux pêle-mêle pour arriver à une pièce qui peut communiquer une idée. Faire passer une émotion. Magique.

La dernière maquette sur laquelle j'ai investi, en 2018, comportait plus de 100 morceaux (et j'en ai sculpté et rajouté quelques-uns de mon crû) et m'a pris plus de 10 heures à assembler. Une ***'Alien Queen'*** superbe de 24" de hauteur. Ce n'était pas aussi intense qu'un casse-tête tout blanc mais la *Reine* n'est pas pour un débutant non plus. Et fallait la peindre ensuite. Ajoutez 40 heures!

Quand mon fils a été assez vieux (9 ans?) je l'ai initié aux miniatures de résine en lui achetant un robot sous-marin d'une dizaine de morceaux. On l'a assemblé et je l'ai convaincu de venir avec moi à une convention au New Jersey. En remplissant la feuille de participation il avait appelé son vaisseau ***'Le Fr-3316'***... Il a gagné le trophée des *'moins de 12 ans'*, et son père a mérité la première place et le *'People's Best-of-Show'*. Inoubliable *roadtrip* père-fils!

La photo de nous deux tenant nos 4 récompenses du New Jersey est dans mon portefeuille depuis.

J'ai pris une pause maquettes ces dernières années mais je compte bien aller revoir mes amis du Kentucky ou du New Jersey aussitôt que les tournages de Lifemaker me laisseront du temps.

LES '24-HEURES-DU-10'.

Un autre facteur déterminant pour mon éducation 'horreur' de jeunesse, avant même de débuter mes études secondaires, les nuits blanches des ***'24-heures-du-10'*** à **Télé-Métropole**, avant de devenir **Vidéotron**. D'ailleurs, leurs studios sont toujours situés à la même adresse aujourd'hui, sur Maisonneuve.

1975 à 1979 si je me souviens bien... Et un autre exemple du désir fondamental d'avoir peur de presque toute la masse humaine.

Les fameux '24-heures' horreur diffusés par le bon vieux poste de télé sur le Boulevard Maisonneuve, étaient aussi dans une période avant que des centaines de canaux soient en ondes 24 heures par jour, avec des reprises ou des possibilités de programmer l'enregistrement.

À minuit, il n'y avait plus rien à l'écran. Des symboles immobiles avec un silement qui tapait sur les nerfs ou encore l'image en boucle d'un feu de foyer avec musique de fond. Ou pire, le grésillement de la 'neige' comme dans Poltergeist où la fillette communique avec des fantômes au travers de l'écran de télé d'une façon très... anormale.

Un des bons côtés de la supervision parentale inexistante? Les possibilités de nuits blanches sans négociations.

Quelqu'un chez **Télé-Métropole** a eu l'idée de ne pas arrêter de diffuser, une nuit par année. Peut-être deux? Je suis sûr de l'Halloween et des films d'horreur mais je n'ai qu'un vague souvenir d'une possible ***'Nuit de l'amour'*** ou ***'24-heures-du-Coeur'*** ou quelque chose du genre. À la St-Valentin. Où des films d'amour remplaçaient les films d'horreur d'octobre.

Love Story au lieu de **Texas Chainsaw Massacre** @ 3 h 15. AM. Innovateur.

L'excitation d'avoir peur était... excitante, tout simplement. En plus de relever le défi de rester réveillé.

D'ailleurs, le cercle de vie débutant aux ***'24-heures-du-10'*** à 7 ans, passant par mon premier travail comme gardien de sécurité à **Télé-Métropole** à 22 ans, pour se conclure avec l'honneur d'être un invité dans un *talk-show* du même canal à

37 ans, est fascinant. Trois gros souvenirs séparés par 15 ans les uns des autres. Une évolution sur canevas de poste de télé.

Mon frère Karl et moi, on ne manquait jamais l'occasion de s'installer en plein milieu du salon, chips, 2 litres de **Pepsi**, cabane en couvertures roulées, des oreillers et coussins en masse. Chaque fois, nous étions motivés mais on finissait toujours par s'endormir au beau milieu du deuxième long métrage. Malgré toute la bonne volonté du monde. Deux jumeaux qui ronflaient, entourés de sacs de chips à moitié vides et d'emballages de barres de chocolat était la scène le lendemain de la nuit des films d'horreur.

On se réveillait avec des courbatures pour avoir dormi sur un plancher trop dur. On se jetait sur l'horaire télé **TV HEBDO** pour revérifier sur quel bijou de l'épouvante nous étions tombés endormis ce coup-ci!

"Merde! On a encore manqué Santo contre les Momies Bleues!"

Où **Blue Demon** était le bras droit de **Santo** et les **Momies** n'étaient pas bleues!! *Anyway*...

J'ai vu 4 fois la première heure de **Rosemary's Baby** tout en ne voyant jamais la fin. J'ai dû attendre la mi-vingtaine pour enfin réaliser que la vieille jouée par Ruth Gordon était une sataniste démente! Et plus tard encore, Maude, celle dans le long métrage titre du chapitre. **Harold et Maude**. Une Meryl Streep de son temps.

Des films fascinants et terrifiants pour un gars de 11 ans, promus par des phrases accrocheuses remplies de promesses d'effroi.

'Essayez de ne pas crier!'
ou encore
'Vous ne croyez pas aux fantômes
mais vous ne pourrez pas nier la frayeur!'

J'étais partant.

Une messe pour Dracula. 1972. **The Haunting**. 1973.

Santo et Blue Demon contre... la momie ou contre Frankenstein ou contre les zombies ou contre tous ceux-là ensembles dans **El Santo**

contre les monstres. 1964 à 1974.

Phase IV. Des fourmis qui mangent de l'humain. 1974.

Puis l'arrivée des clubs vidéos avec leurs murs de VHS a éventuellement pris la relève chez nous.

Que de souvenirs marquants! La preuve, très jeune, que les artisans du cinéma pouvaient créer un l'intérêt par l'effroi. Leçon retenue.

L'ÉTUDE DE CADAVRES, QU'ILS SOIENT FRAIS OU NON.

Réalité / Art. Décomposition / couleurs. Mort / changements. Donc... Art et Sciences font bon ménage. Simple réflexion qui m'est toujours restée en tête.

Aussi une justification cartésienne pour le moral quand les images références deviennent trop intenses. Regarder avec un oeil artistique arrondi les coins.

Ceci dit, une autre tuile de jeunesse :

La recherche et l'étude de cadavres plus ou moins secs d'animaux! Comme tous les spectateurs des **CSI** et **Netflix** savent, un tueur en série qui se respecte a commencé avec les petites bêtes. Faut croire que le début est le même pour les maquilleurs FX. Un chien par-ci. Un rat par-là. Dans mon coin de pays c'était surtout des oiseaux ou des *roadkills* genre marmotte ou raton. Les choses mortes que l'on pouvait regarder ou toucher, essayant de comprendre comment ça marche...

Je ne suis pas un psychologue mais j'ai l'impression que le tout aurait commencé avec la mort de mon père quand j'étais très jeune et ma fascination (effroi?) de le voir 'dormir' tout en me faisant dire au salon mortuaire qu'il ne se réveillerait jamais. Sa peau n'était pas d'une couleur naturelle, uniforme et cireuse, son expression figée et neutre. Bizarre et méritant des réponses. En 1969, les expositions à cercueil ouvert étaient beaucoup plus courantes qu'aujourd'hui... les crémations beaucoup moins.

Anyway... de retour à la science.

Je n'ai pas d'explication rationnelle mais l'étude des résultats de la chimie et de la physique sur les corps morts... le concret artistique de cesser de vivre, m'a toujours fasciné. Scientifiquement. Le pourquoi du quoi des teintes violacées, des textures de la chair humide ou sèche, de l'apparition de plis, pus ou vers, tout ça chatouillait mon cerveau curieux, assoiffé d'explications. La mécanique de la décomposition. Ça sonne macabre mais pas d'un point de vue artistique.

J'avais simplement un intérêt scientifique à les observer. J'avais de l'empathie pour le pauvre corbeau écrasé mais maintenant qu'il était mort, aussi bien l'étudier un peu!

J'ai toujours aimé analyser des choses mortes. Un artiste curieux. Pourquoi les araignées ont les pattes recroquevillées quand elles s'éteignent lentement? Pourquoi les globes oculaires deviennent vitreux et laiteux? Ou encore, les veines qui apparaissent sous les peaux translucides?

Pourquoi? Des centaines de processus naturels beaux et fascinants, dégueu et effrayants. Ça sent comme des prérequis d'un maquilleur FX, d'après moi.

Dans un de mes camps d'été, où je devais attraper et collectionner divers insectes et coléoptères, j'ai coulé à pic les tests de fin de séjour. Après avoir suffoqué mon premier papillon dans un bocal contenant du cyanure, vivant toute la détresse du pauvre papillon aux ailes multicolores s'éteindre par soubresauts, j'ai refusé d'en tuer d'autres. Zéro, échec. Je n'étais pas habitué de recevoir des notes sous 90 % mais mon empathie a été plus forte que la note de passage. Une fois mort par contre, mon intérêt montait en flèche.

Donc, je rassure le lecteur tout de suite. Les tueurs en série, jeunes, tuent des insectes et des animaux avant de passer au niveau supérieur et embrocher leurs voisins. Moi, je me contente de l'après-mort. Je ne suis qu'un étudiant des phénomènes naturels, pas un tueur en série. (Mais évidemment, si je l'étais, j'aurais écrit la même chose!)

Les trouver morts et les aider à mourir sont deux situations très différentes. Observateur de la mort, pas tueur en série.

Garantie.

MYRTLE BEACH EN CULOTTES COURTES.

Ça pogne de jouer avec les émotions. J'en ai eu une autre preuve lors des Célébrations du bicentenaire américain de 1976.

Guidés par une styliste flamboyante, ma mère, Karl et moi portions un accoutrement en stéréo comme tous bons jumeaux. Des pantalons tricolores 'drapeau américain' avec des t-shirts de l'**Oncle Sam** pointant le public devant nous. ***'I want you'*** était écrit en grosses lettres au-dessus de son chapeau haut-de-forme légendaire. Rien de moins.

Pendant ces années formatives, à part le linge, ma mère ajoute aussi son grain de sel à mon cheminement horreur lors d'une semaine de vacances à Myrtle Beach, en Caroline du Sud.

Après une matinée passée à enjamber d'innombrables, énormes jellyfish tout à fait dégoutants dans leur translucidité, elle décide de nous emmener au *'world famous'* Musée de cire local. (*'world famous'* en nom seulement, pas en qualité)

Située entre un kiosque de crème glacée et un restaurant de Tacos, la créature de **Frankenstein** attendait les familles de touristes à la grande porte d'entrée.

Je marchais (gambadais? sautillais?) avec mon frérot sur la rue principale en route vers cette prochaine activité de la journée. Au loin, on aperçoit un géant à la tête plate, peau verte, épaules carrées qui semblait faire des mouvements au ralenti. Notre gambadage s'est transformé en pas hésitants.

Il y avait un mannequin de loup-garou échevelé assis sur un vélo, vissé dans le trottoir, qui portait une pancarte montrant les prix pour les visiteurs. Le ***'Frankenstein's Castle of Horrors'***.

Certains touristes étaient fascinés, d'autres craintifs mais tous payaient sans hésitation pour vivre une émotion ou une autre. Malgré que la 'créature' semblait en effrayer certains, ils revenaient quand même. Apeurés mais divertis?

À 11 ans on ne remarque pas les textures de carton et les coups de pinceau sur une maison réaménagée avec une façade médiévale. Ou le fait que le 'monstre' est sûrement un étudiant / joueur de basketball en pause pour l'été qui aimait bien suer à grosses gouttes pour faire peur aux visiteurs canadiens assoiffés d'activités. Mais l'engouement pour le monstre lui-même, ça, je ne l'ai pas manqué. L'horreur intéressait le public. NOTÉ! Encore.

Vivre de l'art horrifique n'était même pas une pensée dans ma petite tête au moment de mes écoutes du **Bal des Vampires** de Roman Polanski ou du **Vampire et le sang des vierges** au **Canal 10**. Ni en pleine étude du corps d'une moufette au beau milieu de la rue, retournée à l'aide d'un bâton de hockey pendant que je me bouchais le nez. Mais, la graine du lien divertissement-horreur était plantée.

Tous ces évènements et découvertes ont commencé à me façonner en futur *cool nerd*, amateur d'horreur et amant de l'art.

HAROLD ET MAUDE.

Le chapitre du livre qui pourrait intéresser les psychiatres sur les motivations profondes humaines. Le petit film indépendant **Harold et Maude**.

Le noyau du scénario n'est qu'une belle histoire d'amour entre un adolescent et une vieille dame. Rien d'excitant là– dedans, sauf que les deux personnages principaux n'étaient pas monsieur-madame tout-l'monde!

L'attraction pour moi et assurément une autre dalle dans le chemin vers l'art du maquillage FX pour avoir un public : les faux suicides. Ceux élaborés, poétiques et parfois spectaculaires d'Harold pour essayer de soutirer un peu d'attention de sa riche mère au large cercle social. Wow. Du faux-semblant avec du maquillage et du sang sucré pour de l'attention. BAM! *Count me in.*

Harold en était rendu là. Feindre de s'ouvrir les poignets dans la salle de bain toute en miroir, se couper la main *live* avec un couteau de boucher ou s'immoler lors de sa rencontre avec une nouvelle prétendante, tout était bon. Même un dramatique hara-kiri à-la-samouraï et une pendaison élaborée ont fait partie de son arsenal de création d'émotions!

Un vrai pro des FX amateur. Il n'était pas maquilleur et n'utilisait pas de prothèses de silicone encapsulé mais avec un bon oeil pour les couleurs, un sens du *timing* impeccable et un flair pour la composition visuelle ça fonctionnait à merveille. Ajoutez un harnais de pendaison, quelques faux membres, des trucages de magicien et bien sûr des gallons de sang au sirop.

J'étais envieux de ses résultats. C'est dit.

Moi, j'appliquais le même principe, inconsciemment, en fabriquant des cadavres sanglants et des prothèses de mousse de latex pour divertir 'mon' public. Surprendre le public.

Soutirer des émotions. Intéressant.

Je repense souvent à Harold quand je prépare une scène écrite par mes réalisateurs. Robin Aubert, Jeff Barnaby ou Julien Knafo ne le savaient pas, mais quand j'ai tourné la trilogie de leurs longs métrages de zombies entre 2016 et 2021, le spectre d'un petit film d'amour des années '70 planait au-dessus de leurs plateaux respectifs.

Merci au scripteur de ce film culte de m'avoir montré la lumière. Un nettoyeur de piscine au service des superstars de Hollywood qui écrivait à temps perdu, comme hobby.

Maintenant vous le savez, Messieurs!

KA-CHING!

Un hobby qui pourrait être payant?

L'Art comme gagne-pain. Payé pour faire peur? GO! Aujourd'hui, j'ai un atelier extraordinaire. D'après moi.

Les acteurs qui viennent s'y faire mouler ou les producteurs qui se déplacent pour négocier en personne semblent d'accord.

Un *man cave* personnel de 5000 pi.ca. rempli de créatures, cadavres et affiches de cinéma cools au lieu d'un bar quétaine avec une boule-miroir et des posters d'Elvis Presley. Mon paradis professionnel où je me retrouve souvent seul à écouter du Funk, du Stevie Ray Vaughan ou du Led Zeppelin en sculptant ou peinturant quelque chose.

La solitude dans l'atelier est calmante et magique. Mais je n'ai pas toujours eu ce privilège. Au fil des décennies **Twins Fx** et **Lifemaker FX** ont déménagé une demi-douzaine de fois, le tout débutant dans le sous-sol de ma mère, évidemment.

Typique!

Pire encore (ou mieux) avant que les FX deviennent mon gagne-pain, quand ce n'était qu'un hobby, l'atelier était ma chambre à coucher. À cette époque j'avais tout à apprendre incluant que du plâtre directement sur la peau humaine, sans vaseline, ça ne s'enlève pas sans douleur. Ni sans une épilation instantanée motivée pas la chaleur intense de la réaction chimique. Une possible brulure au deuxième degré est un bon motivateur pour sortir de là. Tellement que quand ça m'est arrivé, j'ai pris un grand élan et cassé le moule de sur mon bras en frappant de toutes mes forces dans le mur du sous-sol de ma mère.

En ces temps d'apprentissage il y avait aussi les senteurs de latex et de peinture imprégnés dans mes oreillers. Un jour, ma chambre a commencé à déborder de moules et fausses têtes et je me suis donc étendu dans tout le reste du sous-sol. Ajoutez les armes et gadgets électroniques de Karl.

Les tests de faux sang nous ont fait expérimenter plusieurs techniques de nettoyage de teinture rouge sur le tapis, la cuirette, le linge et les plafonds de 'cartons' suspendus. Les deux gagnants prouvés aujourd'hui : crème à barbe et **Windex**! On a essayé du jus de citron, de l'alcool, de l'acétone, du savon, de la pâte à dents... quant à tester, on a tout testé!

Les expériences de pyrotechnie, elles, nous ont fait raffiner les façons de changer les senteurs de fumée. Rien n'a jamais vraiment fonctionné à 100 % laissant toujours un fond d'arôme de soufre et de grille BBQ dans l'air.

Ça me rappelle l'anecdote du costume de **Robocop** qui sentait, d'après Peter Weller, le vomi de bébé. Le gars des FX aurait essayé d'ajouter de l'essence naturelle d'agrumes dans un coulage du nouveau costume de fibre de verre. Résultat : Weller trouvait que ça empestait le citron. Le vomi de bébé au citron pour être plus exact.

Des senteurs tenaces... c'est tenace.

Tous ces évènements et ces heureuses découvertes m'ont convaincu que l'horreur / divertissement pour le grand public était pour moi. Possiblement pas très payant mais amusant.

Probablement que ça ne resterait qu'un passe-temps, mais enivrant à souhait.

Des films d'horreur et maquettes de ma jeunesse, en passant par l'étude des écureuils écrasés, la découverte du magazine **Fangoria**, les entrées d'argent à l'Halloween et le hobby maquillages FX... Une progression naturelle qui m'a fait miroiter la possibilité de vivre du métier.

Petit à petit, je me suis donc mis à promouvoir 'commercialement' mon travail en parlant à toutes les oreilles disponibles de mes réalisations et projets immédiats. Toute course commence par un pas, puis un autre.

Du bouche-à-oreille qui a mené à créer une entreprise avec mon frère Karl, **Twins F / X enrg.** (le 'enregistré' au bout était très important pour nous, 'hommes d'affaires'. Et une protection de notre 'fabuleux' nom... à tort). À ma grande surprise, quand j'ai fait les recherches nécessaires demandées par le bureau d'enregistrement, j'ai trouvé de nombreux 'Twins' et 'FX' combinés. Des jumeaux agents immobiliers indiens (En Inde) et une compagnie d'effets par ordinateur de la Norvège, en plus d'une demi-douzaine d'autres.

Même du savon à base de cire d'abeille en Russie et un garage pour camions diesel en Géorgie, États-Unis.

Karl n'avait pas d'intérêt pour le maquillage FX lui-même, mais l'électronique, la radio-commande et la pyrotechnie le passionnaient. Parfait mariage puisque je ne voulais rien savoir de toucher aux fils électriques ou aux explosions.

Évidemment, les années ont fait mentir ma notion initiale de 'pas payant'.

HOLD-UP AVEC JEAN-PAUL BELMONDO.

Un de mes premiers emplois pour me payer une chambre semi-sous-sol en colocation avec 4 autres gars a été dans la soudure commerciale. Je ne connaissais absolument rien aux techniques et matériaux mais le bonhomme m'a quand même pris sous son aile.

Si vous avez fait la file dans une institution financière montréalaise dans les années 80, il y a des chances que vous ayez vu mon travail. J'ai touché à des milliers de poteaux d'acier inoxydable supportant les cordons de foule et des trépieds à posters promotionnels. Souder. Sabler. Polir.

Et on recommence... x 10 000.

Un panneau de liège à l'entrée du Cégep, tapissé d'annonces de colocations, conférences diverses et emplois temporaires me fait rencontrer mon premier employeur. Dans une entreprise d'acier poli. Un drôle de bonhomme, ingénieur de formation.

Le proprio était un peu inventeur / patenteux et aimait bien créer. Il m'avait confié quelques semaines après mon embauche qu'il avait vu ça en moi. Patenteux artistique. Parfait. Ça nous arrangeait tous les deux. On se comprendrait.

Bien avant le moment clé de ma conversion en professionnel du cinéma, pendant mes études de sciences au Cégep Édouard-Montpetit, que j'allais éventuellement abandonner pour faire des monstres en latex, j'ai mis les pieds sur mon premier plateau de tournage. Deux chapeaux sur ce film. Deux expériences assez folles.

Mon C.V. de plus de 17 pages actuellement, dont 150 longs métrages divers, débute avec *'**Hold-Up** mettant en vedette Jean-Paul Belmondo'*. 1985. Pour les plus jeunes, Belmondo c'était le Tom Cruise de son temps incluant Monsieur-je-fais-mes-cascades-moi-même mais excluant la scientologie.

J'ai pu y expérimenter les deux côtés de la caméra parce que la soudure était mon premier travail rémunéré, la fabrication du chariot téléguidé serait ma première présence comme technicien sur un plateau. Mais en plus, **Hold-Up** sera mon premier contrat de figuration.

Figurant *'camionneur #57'* et fabricant d'accessoires spéciaux, tous deux non crédités, évidemment. Un camionneur quelconque qui traverse l'écran pour remplir l'arrière-plan de M. Belmondo en pleine action.

Mon patron avait eu comme commande d'un ami traficotant dans les décors de cinéma de fabriquer un chariot bancaire téléguidé pour un film français à gros budget. L'accessoire en question transporterait un des personnages inconscients en dehors de la banque, radio-commandé par le brigand resté à l'intérieur.

Même si je n'étais qu'un pion dans cette grosse machine hollywoodienne, un assistant silencieux, le stress d'un plateau était palpable. Deux confirmations : La figuration n'est pas pour les impatients et le travail d'accessoiriste n'est pas pour les nerveux. Les 3 caméras et 150 paires d'yeux qui te regardent manipuler ton accessoire 'vedette' te le rappellent chaque seconde.

Trois journées magiques quand même.

L'Halloween avant le vedettariat de quartier.

Les *curveballs*, les délais de fou sont du quotidien dans les métiers du divertissement. Je l'ai réalisé de bonne heure.

Mais avant de pouvoir courir, on doit apprendre à marcher.

Dans mon cas, marcher sous-entendait remplir de petits contrats privés, surtout à l'Halloween... avant de courir, c.-à-d. devenir *designer* FX sur des gros budgets américains.

Pour un fan d'horreur, un fan de monstres... un fan de cadavres et frousses diverses, cette fête est sans aucun doute la période de l'année la plus attendue. En fait, les vrais mordus commencent à se préparer pour la prochaine fête des Morts dès le lendemain de la veille!

L'Halloween c'est l'Halloween. Aussitôt ce déguisement utilisé, on passe déjà à l'année suivante, il nous reste donc 364 jours pour pondre un concept qui fera fureur. Le festival de la citrouille en plastique pleine de bonbons est en bonne santé.

L'engouement pour cette fête commerciale très nord-américaine était une excellente occasion de promouvoir mon hobby contre rémunération. Le bouche-à-oreille, c'est tout un outil de promotion. Être jumeau aussi, surtout à la télé. Un très bon entrainement pour concevoir des maquillages efficaces, appliqués en moins d'une heure et assez tenaces pour les soirées de partys finissants aux petites heures du matin.

Plusieurs de mes clients faisaient la tournée de multiples bars pour participer à leurs concours de costumes respectifs et possiblement remporter de l'argent. L'un des plus courus offrait 1 000 $ et *bar open*... quand même pas rien!

La demande était grande pour se faire 'poser' un maquillage gagnant.

Un producteur ne m'a jamais dit en 30 ans de carrière ***"ne t'en fais pas avec le budget, tu as carte blanche pour dépenser"*** ni même ***"prends ton temps, tu livres quand c'est prêt, à ta guise"***. Jamais. Les saisons d'Halloween avec 15-20 clients par samedi m'ont donc préparé à ces réalités. Plus vite possible (hier!), moins cher possible (gratos!). Bonne chance.

"On n'a pas ce budget-là,
et ça doit être livré dans 6 jours!"

Ça je l'ai entendu souvent au niveau amateur ET professionnel. Faut bien gérer le stress.

Plus je pouvais maquiller de gens par jour plus j'avais d'argent qui rentrait. Plus je pouvais trouver des façons d'économiser sur les matériaux rares et chers, moins il sortait d'argent. Pure comptabilité. Je vivais le dilemme des producteurs avant même de joindre la grande famille du cinéma.

Mes deux premières années de contrats d'Halloween m'ont aussi permis de gonfler mon porte-folio de nombreuses créations impressionnantes à présenter aux producteurs à qui je vendrais ma salade. Il y avait de la demande pour **The Mask**, la grosse face verte de Jim Carrey, le **Terminator** d'Arnold, des loups-garous, des zombies... et de l'hémoglobine en masse!

Immanquablement, il y avait toujours un *big shot* qui se présentait en demandant un maquillage à couper le souffle. Toujours des gars, pas de filles, qui avaient supposément un budget illimité pour voler le spectacle à tel ou tel Club branché de Montréal ou de Laval.

Le champion de ces demandes ridicules est sans aucun doute *'Pete the King'*, surnom auto-attitré, évidemment.

Quand il s'est pointé à l'atelier (sous-sol de ma mère!) sans rendez-vous son torse était gonflé. Il nous graciait de sa présence. Sa face disait *'think big 'sti!'* pour citer Elvis Gratton.

"Salut, moé c'est Pete... Pete the King,
mais tu peux m'appeler juste King.
Bein non. C't'une joke. Pete.
Appelle-moi Pete, Erik."

OK. Je commençais déjà à voir où ça s'en allait.

Il nous a raconté qu'il gagnait toujours 'plein d'cash' aux concours de costumes dans les bars avec ses 'légendaires' **Freddy**, **Jason**, ou **Michael Myers**. À mon avis, de simples masques de latex à 19 $ achetés au **Jean-Coutu**.

Puis il a annoncé:

"C't'année, pas d'niaisage. Fini les folies.
Au cachot les chieux. Sors d'la cuisine si'fait trop chaud.
Tu comprends Erik?
J'veux un Prédateur, LE Prédateur,
comme celui qui se bat cont'Arnold.

Rien de moins. Carte Blanche les gars.
J'suis prêt à mettre l'argent qu'y faut."

OK. Ça semblait sérieux. Intéressant. Beau défi. Excitant. Bullshit?

Son look général et son habillement ne donnaient pas l'impression d'un gars pouvant se permettre une dépense frivole dans les 6 chiffres ou même 3. Des cartes blanches désinvoltes n'étaient pas dans son quotidien.

Je lui réponds, pour m'assurer d'être à la même page :

"Le Prédateur?
Le plus cool monstre jamais porté à l'écran qui a probablement coûté à la production originale dans les 6 chiffres?
C'est ça que tu veux?"

"Exagère pas Erik. J'ai pas besoin d'une roulotte avec lit king pis d'une assistante personnelle qui m'apporte des lattés en boucle.
Juste le costume 'sti.
J'vais arrondir le montant qu'j'avais en tête pour que toute ton équipe et toi vous puissiez travailler même de nuitte s'y faut.
Comme ça, y va être prêt pour samedi prochain!
As-tu les couilles de relever le défi Erik?
J'suis willing de vous donner 500 $."

WHAT??

J'ai dû expliquer au gars, en détail, à plusieurs reprises, ce que le travail engendrerait comme coûts pour lui, et ce que le *'vrai'* **Prédateur** avait coûté.

"On parle de plusieurs dizaines de milliers de dollars

même dans mon sous-sol, et avec plusieurs mois.
Les deux crocs de la créature originale coûtent plus que
toute ton budget, et on parle pas du 'full bodysuit' fait sur mesure
et peint par des experts pendant des jours, ou des gants superbes,
des bottes/pieds renforcées, de la tête mécanisée
et radio-commandée ajustée sur Kevin Peter Hall,
des lentilles sclérales incroyables, de ses armes futuristes
qui déménagent, ou encore des... "

J'étais pompé. Le gars a finalement réutilisé un de ses masques de latex nous traitant de divas surpayées en quittant l'atelier.

500 \$. *Think big 'sti!*

Twins FX avec mon frérot!

Le mariage des jumeaux et des effets spéciaux, ça devait s'appeler **TWINS FX**.

Ceux d'entre vous qui ont lu mon premier livre reconnaitront des bribes d'histoires ici mais en plus élaborées.

Dans ces années pré-internet, c'est une 'publicité' dans un journal local qui m'a fait connaitre le programme **Jeunes Entrepreneurs** offert par le gouvernement Provincial. Une association à but non lucratif de gens d'affaires à la retraite voulant aider la relève, avec un complément support monétaire à leur programme de mentorat.

Après les refus répétés des Caisses Desjardins mais avant le prêt salutaire de la Banque Nationale, la bourse **Jeunes Entrepreneurs** de 10 000 $ était la bienvenue!

Tombé du ciel aussi, une connaissance de ma mère philanthrope sympathique, un *'angel investor'* comme on dit aujourd'hui dans les émissions comme **Shark Tank** et **Les Dragons**, s'est pointé le nez avec un autre 5 000 $.

"Je crois en vous les gars!"

Une fois les chèques déposés dans le nouveau compte **Twins FX** et le plan d'affaires approuvé par notre mentor, on fonce.

Une entreprise nait.

Un talentueux ami accepte de travailler avec nous pour la création d'un logo puis d'une carte d'affaires.

Je m'embarque dans la peinture à l'aérographe d'images flamboyantes. Tout canevas était bon. Les manteaux de cuir, les casques de motos, les murales de chambres d'enfant. Dans la même vague, on fait broder ***'Twins FX'*** en fil rouge sur le devant de vestes noires distinctives, nos noms sur les manches. Évidemment, j'y ajoute les illustrations à l'acrylique d'un monstre menaçant pour le mien et un **Colt 45 Desert Eagle** tout reluisant sur celui de Karl. Nos manteaux de compagnie / pancartes publicitaires de fortune.

Achat de produits de base comme une machine à boucane, à l'époque où la pulvérisation d'huiles sur éléments chauffants restait encore légale. Les vapeurs nocives dans les poumons humains ne comptaient pas dans ce temps-là. L'épandeur d'insecticide au propane était donc adéquat pour nos premiers contrats.

UNE SÉRIE TÉLÉ... COMMUNAUTAIRE. LE 'CABLE'.

Avant les *'extras'* à la fin des DVD, avant les compétitions genre **Face Off** à la télé et avant les nombreux *'making off'* diffusés partout sur les grands réseaux et **YouTube**, il n'y avait rien pour promouvoir ou même montrer l'envers du décor d'un tournage. Si seulement on pouvait se faire voir!

Mon hobby fascinait un ami d'un ami de mon frère, et il m'a approché avec une intrigante proposition.

Une sorte de petite boule de nerfs, incapable d'arrêter de bouger ou de parler. Un fonceur, créateur de projets né.

"On explique aux téléspectateurs comment fonctionnent les trucages au cinéma, tout en les divertissant. Ça va être cool les gars, pis vous êtes drôles avec vos explications imagées. Le public vous allume!! Des putes de lentilles."

J'accepte sans trop savoir dans quoi je m'embarque.

On rencontre le directeur de la programmation par un après-midi de l'été 1980. Un grand bonhomme très plaisant et relaxe prêt à nous ouvrir toutes les portes nécessaires pour faire une bonne série. Rosaire. Malgré ses airs un peu cool de rocker, ça paraissait qu'il avait une tête sur les épaules.

D'ailleurs, nous sommes toujours en contact plus de vingt-cinq ans plus tard.

Je lui en dois toute une! Il nous a donné les clés du Royaume.

Nous l'avons rencontré à quelques reprises avec notre producteur / concepteur qui est éventuellement sorti du paysage avant la fin de la série.

En plus des contrats de sécurité intermittents, je travaille donc à faire aboutir ce projet de télé communautaire, gratuit-bénévole-cheap mais valorisant. Étape 1 du cheminement entre un simple passe-temps et une passion qui pourrait un jour payer les factures. Création de C.V. et visibilité.

Les gens de **Vidéotron** nous prêtent tout ce dont on a besoin. Les caméras Beta professionnelles, la salle de montage, les studios de Saint-Hubert,

les techniciens nécessaires à l'enregistrement de l'émission en direct. Tout.
On ne pouvait plus reculer.

Un défi colossal et du travail constant qui me fait toucher à toutes les facettes de la production télé. Écriture, cadrage, caméras, animation, réalisation, en plus de fabriquer et appliquer tous les maquillages avec ma bonne amie et assistante du moment, Nathalie.

On tourne une première série de dix épisodes, chacun couvrant des sujets différents.

Entre autres, les *'égorgements'*, les *'sosies au cinéma'*, les *'vieillissements réalistes'*, les *'trucages avec miniatures et matte paintings'*. Et le plus populaire à ce jour si je me fie au courrier hebdomadaire et des commentaires plus récents, le *'spécial fluides corporels'*, où je partageais mes recettes de sang, sueur, pus et vomi.

"Cette semaine, j'ai une chronique particulière où je vais vous donner mes formules de sang et de vomi-à-l'Exorciste... toi Karl, qu'est-ce que tu proposes au public dans ton segment?"

Inoubliable!!

Une suite d'erreurs, mauvais calculs et débordements en direct feront de cet épisode vomi un classique de la télé-communautaire. Le merveilleux mélange visuel d'un gars qui se bat pour ouvrir une canne de soupe aux pois tout en jonglant avec du gruau, des bouts de latex et du colorant alimentaire... tout ça en chemise blanche, manches longues. Pissant. Je m'en suis rendu compte pendant que je faisais les mouvements. Ce qui a greffé un fou rire et des larmes d'hystérie à la scène. Inutile de préciser que la chemise n'est pas restée propre longtemps.

En bout de ligne, grâce aux infatigables Marie et Manon, et à une gang d'amis motivés et passionnés, on tourne tout l'été pour une diffusion à l'automne. ***'Special FX: la série'*** prendra les ondes d'assaut sur la Rive-Sud de Montréal comme prévu, en septembre. Nos faces seraient vues sur le seul et unique **CANAL 9** dans le temps de la boite brune à pitons.

Notre petite série télé sera en rediffusion constante, plusieurs fois par semaine, pendant des années.

Je n'avais pas de paies pour faire cette série mais j'ai découvert deux façons additionnelles de rentabiliser les efforts investis : les commandites et la visibilité commerciale. Les commanditaires, surtout lors de la deuxième saison, nous permettent de détruire une douzaine d'automobiles avec des cascadeurs invités, d'avoir quelques entrevues avec des professionnels et de nous procurer du matériel important pour nos réalisations.

Entre autres bienfaiteurs : **Omer DeSerres**, la petite Quicaillerie **Rona** de la rue Ste-Hélène (Philippe!), **Gaz Métropolitain**, Remorquage **PEG**, **Canadian Tire** et Pharmacies **Jean-Coutu**.

Entrer dans les commerces respectifs durant toute une journée sans rien débourser. *Check*. Des achats, mais gratos.

Je me tenais devant les étagères de séchoirs à cheveux ou de peinture à l'huile, les pinceaux (rénovations ou maquillage, dépendant du commanditaire), les colles, excité comme un enfant dans un magasin de bonbons.

On remplissait les carrosses à deux mains et se présentait aux caisses avec un air un peu fendant.

"Est-ce que l'on pourrait voir le gérant SVP?
C'est pour une commandite pré-approuvée de 1 500 $."

Suivi d'un grand sourire en stéréo des jumeaux. C'était magique.

Commanditaires = possibilités. Merci encore les boys! Sincèrement.

La direction du poste de télé nous apportait tout le support technique, oui. Les commanditaires nous permettaient des folies extraordinaires, sûrement. Mais en plus, nous avions des passe-droits incroyables avec les autorités municipales. Heureusement.

Karl, l'électronicien diplômé et pyrotechnicien certifié, préparant des explosifs avec une cigarette au bec. La première fois où ça m'a frappé, c'était là. L'explosion du camion de chips **Frito-Lay**, donné par un autre commanditaire généreux, en plein milieu d'un terrain vague de Saint-Lambert.

Je me souviens très bien de l'image de Manon accroupie qui l'assistait pour les grosses explosions, dans la boite du camion renversé sur le côté. Elle donnait des sacs de plastique remplis d'essence à Karl, un gars qui avait une cigarette allumée pendouillant de ses lèvres virevoltant avec instabilité quand il marmonnait quelque chose.

Je me souviens aussi du jour où le capot d'un autre véhicule commandité était retombé à quelques mètres de nous à cause d'une charge explosive trop musclée. Une partie de la tête du moteur avait atterri dans la cour d'un voisin lointain, sans incident fâcheux, heureusement.

Les bons vieux jours d'insouciance sans assurance responsabilité!

Yves, notre superviseur cascades de naissance, avait réussi à faire fermer la sortie pour l'autoroute 116 à partir du Boulevard Taschereau pour l'espace de 3 longues heures pour renverser deux automobiles qui étaient théoriquement engagées dans une poursuite à haute vitesse.

Entre autres, dans la nouvelle saison, Yves et l'une de ses assistantes ont plané du quai de Boucherville jusque dans le fleuve Saint-Laurent avec leurs véhicules respectifs, leurs costumes de plongeurs dissimulés sous leurs habits civils.

Les bonbonnes d'oxygène rivetées sous les bancs. Dangereux mais spectaculaire. Évidemment on a dû demander un permis municipal et leur assurer qu'il n'y aurait plus aucun fluide nocif à l'intérieur mais une interdiction de leur part ne leur était même pas passée par la tête.

Ai-je mentionné les *'bons vieux jours d'insouciance?'* Ouin...

On planifiait des scènes comme de grosses productions mais gratos, du mieux qu'on pouvait. Personne n'est mort mais on flirtait avec de temps à autre!

Pour toutes ces folies et bien plus encore, les services d'urgences municipaux étaient présents le sourire aux lèvres. Policiers, ambulanciers et pompiers, vous avez été incroyables!

LES TWINS FX À LA TÉLÉ

Étant donné l'énorme succès de ***'Special FX'*** durant l'hiver de 1988 (dans le contexte du câble!) on s'y remet à l'été 1989 avec un nouveau titre : ***'Twins FX II, les secrets du cinéma'***. Une toute nouvelle série de dix épisodes toujours à être diffusée sur la télé communautaire.

Le duo des jumeaux FX sera l'une des 'vedettes' de ce petit canal, l'autre étant un spécimen rare qui produit, écrit et anime lui aussi son show, ***'Ésotérisme Expérimental'***. Richard Glenn. Comme moi, des décennies plus tard, il est encore dans le même domaine aujourd'hui. Il faut croire que nous avions tous deux de fortes passions pour nos sujets respectifs : les effets spéciaux de maquillage et l'ésotérisme / fantômes / Ovnis.

On comparait toujours nos cotes d'écoute aux siennes. Il était une sorte d'inspiration en fait de popularité-due-à-un-petit-show-indépendant.

On était des *YouTubers* avant que **YouTube** existe.

L'année 2, les autorités nous connaissent pour nous avoir vus à la télé. Les pompiers, policiers et ambulanciers de Longueuil nous saluent dans la rue. Ça nous donne droit à toutes sortes de passe-droits comme d'autres fermetures d'artères passantes, présence de véhicules et personnel d'urgence lors de cascades et d'explosion, et nouvelle permission de lancer *'des chars dans l'Fleuve'*. Tout ceci serait sûrement impossible en 2021.

Fermer une sortie pour faire une poursuite avec tonneaux sur l'accotement escarpé, plus jamais.

Aux passe-droits administratifs s'ajoutent les commandites encore plus intéressantes. Une nouvelle facette de la 'célébrité' inconnue pour moi. Je crois que Rosaire nous avons lancé ça lors d'une conversation 'année 2' quand on avait mentionné ne pas avoir le budget pour faire exploser un camion!

"Juste à échanger des services et matériaux contre des remerciements en direct et un 'carton' dans les crédits de fin!"

Shit!! J'aime ça.

On a essayé. Et ça a marché. Encore. 1 000 $ chez **Jean-Coutu**, 1 500 $ chez **Omer DeSerres** (Un MERCI spécial à Marc DeSerres lui-même!), etc.

Monsieur Ira Kroo est un autre important bienfaiteur qui nous a permis d'utiliser son grand terrain vague en plein milieu de Longueuil pour tout ce qui s'appelait cascades et explosions. On ne l'a jamais rencontré mais on lui en doit 'une pis une autre' comme disait un de mes oncles.

Aujourd'hui, le terrain est un **Tim Hortons** coin Jacques-Cartier / Sainte-Hélène.

Sans oublier des compagnies de néons, de comptabilité, les pièces électroniques Master Vox, le matériel de plongée. Incroyable et magique.

Durant la pré-production et les tournages nous avons touché à tout. Scripteur, réalisateur, monteur, électro, cascadeur, acteur, animateur, maquilleur, pyrotechnicien. Une école de la vie du cinéma.

Une des explications du succès de notre petit show était sans aucun doute la spontanéité. On partait avec un plan précis pour chaque épisode, par exemple *Erik-égorgements* et *Karl-impacts-de-balles-sur-miroir-et-automobiles* avec un possible invité, disons, Stéphane et ses *'mattes paintings sur verre'*.

On préparait des inserts, quelques prothèses et des saynètes mais il n'y avait absolument pas de scénario comme tel. Juste des ***"t'as 4 minutes et demie"*** ou ***"rempli l'temps entre ces deux segments-là Karl!"*** IMPRO!

Quand la régie disait ***"ACTION!"***, on enregistrait pour 23 minutes *'straight'*, pas de coupe, comme si c'était en direct. Ça garantissait un montage final simple et rapide mais nous laissait sur un fil de fer à essayer de ne pas tomber.

Ce mode d'opération a créé des moments magiques dont on me parle encore trente ans plus tard. Le miroir qui n'explose pas et qu'on casse avec une crosse de revolver, l'égorgement pris au sérieux par le public pendant que le sang dégouline sur le plancher, mon fou rire incontrôlable pendant le segment 'fluides corporels' qui débordent de partout où je démontre une technique de mélange de vomi par étapes, etc.

L'échange de caméras-épaule entre Karl et moi quand l'un prend la relève de l'animation, en direct, revient souvent aussi pendant que je suis en ligne au **Starbucks**.

Après le maquillage d'égorgement quasi tragique, on devait se censurer, mais ça n'a pas duré. On s'est amusé quand même, comme des enfants rebelles. L'égorgement 'pris au sérieux' est aussi la raison majeure pour laquelle nous avons créé un *'safe word'* à utiliser si jamais les cris ou la souffrance due à un effet de notre part n'est PLUS de la comédie mais bien réel. Un système auditif emprunté au monde sado-maso!

Quand ton acteur se recoud une prothèse de plaie béante à l'écran et 'acte' la douleur extrême, les cris, la gestuelle et le faux sang sont convaincants et ce code est important pour savoir si on doit intervenir.

Dans un épisode de la série où notre cobaye Réal se fait égorger, le sang se met à gicler au rythme des battements du coeur. Tout-l'monde a embarqué dans le jeu Robert-De-Niro-esque de Réal. Même le maquilleur qui avait posé la grille de protection, les tuyaux et la prothèse de fausse peau… moi.

J'y ai eu recours dernièrement sur une série télé où l'actrice se suture elle-même une profonde cicatrice sur la joue tout en criant. Tant qu'elle n'ajoutait pas un ***"BINGO!"*** je savais que sa douleur n'était qu'un acte.

Malgré les avertissements et restrictions de Vidéotron, on incorpore à un des épisodes de la série un effet de main coupée. Je l'avais fabriqué en gélatine et rempli de faux sang, bouts de bacon, coton ouaté bien rouge et d'un tuyau branché sur une pompe à liquide de lave-vitres rescapée de l'une des explosions de véhicules. Des graines de moutarde, de la pâte à dents et des nouilles Udon ajouteraient de la texture lors de la coupe.

J'explique au public que nous allons démontrer un effet routinier des films d'horreur,

"… même si l'administration nous a bien avertis de ne pas faire dans le dégueulasse!"

Je soulève un couteau électrique dans l'écran, craque un sourire diabolique et pousse le bouton sur le manche. BBUZZZZ… très bruyant.

Je coupe la main comme une dinde à Noël, séparant les 4 doigts et les jointures du reste de la main. J'avais un look méticuleux mais machiavélique pendant que la marre de sang s'agrandissait sur la table. J'entendais des ***"ooobh"*** et des ***"aahbb"*** et des fous rires en studio malgré le bruit du couteau.

Expliquer aux spectateurs nos limitations de censure avec une coupe directe sur un gros plan de la lame qui pénètre une main de gélatine équipée de tuyaux qui se mettent à gicler dans l'écran télé de Mr-Mme Tout-l'monde. Le son du couteau à dinde électrique n'aidant pas la subtilité de l'effet ni le clin d'oeil à l'administration du **Canal 9**. Un bon exemple de situation inoubliable qui n'arrivera plus jamais.

Le terme de 'minutes cascadeurs' vient d'ici. J'ai utilisé cette phrase des milliers de fois depuis, sans que grand monde comprenne, mais c'est à cause surtout de l'épisode des torches humaines que c'est né dans mon esprit cartésien et cynique. Grosso modo, on ne pouvait pas se fier aux chiffres avancés par notre coordonnateur cascade. Jamais.

Comme pour les années de chien, c'est multiplié par 7. 1 an peut équivaloir à 7 ans en 'vrais chiffres'. C'est identique pour les cascades de notre show télé. Un 15 minutes peut signifier 2 heures.

Le segment de Yves intitulé *'Les torches humaines au cinéma'*. Rien de moins. Des humains en feu qui courent ou sautent d'un toit en récitant le chapelet.

Il expliquerait, démonstration à l'appui, comment le personnage d'un méchant pouvait finir sa carrière en allumette de 6 pieds sans que l'acteur y passe dans la vraie vie. Tout ça sous le regard satisfait du héros après une longue poursuite dans une usine désaffectée.

L'un des meilleurs élèves de Yves allait sauter d'un toit de maison commanditée. Elle serait elle-même traversée par une automobile en perte de contrôle dans un futur épisode. L'autre volontaire se ferait allumer dans une boite de camion, aussi commandité, pour en sortir en panique, tout feu tout flammes, se jetant à plat ventre 10 mètres plus loin.

Mon jeune frère Ronny s'est proposé comme torche humaine bondissant hors du camion. (!!!) Pas un pro. Mon frérot. Un athlète courageux, oui. Une vierge des '*full flames*', oui. Chapelet SVP.

Les préparatifs 'ce soir-là', qui est devenu 'cette nuit-là', étaient interminables. Enrober les gars de multiples couches de linge non synthétique, les détremper complètement à l'arrosoir, mettre d'autres couches de coton, du gel *'fire retardant'*, les remouiller encore, revérifier, enlever, remettre, etc.

Dans le *Walkie* on se faisait répondre des ***"encore 30 minutes et ça y est"*** ou ***"garantit à 20h on tourne"*** suivit de ***"peut-être 20h30"***. Pendant des heures et des heures.

Éventuellement, avant que le soleil se lève, on a pu filmer la dangereuse cascade de feu avec Ronny. ***"ACTION!"*** L'un des gars l'a ALLUMÉ. Il s'est mis à courir après être sauté du camion qui lui servait de point de départ. Incroyable. Personne ne respirait focusé sur l'allumette à forme humaine.

Karl et moi on regardait notre frérot qui n'était plus qu'une boule de feu gesticulante avec un doute sur la sécurité... mais combien d'admiration?

Ronny a fait ça comme un pro et cette nuit-là, la phrase ***"est-ce un VRAI 10 minutes ou un 10 minutes de cascadeurs?"*** est donc née.

Même l'arrière du décor lors des enregistrements était divertissant. Un festival de *multi-tasking* surprenamment efficace mais non chorégraphié.

Des situations comme terminer mon segment, remercier le public et entendre la voix de Karl en hors champ dire ***"donne-moi là Rick!"*** pendant que l'image semble chavirer pour les téléspectateurs.

"Tiens Karl, prends-là... faut que j'aille préparer mon segment sur Terminator!"

EN DIRECT.

Ou courir dans la régie pour appuyer sur le bouton d'un *playback* de vidéo déjà enregistré entre deux phrases d'entrevues, pendant que l'attention est sur l'autre jumeau.

Je ne pense pas que j'aurais les couilles de refaire ce genre de projet aujourd'hui, à 56 ans. Probablement pas. Karl?

Je me souviens entre autres d'une intro d'émission bien particulière et de mon admiration pour mon frère alors qu'il envoyait promener un spectateur. Tous les deux évachés dans nos chaises de Structube commanditées, on répondait au courrier du public. Enveloppes, papier, timbres.

"J'ai ici une lettre de Sandra de Candiac qui voudrait savoir..."

Ce genre de correspondance.

Mais Karl s'était gardé LA lettre du jour. Un gars trouvait notre émission 'désorganisée et amateure', tous deux de bons points mais pas besoin de nous écrire pour nous le dire. On le savait!

Donc Karl ramasse cette lettre (pleine de fautes d'orthographe) et regarde droit dans la caméra.

"Pour finir le survol d'aujourd'hui, y'a un comique qui a pris la peine de nous écrire avec son opinion éclairée..."

Et il lit à voix haute. ***"...Désorganisé... toi et ton frère... amateurs..."*** et ainsi de suite. Puis il refixe la caméra.

"Merci Sylvain de Longueuil pour ta grande perspicacité, tu devrais penser devenir détective! Ton sens de l'observation et de synthèse est hors du commun"

Et il lance le bout de papier vers la lentille comme un **Frisbee**!

J'ai la larme à l'oeil de fierté encore aujourd'hui. Le bon vieux temps des Twins...

Pour le 20ème et dernier épisode des Twins, on assemble un montage comique / dramatique qui résume 2 ans de travail, regroupant tous les bons et les mauvais moments.

Heureusement, l'une des 8 émissions qui me restent sur les 20 enregistrées est celle des *bloopers*, dernière de la série. 23 minutes de conneries et dérapages, explosions et courses folles en rafale, bout à bout… pas en haute définition mais divertissant au possible.

La passion et le plaisir qu'on avait à l'écran étaient palpables pour le public.

Les téléphones d'auditeurs privés intéressés à nous engager ainsi que les premières demandes de soumissions par des maisons de production établies nous motivent à enregistrer légalement notre nom. La naissance légale de **Twins FX**.

Je suis loin d'être un producteur, un cascadeur ou un directeur photo aujourd'hui mais j'ai plusieurs petites cordes à mon arc qui me font comprendre ce que font les autres passionnés sur un plateau.

Ces deux années de collaboration avec mon jumeau Karl, mon frère Ronny, Manon et des amis proches resteront toujours dans mes souvenirs familiaux les plus magiques.

Notre petite série télé sera en rediffusion constante, plusieurs fois par semaine, pendant des années. Très bon pour remonter l'égo.

Bas-du-Fleuve, Lac-Saint-Jean, Rives-Nord et Sud de Montréal. On a diverti beaucoup de monde avec nos péripéties rocambolesques semi-improvisées, semi-prudentes.

La fenêtre de la diffusion sur le câble (un peu le principe des **YouTube** d'aujourd'hui en ce qui concerne la promotion personnelle) nous rend aussi visibles aux producteurs de cinéma, nos futurs clients. Des appels d'auditeurs aux petits studios télé du Boulevard Marie se transforment en contrats avec des vedettes du moment, entre autres Mario Pelchat,

Gilles Latulippe, Janette Bertrand et son **Avec un Grand 'A'**, le magicien Alain Choquette, etc.

Les gens commencent à nous reconnaitre dans la rue et vouloir nous serrer la main. Les commentaires sont à 99 % positifs... très positifs. ***"C'est pour quand la troisième saison les gars?"*** Jamais. Mais on sera derrière la caméra pour les trente prochaines années.

Les téléspectateurs mentionnent le contenu intéressant, vu la nouveauté du métier, ainsi que les rires garantis, inévitables sans script et sans censure.

Quand j'y repense, c'était un peu comme donner une machine à écrire à un singe, sauf qu'on a écrit de pas pires patentes.

Une école incroyable pour ma future carrière. Les gens m'en parlent encore aujourd'hui!

Dans un **Tim Horton's**,

"Hey man! C'est toi le gars du câble!
J'm'en tannais pas."

Au centre d'achats ou au restaurant,

"Hey, un des Twins du câble!
J't'écoutais quand j'étais p'tit."

"C'tait cool vot'show. Fais-tu encore des FX?
Ma fille travaille au théâtre à cause de vous autres."

"T'avais pas un show à la télé communautaire y'a longtemps?
Avec tes frères? C'tait bon en crisse!"

La semaine dernière le réalisateur d'une populaire série policière québécoise avec qui je travaille en ce moment m'a glissé tout bonnement ***"j'écoutais les Twins quand j'étais petit. C'était vraiment bon vot'affaire."***

Il y a quelques années on m'a même mentionné un drôle mais intéressant...

"Y devraient faire une émission genre 'Duck Dynasty'
ou 'American Chopper' avec votre gang.
Ça s'rait écoeurant! Une patente comme
'Canadian FX shop' ou 'Les Twins sanglants'!"

Le premier producteur qui nous a parlé de ça voulait 'suivre' les membres de l'atelier Twins FX / Lifemaker dans des sorties mini-putt, glissades d'eau ou au **Festival Western de St-Tite**. Ou encore nous foutre la lentille dans le visage pendant les tournages éprouvants en espérant capter quelques chicanes internes. Non merci.

En plus d'être envahissant sur une base quotidienne, ça aurait enlevé toute crédibilité professionnelle aux yeux des producteurs sérieux tout en nous rendant plus populaires avec les 'civiles'. On a choisi de rester derrière la lentille.

Finalement on a refusé. Flatteur quand même pour la pute à trophées.

La camaraderie de notre jeunesse était au rendez-vous durant ces années. Nos réalisations communes indéniables.

NOTE COCASSE : Un jeunot qui écoutait notre émission est venu nous rencontrer avec son porte-folio pour avoir des conseils. Je pense qu'il était majeur mais ressemblait à un ado de 13 ans. Il nous montre son gros cartable de cuir noir et attend nos commentaires. Le silence complet règne dans la petite pièce mis à part le bruit des feuilles de plastique retournées une à une.

Des fausses têtes superbes, des maquillages complexes, des sculptures organiques et détaillées. Un génie artistique en culottes courtes.

"C'est toi qui as fait ça? Tout ça?
Dans ton sous-sol?"

"Oui!" Un long silence et des regards entre Karl et moi... ***"Qu'est-ce que vous en pensez M. Gosselin?"***

Un autre long silence...

"Je pense que tu devrais déménager à Los Angeles
et remporter un Oscar un jour!
C'est ça que j'pense."

Et Karl d'ajouter après une *'puff'* de cigarette.

"Ouin, comme dit Rick..."

Il a effectivement eu une nomination aux **Oscars** 20 ans après notre rencontre...

CONTRACT

Un ex-chanteur de pomme m'ouvre la porte du Royaume Hollywoodien!

C'est un rendez-vous au salon de coiffure qui me montrera le chemin de ma future carrière grâce à un populaire chanteur de pomme des années '60. Il avait fait beaucoup de versions francophones de succès américains aux paroles recherchées comme ***'Do Wah Diddy Diddy'*** et ***'Hey hey hey'***. Quelques-uns de ces titres en duo avec Nanette Workman. Ma mère le connaissait ; pas moi.

Puisque les coiffeuses ne sont ni plus ni moins que des psychologues pour leurs clients, la mienne savait que j'avais des rêves de plateaux de tournage américains malgré mes longues heures de travail dans la sécurité.

Elle me coupait les cheveux chaque mois depuis plus de deux ans et on s'entendait bien. Ça faisait quelques fois qu'elle me demandait de voir mon porte-folio dans lequel se trouvaient déjà d'innombrables photos de maquillages tape-à-l'oeil dont j'étais fier.

Vieillissements, égorgements, zombies, brulures! Je lui montre mes chefs-d'oeuvre entre deux rendez-vous de coupes. Le salon était rempli de clients mais Christiane prenait son heure de lunch et j'ai donc pu m'assoir avec elle en retrait.

À ma grande joie, elle était ébahie par mon travail, étudiant chaque photo dans ses moindres détails. Ses exclamations et commentaires étaient audibles par les clients les plus proches de nous malgré la musique et les différentes jasettes partout dans le salon de coiffure.

Un homme d'une cinquantaine d'années, tout petit avec de longs cheveux d'ados et un manteau de cuir, s'approche de nous et m'adresse la parole comme si nous étions de vieux amis.

"Hey le jeune, j't'écoute parler de cadavres pis d'zombies depuis tantôt... j'peux-tu voir ce que tu fais?"

Je lui passe le gros cartable relié qu'il survole rapidement, sans commentaires. Ce n'était pas un géant, 5'6" / 145 livres, peut-être moins. Mais son manteau de cuir à épaulettes impressionnantes, deux fois trop grand pour lui, semblait lui donner une présence. Les samouraïs japonais employaient la même technique avec leurs armures de bambou et casques de 1 mètre de haut, pour effrayer les ennemis malgré leur petite stature naturelle.

J'essayais de me rapetisser pour ne pas trop l'intimider pendant qu'on se tenait debout puisque le haut de sa tête m'arrivait à l'épaule.

"J'suis Tony Roman. T'es trop jeune pour me connaitre mais j'étais chanteur avant. Asteure, j'produis pis j'réalise des films. Ça t'tentes-tu de v'nir travailler sur Bloody Madonna?"

J'ai pensé : ***"Crisse OUI!!!"*** Mais... ***"Bien sûr M. Roman. Ça me plairait beaucoup."*** Est sorti de ma bouche. Tony me regarde, mystifié.

"J'pensais qu'tu m'lâcherais un genre de Tabarnak ou Crisse Oui!. T'es moins excité que j'pensais kid."

"CRISSE OUI!"

Il se met à rire. Le début de ma carrière en sacrant dans un salon de coiffure.

Ce sera mon premier contrat de maquillage FX professionnel, nom aux crédits du DVD et tout.

Après avoir accepté l'offre de Tony, je dois maintenant livrer la marchandise. Le stress du débutant a embarqué. Ce n'était pas un **Secret Window** ou un **X-Men** de mon futur lointain mais quand même un 'vrai' tournage. Si je ne livrais pas la marchandise? Ma carrière de 1 film serait anéantie... au stade embryonnaire.

Mais, je lis le scénario, planifie l'attaque du projet et me mets au travail. Une tête coupée, certains flashbacks de la jeunesse du tueur où il se fait battre et torturer par ses parents, deux femmes mortes par balles, une profonde morsure. Côté accessoires, de faux couteaux, une Sainte-Vierge qui pleure du sang. Une petite liste d'épicerie excitante pour un jeunot débutant.

Ah oui... et aussi une première tête explosive pour moi utilisant la même technique que Stephan Dupuis et Dick Smith avaient utilisée pour Louis Del Grande dans **Scanners**. Une reproduction vide de la tête de l'acteur, remplie de chair à saucisses, faux sang et tout ce qui traine sur une table d'atelier, explosée par un bon vieux *'.12 pompeux'* hors de la vue de la caméra.

Un autre effet impossible à réaliser aujourd'hui. Grâce aux logiciels numériques modernes et au danger évident de décharger une arme de chasse en studio!! Le bon vieux temps.

La première soirée on tournait la scène du tueur qui se tailladait le bras et les jambes pour se 'préparer' au meurtre de l'une de ses victimes. *Check.*

Un 'diner' à 1 heure du matin dans un restaurant italien ouvert spécialement pour le tournage et un *'Wrap'* à 2 h 30. *Check.*

Après cette première présence sur un plateau, je me retrouve à une pompe à gaz avec mon vieux **Chrysler LeBaron** complètement à sec. Une station 24 heures de Chambly où je réalise que je suis, tout d'un coup, professionnel du cinéma! L'argent servirait à payer mon loyer et mon épicerie du mois donc 'un professionnel'.

Je pourrais vraiment vivre de mon hobby??

Une vague d'excitation m'a traversé le corps pour finir avec un étourdissement de bonheur. Ma feuille de service de cette nuit-là était pour moi comme la rondelle du premier but d'une recrue avec les Canadiens de Montréal. Un sourire m'est apparu dans le visage et y est resté jusqu'à ce que je m'endorme deux heures plus tard. Et comme la rondelle, je l'ai conservée précieusement.

Tout le reste du tournage m'a vu gonflé à bloc comme un cheval de course sur la ligne de départ prêt pour une... carrière.

Les morsures et ecchymoses sur les bras du jeune acteur, les femmes aux dents cassées (mes premiers dentiers professionnels!), la tête qui explose. Succès sur toute la ligne. 1 projet sous la ceinture j'étais prêt pour les centaines d'autres à venir…

J'ai cherché ce film depuis et il ne semble pas exister! Était-ce à ce point poche? Mauvais distributeur? Jamais terminé? Je ne le saurai jamais.

La frénésie de l'Halloween avec plus de visibilité.

Grâce à la popularité de ***'Special FX, la série'*** et ***'Twins FX II: les secrets du cinéma'*** les prochains 3-4 Halloweens deviennent fous!

C'est sûr que d'être accessible au public en tant que 'pro de l'horreur' ça fait sonner le téléphone en octobre. Notre show était un bon divertissement. Production amateur mais drôle et informative.

Les auditeurs avaient pu voir 'en direct' des maquillages d'égorgements, de vieillissement, des loups-garous, des vampires, des démembrements. Des **Freddy Krueger** et **Michael Myers** ou **Zira** de la **Planète des Singes**. Les gens savaient donc que ça pouvait se faire, à côté de chez eux! J'imagine que l'association avec la télé-communautaire laissait par contre supposer que ça ne coûtait pas très cher de réaliser un Prédateur grandeur nature! Faux et vrai.

Plein de gens se mettent dans la tête de se faire maquiller par les jumeaux de la télé. Malheureusement, les 'jumeaux de la télé', ça veut dire, moi... parce que l'autre moitié des jumeaux n'est pas maquilleur.

C'est un génie mécanique qui s'occupe d'explosions et accessoires radio-commandés. Un de mes défauts est que je n'ai qu'une seule tête et que deux mains. Pas plus.

Le défi devient donc de trouver des moyens de faire le plus d'argent possible, en accommodant le plus de monde possible, dans une période de deux jours, le vendredi soir et le samedi toute la journée, du lever au coucher du soleil.

J'ai des demandes de partout, même de résidants d'autres régions qui veulent venir fêter dans la grande ville, là où les compétitions de costumes sérieuses se trouvent, et remettent des prix en argent alléchants.

Accepter plein de contrats d'Halloween c'est excitant et payant. Quand deux bras et une tête ne suffisent plus, il faut se rendre à l'évidence, des sous-contractants et assistants sont nécessaires pour réussir des tours de force du genre... et là, un agenda 'normal' devient déficient. Ça requiert une grille organisationnelle claire! Le ***RICK BOARD***!

Et ça m'a servi depuis...

J'achète un énorme carton chez **Omer DeSerres** et quadrille le tout pour essayer de constituer un casse-tête de maquillages versus temps d'application versus heure d'arrivée.

Je débute avec un panneau 2 pieds x 3 pieds et je fais des colonnes et des rangées au **Sharpie**. Pas l'choix. Je remplis judicieusement et je colle sur le mur. Ce genre de problèmes de paperasse et d'organisation ne faisait que commencer.

Toute ma carrière j'ai détesté être obligé de jouer à l'homme d'affaires et au gérant alors que je ne voulais que créer des patentes cools. Mais faut c'qu'y faut!

Après une semaine de préparation, achats et organisation, je mets les noms de mes victimes sur des bouts de carton avec velcro.

Inévitablement, quelques-uns devraient être maquillés beaucoup trop tôt le samedi et porter leur créature de **Frankenstein** jusqu'au soir alors que d'autres sortiraient de ma chaise de maquillage juste à temps pour leur concours de 23 h, à Laval.

Sous-contracter des fabrications de prothèses, utiliser quelques patentes de dénichées au **Jean-Coutu** mais ajustées et *pimpées* à-la-Erik, entrainer des assistants, magasiner un maquilleur expérimenté. Ce que je fais encore aujourd'hui, sauf pour le *'pimpage'* des items *'made in China'* de chez **Jean-Coutu**.

Karl avait transformé son bout d'atelier en fabrique de pierres tombales de mousse isolante en feuilles. Ils les coupaient au fil chauffant ou à l'**X-Acto**, dans les années où les vapeurs nocives de poly-quelquechose n'étaient pas graves. Il rafistole aussi une deuxième 'machine à toile d'araignée'... lire perceuse, plat de margarine savamment troué et colle Contact! On était prêts.

Quand tout le diagramme avait l'air de fonctionner sans trop de problèmes, l'un rappelait pour canceller ou un autre voulait absolument emmener sa *blonde* et son *meilleur chum*. Mathématiquement, j'en perdais un mais en ajoutait deux.

Tout un casse-tête. Merci à l'inventeur du velcro.

L'embauche, la mise à pied, les meetings, tout ça ralentit la création comme de la melasse dans un système d'engrenages complexes.

Notre Halloween le pire, ou le mieux, probablement 1997. Tout dépendant si on juge par le niveau de stress ou par les entrées d'argent. 27 personnes sont ressorties de mon minuscule atelier, maquillées, gonflées à bloc. Mon porte-folio était aussi content que mon compte de banque.

Quand même un très bel apprentissage pour ce qui allait se présenter dans le futur. Les plateaux de tournage sont comme un samedi d'Halloween chez un gars qui a une série sur la **Télé-Communautaire** et qui n'a pas la capacité mentale de dire ***"Non!"*** Des journées qui semblent impossibles à livrer la veille, on en rit le lendemain soir... depuis 30 ans.

Mon seul vrai *'big shot'* de cette époque (donc pas ***'Pete the King'***) était le propriétaire d'un Club très connu de Laval qui est devenu mon client VIP d'octobre pendant plusieurs années.

Je suis vraiment déçu d'avoir oublié son nom de famille car j'aurais aimé le remercier pour son support de début de carrière. Sans des clients comme lui ou des commanditaires ou des visionnaires comme Rosaire Turcotte (**Télé-Communautaire**), lancer une entreprise d'effets spéciaux dans le paysage québécois aurait été beaucoup plus long et ardu.

Appelons-le Alain. Il me contactait mi-septembre pour jaser des personnages cools du moment ou des nouvelles techniques de FX histoire de choisir un maquillage à réaliser. La première année, sa blonde et l'une de ses barmaids l'accompagnaient. Un **Mask** vert à-la-Jim-Carrey, une femme chat sexy et une zombie / pirate (!!). Facile. Bien payé et un pourboire de 120 $ par dessus.

Son club avait une compétition de costumes avec un premier prix de 1 000 $ mais ni lui ni ses employés ne pouvaient participer, évidemment.

La deuxième année, Alain se pointe avec une nouvelle *blonde*, deux *barmaids*, et le *'chef doorman'*. Un accidenté de moto + deux **Planètes des Singes**, un cyclope échevelé et ensanglanté, pour finir avec le *doorman* en **Terminator**, face arrachée et tout. Le dernier avait même son propre *gun* tout brillant et pesant... supposément un faux. (??) Avec le physique d'Arnold qu'il avait déjà sans maquillage, mon travail complétait le look. Une soirée qui rapporte à Twins FX plus de 1 600 $. Il y a trente ans, 1 600 $ c'était comme 1 000 000 $ aujourd'hui!

Et ça s'est poursuivi 5 ans de suite jusqu'à ce que Twins FX délaisse pour de bon les clients particuliers du mois d'octobre. Alain, j'espère que tu vas te reconnaitre et me contacter pour que je puisse te remercier en personne et jaser souvenirs.

Je te paie le souper au **Boulud** du **Ritz-Carlton**!

Voyager sur le bras de la production! (tourisme gratos)

L'un des gros attraits de travailler en cinéma pour moi a toujours été de voyager. Aller dans des endroits où les touristes réguliers ne vont tout simplement pas.

Je n'ai jamais entendu quelqu'un mentionner leur excitation à se rendre dans le Nord-Est du Québec à Tête-à-Baleine, ou en Bulgarie ou même en plein centre du triangle terroriste de l'Irak, l'Arabie et la Syrie dans le désert de Jordanie. Pas attrayant pour les fans de tout-inclus à Varadero. Mis à part faire des blagues de **Dracula** ou d'ail, pas grand Nord-Américain planifie un voyage en Roumanie non plus. J'ai eu la chance de voir ces endroits de prêt, et plusieurs autres, grâce à mon métier.

Des images de situations uniques resurgissent de temps à autre dans mon cerveau. Les trous dans le plancher au lieu de toilettes, les détecteurs de métaux et fouilles à l'entrée de restaurants chics, le marché noir de pâte à dents, etc.

Ou encore les flèches au plafond des hôtels et édifices commerciaux indiquant la direction pour prier aux musulmans. Ou les modalités d'évacuation en cas de tremblement de terre partout au Japon. Définitivement pas des choses qu'on est habitué de voir dans une oasis de québécois à Cuba. Même les simples séjours à Ottawa ou Fermont avec **Vasy** avaient de l'excitation touristique!

On doit voyager pour les décors exotiques trop coûteux à reproduire ici, l'exotisme environnemental ou l'économie due aux salaires beaucoup, beaucoup plus bas ailleurs. En bout de ligne, ça crée des occasions de tourisme uniques pour les équipes. Gratos.

On peut donc dépenser en souvenirs insolites, épices rares, étoiles ninja, briquets à l'effigie de **Dracula**...

Hollywood économise en venant au Canada, alors que les producteurs canadiens économisent en allant en Europe de l'Est. La chaine de l'économie mondiale en production cinéma.

C'est d'ailleurs grâce aux tournages en location que j'ai rencontré mon épouse Edwina. C'pas rien!

VOYAGER CHEZ NOUS EN PREMIER.

En commençant par le Québec, je ne peux garder sous silence **Vasy**, le personnage bleu crée par une agence de publicité mandatée par le gouvernement provincial pour promouvoir la santé et les bonnes habitudes de vie. Lui m'a fait voyager aux 4 coins de la Province sur une période de près de 3 années! J'ai découvert des racoins que je n'aurais jamais vus sans lui.

Un autre des points positifs de la saga **Vasy**, en plus des chèques de paie réguliers, a donc été la quantité de voyages improbables. La visite d'endroits que je n'aurais jamais vus et que je ne reverrai probablement pas. Fermont, Tête-à-la-Baleine, Schefferville, La Manicouagan, etc. Tout ça en petits avions nolisés, 4-roues modifiés ou en motoneige. Des expériences d'une vie. Merci **Vasy**. Merci **Santé Québec**.

C'était une belle initiative mais à qui l'on n'a pas donné sa chance.

Leur slogan officiel: ***"VASY! fais-le pour toi."*** C'est ce que j'ai fait.

En plus d'être le designer du maquillage unicolore avec perruque de plastique assortie, j'étais un peu une nounou, tout dépendant de quel **Vasy** jouait le rôle pour une situation donnée! L'un des acteurs était étiqueté 'entrevues télé', l'un était un acrobate extraordinaire, l'autre aimait voyager dans des patelins inconnus et mangeait n'importe quoi, dormait n'importe où! Une belle brochette de gars sympathiques et talentueux.

Quand je me suis marié à Las Vegas il y a plus de 10 ans et que j'ai vu le **Blue Man Group**, j'ai reconnu le principe commercial de production de **Vasy**. Si ton 'talent' est peint en bleu, tu peux le remplacer à ta guise par n'importe quel autre performeur. Génial.

Les trois mimes / acrobates / percussionnistes du **Blue Man Group** sont en fait deux douzaines, en rotation, peut-être même plus s'il y a une ou deux tournées en parallèle au show permanent de Las Vegas. La magie d'être peint en bleu et méconnaissable.

Anyway, le bonhomme bleu québécois avec son message honorable de faire de l'exercice et bien manger faisait que nos sorties étaient limitées côté nourriture une fois notre acteur en maquillage. Une mascotte santé qui engouffre un cheeseburger bacon en public ça ne passe pas au Ministère.

'Fais-le pour toi' ne signifie pas manger du *junk food*. Pour prêcher par l'exemple, il fallait donc manger santé aussitôt qu'on pouvait être vus.

Vous imaginez **Vasy** au lunch, entre un discours dans une école primaire et l'ouverture d'un nouveau centre d'achats à Schefferville en train de s'empiffrer de **McDo**? Et non.

Malheureusement, la plupart des bonhommes bleus aimaient bien la bouffe pas toujours verte, et ça causait des discussions / frictions / claquages de porte au sein des administrateurs du programme.

Le trio itinérant formé du comédien, son maquilleur et le représentant de **Santé Québec** boitait de la patte de temps en temps. Une harmonie fragile mais toujours professionnelle.

Ce contrat m'a fait découvrir le Québec mais m'a aussi entrainé à maquiller dans de microscopiques chambres d'hôtel mal éclairées. Ou à genoux, parce que l'acteur n'avait qu'un petit banc comme chaise de maquillage. Ou encore, s'aventurer dans des randonnées en **Ski-Doo** pour se rendre à la prestation du personnage à l'école primaire isolée par la neige du Grand Nord.

Je tenais mon sac de maquillage à deux mains comme si ma vie en dépendait quand un ado de la région devenait mon chauffeur et traversait un lac gelé / enneigé à 120 km / heure!

Quand j'ai été à Tête-à-Baleine, il n'y avait d'ailleurs aucune route praticable tellement la neige s'accumulait. Ils la laissent s'empiler et n'utilisent que de véhicules récréatifs durant tout l'hiver, creusant des trous devant les portes pour pouvoir entrer et sortir des maisons. Les étudiants vont à l'école avec leurs bolides et au lieu de vélos et automobiles, les motoneiges y sont alignées en dehors.

Les petits avions n'étaient pas neufs non plus. Je devais tenir la porte de côté solidement pendant les décollages et les atterrissages parce qu'il y avait danger d'ouverture soudaine. J'étais le teneur officiel puisque le co-pilote était déjà assigné à éviter que le moteur *s'étouffe*! Quand même...

Même genre de scénario pour les Val-d'Or ou Pointe-au-Pic de ce monde. L'arrière-scène d'une usine de poulet bien connue, je l'ai aussi vue de près. Trop près. D'ailleurs, le poulet n'est plus sur mon régime depuis deux décennies à cause de cette visite.

Serrer la main des joueurs des **Canadiens de Montréal** dans un **Centre Bell** vide? Oui. Chaque année, le club de hockey ouvre les portes de l'amphithéâtre pour deux journées de patinage en famille avec les hockeyeurs adulés. Autographes. Photos. Magique.

Peu d'élus et tout à fait unique. Ce genre d'activités médiatiques était exactement ce que le gouvernement recherchait pour y parachuter **Vasy** et passer son message de 'fruits, légumes et exercice'.

Pour 3 années consécutives, j'ai donc eu une passe VIP en tant que maquilleur du bonhomme bleu. Je pouvais jaser avec les joueurs un-à-un entre les entrées des quelques dizaines de familles qui se suivaient par batchée. 200 personnes à l'heure pour faire quelques tours de la glace, serrer des mains et se faire escorter. Et ainsi de suite.

Je me suis pris à survoler des yeux les 21 000 sièges vides, et sourire en voyant un jeune Carey Price pratiquant ses échappées contre l'autre gardien de l'équipe. M'émerveiller devant l'unique spectacle visuel de **Vasy** en pleine discussion avec **Youppi**, Steve Bégin et Max Pacioretty. Je me sentais privilégié, encore.

Quand j'ai maquillé mon acteur le matin, je partageais une loge avec une animatrice de **RDS** qui faisait des retouches à son rouge à lèvres tout en jasant avec son chum. Plus tard dans la journée, une vision rare qui confirmait ma situation privilégiée... **Youppi** sans tête dans ma loge.

On s'arrache les photos exclusives du **National Enquirer** montrant le bébé de la Duchesse de Windsor ou la nouvelle coupe de cheveux de Paris Hilton. Mais une version québécoise de ce journal à potins aimerait sûrement diffuser un cliché de l'ancienne mascotte des défunts **Expos** en première page, SANS son énorme tête poilue.

"LE GARS SOUS LE PERSONNAGE ENFIN DÉVOILÉ!
Photos couleur à l'intérieur."

Le gros titre en lettres rouges.

Il était assis juste devant moi, avec un ventilateur portatif, essayant de se rafraichir. Sa bouteille de **Gatorade** bien froid dans l'autre main.

Je me suis présenté et on a piqué une jasette relaxe surtout centrée sur l'industrie du divertissement et la projection d'images saines aux enfants, soit pour leur santé, soit pour des raisons financières... lire 'commandites'!

Assez surréaliste de discuter électrolytes et parentage moderne avec une tête humaine normale surplombant un gros corps en fourrure synthétique agrémenté d'un fond odorant de sueur de vestiaire.

Il avait l'air exténué et suait à grosses gouttes mais m'a expliqué de long en large qu'il ne changerait pas de travail pour tout l'or du monde. Il se sentait comme un superhéros, privilégié de pouvoir répandre le bonheur sur une base régulière. Après une demi-heure, il a remis sa grosse tête avec l'aide de son discret assistant et est reparti faire des tours de patinoire avec une nouvelle batchée de familles chanceuses.

De nouveau seul dans la loge VIP réaménagée en salle de maquillage commune, je me suis senti privilégié.

Puis cette même année, Winnipeg. Alberta. La ville que tous les analystes et animateurs de la soirée du hockey décrivaient comme 'plate, froide et grise'. Excitant!

Mais j'avais accepté de faire les effets de maquillage tournés à Montréal donc je devais terminer le travail, métropole ennuyeuse ou non. Mes cadavres et les orthèses requises s'envolèrent donc vers l'ouest où j'ai suivi Kate Beckinsale pour finir le tournage de **Whiteout**.

En arrivant à Winnipeg on apprend qu'il nous restera près de deux heures de route à faire vers le Nord pour se rendre aux décors naturels frigides nécessaires. Et, qu'au lieu d'aller dormir à l'hôtel de Winnipeg en attendant le départ matinal, qu'on devra fabriquer et ajuster un de nos faux corps dans les bureaux temporaires de la production adjacents à l'aéroport.

Un festival de colle chaude, polyuréthane expansif rapide, canettes de peinture *'à char'* et transformation d'os de plastique et coussins de mousse à rembourrer qui finit par être un impressionnant corps du 'gars *effouâré* sur la glace'. Du bricolage / impro des ligues majeures. Tout y est passé.

Le lendemain on prend la route pour se rendre au village qui nous servira de quartier général, Gimly. (nommé pour le petit personnage aux allures Viking du **Seigneur des Anneaux**, immense statue sur la rue Principale à l'appui)

C'était désert et froid. FRETTE!!!

Le bon côté d'aller dans un endroit touristique en saison morte c'est la tranquillité et l'isolement. Nous avions ce joli petit village à nous seuls. Mais, le mauvais côté c'est qu'en saison morte tout est fermé. Barricadé. Inerte.

Je me promenais dans les rues en lisant des pancartes de ***'fermé pour la saison'*** ou encore ***'Merci à nos clients. À l'année prochaine!'*** Essence. Dépanneur. Souvenirs touristiques. Non. Rien d'ouvert. On oublie aussi les restaurants. Maman!

TROIS-RIVIÈRES, LE RETOUR DE L'ENFANT PRODIGUE.

Après **Whiteout** à Gimly, le point canadien le plus Ouest où j'ai été au Canada, je reviens au Québec pour emménager dans mon patelin de naissance, Trois-Rivières.

L'occasion : **2001 : A Space Travesty**, parodie du légendaire **2001 :**

Odyssée de l'espace de Stanley Kubrick. Différence de ton assurée.

Ceux et celles d'entre vous qui ont lu mon premier livre vont sans aucun doute se souvenir de ma relation avec ma ville natale, Trois-Rivières. Quand j'ai été embauché par cette grosse production américaine qui se tournerait au **Stade Olympique** mais aussi à Trois-Rivières, j'étais ému.

Pour moi c'était le retour de l'enfant prodigue, fier comme un paon, plus de 25 ans après mon départ en voleur.

Je revenais dans mon patelin pour tourner un 'gros budget U.S.' mettant en vedette le seul et unique Leslie Nielsen des **Naked Gun**. Un de mes comiques préférés, très physique, un Pierre Richard nord-américain.

Un déménagement temporaire de Montréal à Trois-Rivières qui impliquait l'invasion de quelques rues principales et de la salle **J-Antonio-Thompson** pour quelques semaines. Le cirque débarquait en ville.

Comme c'est arrivé à quelques reprises dans ma carrière, la production a embauché plus d'une entreprise de maquillages FX pour livrer la liste d'épicerie d'un scénario. Que ce soit à cause de la quantité trop grande d'effets pour le délai de livraison ou pour s'assurer de payer les spécialistes pour leurs forces respectives. Faux corps, vieillissements, créatures, nous avons tous des préférences et des spécialités pour lesquelles nous sommes connus. L'une des miennes? Le rapport qualité / prix!

La liste exhaustive des maquillages et effets pour cette parodie de films d'espace serait séparée entre deux entreprises. Twins FX, nous, et le célèbre Bob Keen (sa compagnie **Image Animation** était basée à Londres) connu pour son extraordinaire travail sur les **Hellraiser** et autres films d'horreur cultes. Excitant? Oui.

Anyway, dans ce cas-ci, je crois que mes bons prix, mes qualifications et le fait que j'étais 'syndicalement' un 'local' ont fait qu'ils m'ont choisi pour partager la liste d'épicerie avec **Image Animation**.

Cette compagnie britannique avait une beaucoup plus grande expérience que la nôtre avec les **Hellraiser**, oui, mais aussi les **Event Horizon**, **Candyman** et **Children of the Corn** sous la ceinture. Bob était en charge, *designer*, chef de département, le *Bon Dieu* finalement, alors que Twins FX, était son bras droit.

Après quelques rencontres les producteurs ont décidé que son entreprise fournirait la majorité des créatures mécanisées mais elles seraient ajustées et manipulées par nous. Il apportait de l'Europe quelques dinosaures fabriqués des années auparavant pour un autre client alors que nous avions à concevoir, sculpter et appliquer toutes les prothèses à-la-**Star-Trek**, sur tous les comédiens et figurants le nécessitant. L'équipe maquillages FX comptait 6x Britanniques et 15x Canadiens.

Quelques-uns de ses masques mécanisés, faits sur mesure pour que les acteurs puissent les porter malgré la panoplie de servos électriques rivetés un peu partout à l'intérieur nous laissaient bouche bée, émerveillés. Disons que l'on a pris beaucoup de notes que nous avons mises en application après ce tournage pour des séries comme **Galidor** et **Being Human**. Même notre Ours propriétaire du Camping dans la série de **VRAK** a un peu de la technologie de 2001!

Finalement on avait des miettes, quand même intéressantes et payantes, mais des miettes. En comparaison.

Le party interstellaire où le personnage maladroit de Leslie Nielsen détruit une oeuvre d'art sans prix comptait à elle seule plus de deux cents figurants costumés, maquillés. Des conciliants, des chiants, des *'wannabe'* vedettes, de superbes *'babes'* (filles et gars!) sans oublier les incroyablement bizarres.

Dans le descriptif remis à l'agence de casting les mots 'sexy', 'bizarres' et 'hétéroclites' se côtoyaient sans problème pour créer une ambiance de party montrant une diversité culturelle spatiale. Les plus grosses journées j'avais une équipe d'une quinzaine de maquilleurs / prothésistes composée de sexy, uniques et hétéroclites eux aussi!

On commençait à appliquer tout ça plusieurs heures avant l'appel général des caméras. D'innombrables oreilles pointues ou démesurées, têtes extra-terrestres, dentitions bizarres, sixièmes doigts, queues télescopiques, etc.

NOTE INQUIÉTANTE: L'une des scènes du film était filmée dans un grand club de Laval où tous les figurants assistaient à un spectacle d'Ophélie Winter. La chanson ***'Get Down on it'*** jouait à tue-tête en boucle et tout-l'monde devait danser 'avec énergie'. 2 problèmes majeurs sont survenus. Il n'y avait pas de ventilation ou de climatisation une soirée de juillet avec une température dépassant les 30 degrés. Et donc, nos maquillages décollaient sans arrêt à cause de la sueur abondante de tous les danseurs.

Tout ça est devenu un problème à considérer par la production seulement lorsque le premier figurant s'est évanoui... puis un deuxième. Après 3 incidents médicaux, 3 ambulances et une distribution d'eau-sucre-électrolyte à tous, le tournage a repris mais avec de nombreuses pauses et des banques de ventilateurs.

L'une de nos missions était de fabriquer des dizaines de gallons de *'slime'* vert pour une séquence ou les extra-terrestres inondent la scène d'un amphithéâtre partagé par des sosies de Bill Clinton et Luciano Pavarotti. Moments inoubliables sans possibilités de reprise. Aujourd'hui, les gens des effets visuels feraient ça en post-production.

Notre équipe prenait d'assaut les piscines des hôtels après les longues journées de tournage. Les bars respectifs étaient aussi envahis, évidemment. En location on fête souvent... 'on' exclut la personne qui parle. Trop sage. Trop téteux.

Une grosse majorité des chambres de l'hôtel **Le Baron** accueillaient les techniciens et les acteurs. Un endroit inoubliable de ma jeunesse où quelques évènements familiaux avaient eu lieu dont la célébration du 50ème de mes grands-parents. Que de souvenirs! Des bons et des moins bons. Notre raz-de-marée cinématographique s'est étendu jusqu'aux **Suites Laviolette**, **Le Baron** étant simplement plein.

Merci aussi pour le moment le plus fort du film pour moi, le *lâchage* de l'oeuf de Ptérodactyle. Quand il est venu s'assoir au Bar pour m'annoncer que ce serait moi qui casserais le fragile accessoire, lesté de près de 4 pieds de hauteur, rempli de simili jus amniotique et d'un foetus de bébé dinosaure en silicone, j'ai failli m'évanouir.

"It's your lucky day buddy!"

M'avait-il dit en me tapant l'épaule.

La pression! Mais le privilège! Un seul oeuf importé de l'atelier londonien de Bob dans 3 pieds d'épais de *'bubble wrap'*. Aucune chance de reprise s'il ne tombe pas à la bonne place ou s'il est lâché de trop haut ou de pas assez haut. ***"Un autre gin-tonic barman..."***

Le réalisateur fait un décompte. J'élève l'oeuf au-dessus de la marque et me rends compte que du *'slime'* et un foetus de dino en silicone c'est pesant. Mes bras commencent à trembler de fatigue après 1 minute... (est-ce qu'on peut tourner les amis??)

Décompte...

"3, 2, stop, stop. Est-ce que le focus est bon Richard?"

(Est-ce qu'on peut tourner les amis??)

"OK, 'rolling', 3, 2, 1. Action."

J'ai lâché la patente en priant! Le futur point de chute de l'oeuf était au beau milieu de l'écran, en attente. Prêt à mettre l'explosion en valeur.

Un beau CRAC! Une flaque de jus amniotique ensanglanté multicolore s'est bien répandue formant un petit lac dégueu et un cadavre Ptérodactyle veineux au bec pointu avec sa coquille en morceaux a atterri dans un fracas contrôlé. Tout ça bien centré, en focus. Après un ***"COUPÉ!"*** et des applaudissements de l'équipe, je me suis remis à respirer.

Finalement, tout ce que j'ai fait s'est cassé un oeuf fragile fait par quelqu'un d'autre. Mais j'ai accepté les félicitations.

LE NOUVEAU-BRUNSWICK 20 ANS PLUS TARD.

Pour le film d'un compétiteur, je deviens superviseur d'atelier pour au moins 22 personnes, dépendant du statut des permis de travail ou des chicanes du moment.

Merci grilles d'Halloween de mes débuts. Pour ce contrat en particulier, elles ont été impératives pour garder le contrôle et suivre la tornade quotidienne de main-d'oeuvre.

Belgique, France, Italie, Grèce, Canada anglais et français, États-Unis. L'équipe finale ressemblait à une garderie multiculturelle, multi-générationelle, multilingue, totalement hétéroclite. Un groupe fascinant et rempli de possibilités d'apprendre et de partager.

C'était mon deuxième tournage avec Roy Dupuis en 3 ans.

En plus de superviser l'atelier et surcharger ma fameuse grille de job / artiste / délai tapissée de cartons colorés, je me suis spécifiquement occupé de l'autopsie d'une des Créatures vedettes du film, jambes malformées, étêtée. Rutger Hauer jouait le coroner de la petite ville Maritime et était donc celui qui devait pratiquer l'opération. Je lui ai donné un mini-cours de manipulation de mousse, silicone et sang sucré pour aider à vendre l'effet à l'écran quand il décortique la Créature avec un air de fausse expertise.

Debout au centre du décor de la salle communautaire / morgue de fortune, je tripotais le 'cadavre' en expliquant à Rutger ce qu'il fallait faire, ou ne pas faire. J'entrecoupais mes savantes explications avec des compliments sur son travail passé. J'ai apprécié son robot philosophe dans **Blade Runner** ou son fou meurtrier dans **The Hitcher**...

Il me fixe intensément, plusieurs minutes, sans rien dire. La situation devenait intimidante. Un sourire commença à se fendre au bas de son imposant visage angulaire mais ne se compléta jamais. Puis...

"You know kid ... I'm much crazier than people think!"
... silence malaisant, et il ajoute,
"Much, much crazier ... you have the word lunatic in Québec?
I'm a fucking DANGEROUS LUNATIC!"

Et là, le sourire s'est complété. Petit, en coin, mais un sourire entier. J'ai laissé son commentaire en version originale anglaise parce que ça frappe plus.

C'est un bonhomme imposant ET épeurant. J'ai eu un flashback d'un moment semblable vécu en compagnie de Billy Drago lors du tournage d'un film de science-fiction.

Un peu éméché et définitivement de mauvaise humeur cette soirée-là, Billy était en maquillage complet de mutant déformé. Des prothèses collées partout et une scène de nuit en plus... les pires pour le moral.

Lorsqu'on lui a mis ses lentilles sclérales rouges, beaucoup plus grosses que les lentilles cornéennes de M. Mme. Tout-l'monde, il a envoyé la table de travail et tout son contenu à l'autre bout de la roulotte, d'un seul coup de pied, suivi de plusieurs *'Fuck'* et *'Shit'* bien sentis.

Je lui demande si ça va aller avec un peu de recul et il lance un guttural,

"These fucking things are like having FUCKING sand in your fucking eyes!! FUCK!!"

Quand même clair comme sentiment. Ce commentaire-là aussi je le laisse en version originale anglaise parce que c'est plus senti!

Rutger et Billy. Deux hommes à garder de ton bord sur un tournage.

Rutger et moi, on s'est salué poliment tous les jours restants, sourire en coin, sans jamais s'adresser un autre mot. Billy ne se souvenait de rien le lendemain matin et on a partagé quelques bières et longues discussions jusqu'à la fin.

Anyway. Le Nouveau-Brunswick...

Il n'y avait pas que l'autopsie à livrer sur ce projet mais une longue liste d'épicerie d'autres costumes de co-sanguins de la Créature retrouvée morte. Des prothèses d'engraissement, de vieillissement, d'estropiés et plusieurs autres patentes.

Une fois terminés, les costumes seraient emballés dans des boites et empilés dans un camion pour un port de l'Est du Canada.

Après plusieurs semaines de 7 jours / 7, tous avaient la langue à terre. La veille du départ du chargement presque tout était prêt sauf quelques manquements. Il fallait les fignoler, les peindre et réparer les bulles d'airs et déchirures accidentelles sur 3 des costumes vedettes.

Par je ne sais quel hasard, je suis devenu le spécialiste des réparations de mousse de latex sur ce projet. (Je me suis porté volontaire?? Possible. Ça m'apprendra!)

Pour compléter le tout avant le lever du soleil le lendemain, j'aurais besoin d'aide musicale. Une nuit blanche à écouter, en boucle, des dizaines de fois ***'Funeral for a friend/Loves lies bleeding'***. Pas l'original d'Elton John mais la version plus rock de **Dream Theater** sur un CD grafigné emprunté à mon ami CJ.

J'ai chanté et dansé comme jamais (parce que j'étais seul!) tout en resculptant des parties de costume directement en mousse de latex pour ensuite les cuire 15-20 minutes au séchoir à cheveux. Aussitôt qu'il y en avait une d'assez 'cuite', je recommençais sur un autre bout… toute la nuit. Il fallait aussi se garder une heure à la fin du processus pour tout peindre les réparations.

Finalement, j'ai fini. Le soleil s'est pointé le nez en même temps que le camion du département artistique qui s'en allait au Nouveau-Brunswick.

Je vais me limiter dans les détails ici parce que j'ai pris la sage décision de ne pas suivre la petite équipe déléguée pour s'occuper des costumes. Les 6 élus sont partis de l'aéroport plus tard dans la journée, en avion nolisé, et habiteraient chez les locaux. Pas de motels sur cette ile perdue des Maritimes. Embaumeur, dentiste, magasin général, le vieux maire et son épouse, chacun accueillait un ou deux des gars de l'équipe, en chambreur.

Les scènes au Nouveau-Brunswick étaient surtout avec les Créatures, en extérieur. Tout le reste étant tourné en studios, à Montréal.

Notre équipe était prête à habiller les performeurs amputés et en très bonne forme physique, alors qu'eux étaient prêts à attaquer les vedettes! Une fois dans leurs costumes ils 'couraient' sur les jointures pendant les scènes d'action, trainant leurs moignons de jambes flip-floppant derrière eux. On m'a dit que ça marchait bien. Mais...

La première nouvelle que j'ai reçue en début de tournage est que quelques-uns des performeurs handicapés trouvaient le processus de sortir des costumes pour aller à la toilette trop long et ardu. Tout avait commencé avec une diarrhée accidentelle et était devenu une routine pour quelques-uns des moins dédaigneux. Un *p'tit pipi* par-ci, un *p'tit kéka* par-là...

J'aime mieux ne pas trop en rapporter sur la semaine complète là-bas parce que trop teintées d'opinions personnelles des 6x techniciens choisis pour y aller. Ceux qui l'ont vécu divergent dans leurs souvenirs, plus ou moins.

Il semblerait que les séchoirs à cheveux alignés pour sécher les costumes remplis de pisse, et les séances de pile-ou-face pour déterminer qui resterait la nuit pour s'en occuper sont incontestés.

Mon souvenir le plus important de celui-ci: ne JAMAIS utiliser de vrais intestins pour jouer le rôle d'intestins! Pas besoin de détails. Juste préciser que c'est 100x fois pire que du spaghetti en sac de poubelle. Probablement plus proche du parfum d'oeufs pourris, fermentés, laissés toute une nuit dans un conteneur de couches à bébés bien rempli, le tout oublié au soleil pendant une semaine dans un dépotoir adjacent à une morgue en panne d'électricité. À peu après. Depuis 20 ans, je fabrique mes propres intestins en gélatine, latex ou silicone. L'expérience qui rentrait.

Plus de deux décennies après **Dark Harbor / Bleeders**, je suis retourné là-bas pour un autre film d'horreur mémorable, **Blood Quantum**. (*Au moment où j'écrivais ce paragraphe, j'apprends que notre équipe est nominée aux* ***Prix Écrans Canadiens*** *pour 'meilleurs maquillages'... Go* ***Blood Quantum****!*)

Beaucoup d'intestins requis encore ; silicone, évidemment! On m'avait suggéré à plusieurs reprises de ***"sauver de l'argent en achetant de vraies***

***entrailles de porc...*"** mais j'ai tué l'idée au stade embryonnaire, évidemment. Silicone SVP!

La liste d'épicerie sur celui-là : des zombies murs-à-murs dont quelques-uns très spécifiques et spectaculaires.

Nos personnages transformés mis en vedette? Visage coupé en deux, manchots, estropiés, abdomens béants, étêtés, éviscérés, etc. On devait aussi peupler les décors avec des faux cadavres et des têtes génériques un peu partout. Nous n'avons pas réinventé la roue mais on s'est gâtés.

Le zombie séparé en deux et pendouillant du plafond par ses intestins était spécialement impressionnant. Le chien mort, moins. Mais bon. Toutes les balles ne sont pas des circuits.

La location avait aussi une particularité intéressante. Le pont J.C.-Van-Horne qui joint Restigouche et Campbellton, c.-à-d. la province de Québec et le Nouveau-Brunswick. Simplement en marchant toutes les nuits pendant les scènes extérieures on se promenait du Québec au Nouveau-Brunswick des dizaines de fois.

La Police Autochtone s'occupait de la circulation et de la logistique d'un côté alors que la Police Provinciale s'occupait de l'autre. Intéressante situation qui n'a causé aucun problème à ma connaissance.

Ce pont a partagé la vedette avec une grosse crotte (sciure de bois et beurre de *peanuts* puis VFX par la suite) atterrissant sur le pare-brise d'une **BMW** en mouvement. La scène voyait l'un des personnages grimper tout au haut de la structure, baisser son pantalon et envoyer une surprise organique à la conductrice confondue.

La violente et juteuse mort par scie à chaine de notre infirmière infectée et l'attaque massive des enragés se précipitant tous dans la bouche d'une souffleuse à neige grand format ont aussi eu le J.C.-Van-Horne comme toile de fond.

Mon deuxième film de zombies *'made in Québec'*, après **Les Affamés** de Robin Aubert et juste avant celui que je viens de terminer et qui promet beaucoup, mettant en vedette Roy Dupuis, Marianne Fortier et Mahée Paiement, **Brain Freeze**!

Ma trilogie québécoise de morts-vivants sera complète!

À TORONTO POUR IMPRESSIONNER.

Toronto est une ville que j'ai vue souvent, pour des rencontres professionnelles comme celle pour **Splice** ou **Doctor Cabbie**, ou encore les invitations aux Galas des **Prix Écrans Canadiens**, nos **Emmys** et **Oscars** locaux.

Des nominations pour **19-2**, **Being Human**, **Les Affamés** et dernièrement **Blood Quantum**, m'ont permis d'y aller 8 fois en 11 ans. Comme un vieil ami, *'La Ville Reine'* a maintenant un surnom chez nous. ***'T.O.'*** J'espère bien y retourner l'an prochain! (Le troisième zombie québécois? Le nouveau Dolan? Une série policière à grande écoute?) Pute à trophées un jour...

La première fois que j'ai vu la ville par contre, fût avec mon frère, bien avant les **Prix Écrans Canadiens**. Une opération de moussage de candidature. Nous allions 'vendre' les mérites de Twins FX à la maison de production, essayant d'être choisis pour réaliser les effets d'un de leurs projets de film horreur / science-fiction.

La première fois aussi où j'ai expérimenté le fascinant et microscopique aéroport Billy-Bishop, sur l'une des minuscules Toronto Islands. L'une des pistes les plus courtes du monde, sur une micro ile, à quelques pas du Centre-Ville. En fait, c'est exactement comme si on atterrissait sur l'ile Ste-Hélène pour marcher jusque sur la rue Sainte-Catherine via un tunnel sous le Fleuve. Exactement pareil. Fou raide.

Les avions doivent toucher à l'asphalte le plus tôt possible à l'atterrissage et le plus tard possible au décollage. Les bornes des pistes sont donc des bouées flottantes. Des espaces sont marqués autour de l'ile pour éviter une collision yacht-avion.

Il n'y avait pas encore de tunnel à l'époque et le petit bateau qui nous emmenait du Billy-Bishop au Centre-Ville était supposé être dans le livre Guiness comme plus court trajet de traversier au monde. Un peu plus de 130 mètres. Le corridor aujourd'hui, sous ce traversier, détient aussi un record, le plus long tapis roulant au Canada, sous l'eau.

Nous n'avons pas été très bons vendeurs et notre *'demo reel'* amateur n'a pas aidé la situation.

Manque d'expérience oblige, nous avons emporté de nombreux croquis non-protégés (*'copyright'*) crées pour les maquillages et créatures principales, que nous avons laissés aux producteurs pendant leurs quelques jours de 'réflexion'.

Innocemment, on croyait que ce travail de design exhaustif les ferait changer d'idée, dans le bon sens. Notre dessinatrice du moment avait fait un boulot extraordinaire. Ce contrat créatif, et lucratif, aurait pu altérer le parcours de Twins FX mais nous n'avons pas été choisis. Malheureusement. Et on n'avait pas pensé aux droits d'auteurs à protéger non plus. Malheureusement.

4 années plus tard, quand j'ai vu le produit final sur grand écran (au **Paramount** sur Sainte-Catherine) j'ai cru reconnaitre la plupart de nos croquis. Un choc de voir nos concepts bouger et acter dans un long métrage sur lequel nous n'avons pas travaillé. Tous les designs avaient une ressemblance trop proche de ce que l'on avait laissé derrière lors de notre visite promotionnelle, à notre avis. Je les ai encore en filière et les ressorts souvent.

Un moment *'Live and learn'* sur la protection des droits d'auteur.

Deux tournages plaisants et uniques ainsi que mes premières nominations aux **Prix Écrans Canadiens** ont suivi cette mauvaise aventure, heureusement. La ville s'amendait!

L'appel d'un directeur de production travaillant à Toronto ayant besoin de bébés en silicone me ramène donc là-bas. **Doctor Cabbie**. Petit film sympathique basé sur une histoire vraie. Une scène d'accouchement dans un taxi nécessitait quelques-uns de mes bébés animatroniques. J'embarque.

Aussi une belle occasion de travailler avec Edwina qui sera mon assistante-marionnettiste là-dessus. Un voyage d'amoureux avec limousine à l'aéroport et hôtel de luxe, payés par la production... et un souper au resto du renommé Susur Lee, payé par moi. Un 48 heures magique.

Le même producteur me rappelle l'année suivante pour aller donner un coup de main sur **Crimson Peak** du génial Guillermo DelToro et mettant en vedette Tom Hiddleston et Jessica Chastain. Un film gothique, épeurant et visuellement incroyable. Évidemment, je saute dans l'avion.

En plus, j'avais déjà des plans pour Toronto aux mêmes dates puisque j'étais aussi nominé dans la catégorie *'meilleurs maquillages télé'* pour la série **Being Human** avec Edwina comme comparse sur les bulletins de vote.

Tout s'alignait pour que ce soit un séjour fort en émotions.

En plein milieu de mes deux semaines de travail sur **Crimson Peak**, je devrais quitter de bonne heure, me changer en cravate et me rendre au **Toronto Convention Center** pour la soirée d'annonce des gagnants. Puis retourner travailler le lendemain matin, possiblement avec le trophée en main. Ce serait une grosse commande mentale.

Aussitôt après la prise de possession de l'automobile et du condo fournis par la production, je me suis dirigé vers les studios, en éclaireur. Curieux.

On m'avait avisé que M. DelToro travaillait sur deux projets simultanément, le film **Crimson Peak** ET la série télé horreur **The Strain**. Un projet à gros budget à la fois n'était pas assez pour un créateur comme lui.

Mais je n'avais jamais imaginé l'ampleur de ceux-ci avant de mettre les pieds dans les studios.

L'atelier d'effets spéciaux ressemblait à un gymnase peuplé d'artistes et de créatures. D'un côté, la série télé comptait plus d'une douzaine d'artisans créant une longue liste d'épicerie de prothèses et cadavres vampiriques, de l'autre, nous, une dizaine d'autres pigistes-artisans s'occupant des visions horrifiques de **Crimson Peak**. Tout de suite en mettant les pieds dans notre espace de travail j'ai remarqué les moules de fibre de verre de Tom Hiddleston et du très grand et très maigre Javier Botet.

Puisque le projet roulait depuis plusieurs semaines déjà, beaucoup de fabrication était entamée. Je n'étais qu'un invité temporaire pour donner un coup de main. Mais quelle opportunité extraordinaire! Les designs des gagnants de l'**Oscar** pour **Pan's Labyrinth**, Montse Ribe et David Marti, étaient superbes.

Leur performeur sous les prothèses et costumes de mousse étant toujours le seul et unique Javier Botet. Il est reconnu comme LE performeur de créatures grâce à ses mouvements corporels contrôlés et sa physionomie hors du commun. Son moule de corps élancé, en plusieurs exemplaires, m'avait surpris à l'entrée de l'atelier juste au côté de la table d'un des artistes impliqués fignolant une fausse tête de Jessica Chastain.

J'allais m'amuser et apprendre de techniciens espagnols et Torontois réunis en festival créatif.

La première semaine j'ai surtout travaillé sur l'un des corps de la Créature squelettique à la peau rouge et un bébé animatronique ayant pour mère cette même Créature.

Francis et Edvi me rejoignent pour la soirée de remise des prix et en profitent pour faire la tournée de l'atelier FX.

Je suis parti de là plus tôt, me suis fait une beauté et j'ai pris ma place à la table réservée aux nominés de **Being Human**.

Le lendemain matin, j'entre au travail avec le trophée en main. On avait gagné *'meilleurs maquillages télé'* et je retournais travailler dans un atelier où mes patrons étaient, eux aussi mis en nomination mais dans la catégorie *'film'* avec **Mama**!! (Javier Botet jouant encore la créature dans celui-là) Leur Gala serait deux jours plus tard.

Comme si le fait d'être dans l'équipe d'un DelToro ou de remporter un trophée national n'étaient pas assez pour un maquilleur FX, la dernière semaine de mon séjour me réservait une autre surprise de taille.

Je suis tombé face à face avec Rick Baker. Pour les non-initiés aux maquillages d'effets spéciaux, M. Baker a 7 **Oscars** grâce à des chefs-d'oeuvre comme le bigfoot expressif de **Harry et les Hendersons**, **The Grinch** et **La Planète des Singes**. Un maitre du domaine qui est une inspiration pour tous les pratiquants de notre art. Le *Bon Dieu* de mon métier finalement.

Il était de passage dans les énormes ateliers de **Crimson Peak** et **The Strain** pour se faire tuer en tant que vampire invité dans la série télé de M. Del Toro. Juste ça.

Quelques jours avant mon départ pour Montréal où m'attendaient des centaines d'oreilles d'Elfes pour le film **Northpole**, David et Montse sont venus me voir dans la salle de moulage et m'ont invité à faire la visite du plateau secret. Le décor du château gothique dans le Studio de **Crimson Peak**. WOW! GO!

L'immense édifice qui abritait cette merveille était gardé comme la réserve Nationale de lingots d'or, et malgré mes deux semaines de fabrication dans l'atelier adjacent, je n'en avais qu'entendu parler avec des superlatifs!

L'intérieur du fantomatique château était entièrement construit dans les **Studios Pinewood**, en fait 1 seul gigantesque studio, en bordure du lac Ontario. La construction avait nécessité plusieurs semaines de main-d'oeuvre spécialisée et designs merveilleux de la part du département artistique. Le vestibule d'entrée donnait une vue directe sur de grandioses escaliers de bois foncés et riches menant 3 étages plus hauts, avenants à des ailes connexes pouvant se rendre aux chambres luxueuses. En entrant dans le décor on avait l'impression de mesurer 8 pouces de haut tellement il était immense.

J'ai eu des flashbacks de ma visite au superbe **Peles Castle** de Prahova en Roumanie. Le mélange des styles Renaissance et Baroque avec les bas reliefs sculptés dans tout ce qui est bois, les marbres importés, le mobilier minutieusement travaillé et fini, les chandeliers incroyables.

Le décor de **Crimson Peak** était son cousin sauf qu'il n'avait pas été construit en 1874 pendant des décennies ET allait être détruit après le tournage. Fou. Magique. Incroyable.

À ce jour, je n'ai jamais rien vu d'aussi impressionnant en fait de décor cinématographique. En grandeur, en qualité, en détails. J'étais sans mots.

DES COSTUMES HIGH-TECH À LOS ANGELES.

J'ai fait un autre voyage en compagnie de Karl, pas promotionnel mais bien d'information. Je mentionne 'premier' et 'deuxième' parce que voyager en avion avec frérot, c'était rare. Trop rare. En fait, en 56 ans, 2 fois. Ce coup-ci, c'était un grand vol vers Los Angeles pour rencontrer les co-fabricants des costumes de créatures pour une méga série télé produite par **Lego**. Oui, ceux-là.

La compagnie américaine s'occupait de deux créatures mécaniques principales depuis des mois, **Euripides** et le Robot **Jens**. Nous, on travaillerait sur le vilain **Gorm** et le diminutif guerrier **Nepol**.

Les producteurs tenaient absolument à ce que les Twins apprivoisent les costumes de l'autre fabricant, puisque en plus de fabriquer et entretenir les nôtres, on serait responsables des leurs lors du tournage.

Réparations des peaux de mousse, nettoyage de l'intérieur des costumes, velcro, *snaps*, *zippers*, systèmes de réfrigération incorporés, entreposage, fréquences utilisées pour les radio-commandes ; un cours complet puisqu'on devenait leurs nounous officielles une fois arrivés en sol canadien.

Nous en avions donc 2 à fabriquer, des *'body suits'* recouvrant les gars de la tête aux pieds, moulage entier des acteurs, animatronique, etc. En plus de tous les effets de maquillage et accessoires spéciaux des épisodes à venir.

Jour 1 à Los Angeles :

Le taxi nous débarque devant une immense bâtisse au milieu d'un parc industriel GRIS. Désert. Et il faisait déjà 30 degrés à 10 h du matin.

Sur la porte : ***'Operating as a closed shop until September 21st.'***

Wow. Tellement occupés sur ce projet qu'ils refusaient les scénarios à budgéter pour les 4 prochains mois. Même les coups de téléphone passaient directement au message ***'we are temporarily closed.'*** Enviable pour une entreprise.

L'air climatisé nous a accueillis quand la grande porte de métal s'est finalement ouverte, découvrant des artisans issus de toutes les disciplines artistiques.

On a eu un long meeting avec le concepteur des costumes puis une visite guidée de l'atelier qui ressemblait à une ruche en pleine effervescence. Sculpteurs, mouleurs, couturières, peintres, travailleurs du cuir pour l'armure de l'un des personnages… impressionnants. Ils devaient y avoir une trentaine d'artistes, peut-être plus ; à notre atelier de Saint-Hubert, nous étions une quinzaine, peut-être moins.

45 personnes à temps plein créant un show visant spécifiquement les enfants et les jeunes ados. Une géante publicité pour de nouveaux **Lego**, à sortir dans tous les bons magasins pour le prochain Noël.

À la fin de cette première journée qui s'est terminée tôt, nous avons décidé d'aller souper entre frères ET magasiner aux **Studios Universal** de Los Angeles. Les deux heures de Burgers et magasinage dans la boutique de Super Héros furent une pause mentale agréable. Elles resteront toujours gravées dans ma mémoire comme l'un des bons moments passés en compagnie de Karl. Nous avons tous les deux acheté plus d'une demi-douzaine de chemises criantes et multicolores mettant en vedette les **Batman**, **Hulk** et **Spiderman**, Je possède encore celle de **Batman**, **Elvis** (jeune!) et **Harley Davidson**. J'ai envoyé les 5 autres à l'**Armée du Salut** il y a des années…

Trop de couleurs pour l'oeil humain… trop de quétainerie pour mon cerveau maintenant mature, en théorie!

Malgré beaucoup de créativité et un investissement colossal des producteurs la série a été un échec commercial. Mais j'ai eu la chance d'aller visiter LE **Legoland** de Carlsbad, Californie l'année suivante. Leur version multicolore d'**Apollo 8**, qui était un record du monde jadis est impressionnante à voir!

En 2013, le parc a tenté de battre un autre record en entassant plus de 700 vampires au même endroit, allant de 1 à 83 ans, tous des volontaires costumés.

Leurs versions miniatures, en **Lego** évidemment, du ***Las Vegas Strip*** et de Washington valent aussi le détour pour les grands enfants!

LOS ANGELES PRISE 2.

Pour mon deuxième voyage à Los Angeles, Karl n'était pas là. Malheureusement.

Une production m'avait envoyé sous le soleil de la Californie en compagnie de mon bras droit de cette décennie (bras droit ET gauche!), pour appliquer des prothèses sur le seul et unique stand-up de deux mètres, Brad Garrett.

Ce géant, co-vedette de la série **Everybody Loves Raymond**, a déjà eu son propre chapitre au début du livre, comme Halle Berry d'ailleurs. Mérité pour les deux.

Un maquillage complexe sculpté par Greg Cannom pour ce film biographique sur la super vedette télé des années 50, Jackie Gleason.

Le scénario demandait d'ajouter des années et des kilos à Brad qui jouait plusieurs étapes de la vie du grand comique américain des années 1950-60, et des films de 1970-80. Quelques-uns d'entre vous, moins jeunes, se souviendront probablement de **Smokey and the Bandit** mettant en vedette Burt Reynolds et sa **Camaro**? Le shérif bedonnant aux cheveux blancs, mâchouillant d'énormes boules de tabac, c'était Gleason en fin de carrière.

Brad le jouait à merveille mais il lui manquait beaucoup de rides et de bedaine en plus d'être tout simplement trop grand. Mais c'est pour ça que mon métier existe.

Il était tellement TROP grand, que les décors et les meubles devaient être montés sur des *'boites de pommes'* pour sembler normaux. Les acteurs qui lui donnaient la réplique marchaient sur des sabots de 6" quand le plan de caméra ne montrait pas leurs pieds. Des versions de bottes Goth comme celles des gars de **Kiss**... la magie du cinéma!

Comme j'écrivais plus haut, maquillage complexe mais stimulant.

Obstacles imminents. Tout un défi. Le genre de défi qui forme de meilleurs maquilleurs et engendre des nominations aux 'gros' prix comme le **Emmy**, **Oscar** de la télé. Épeurant. Excitant.

Ça prenait donc des tests et des ajustements jusqu'au jour 1 du tournage montréalais.

Aller faire des tests de prothèses qui ne sont pas les tiennes dans l'atelier californien d'un triple gagnant d'**Oscars**, c'est stressant.

Je connaissais évidemment Greg Cannom de réputation. Son travail sur **Madame Doubtfire**, **The Mask** ou **Dracula** était incroyable. Lors du meeting avec Greg dans la salle de conférence de **Captive Audience**, c'était difficile de ne pas être intimidé par les copies grandeur nature de Robin Williams en nanny, de la créature chauve-souris jouée par Gary Oldman ou de la tablette avec les statuettes dorées qui nous surplombait.

Mais avant de rencontrer M. Cannom, on devait appliquer les prothèses préparées pour nous. C'était une vérification du mouvement et du temps d'application, en mousse de latex au début. Mais aussi un test pour les Québécois, histoire de s'assurer qu'on pouvait faire le travail une fois les joues / double menton / nez livrés à Montréal.

Comme pour les costumes de **Galidor**, le plan initial était de fabriquer aux États-Unis puis de confier le tout aux maquilleurs FX canadiens.

On nous a emmenés vers une grande pièce écho spécialement aménagée pour ce test, dénudé. Pour seul mobilier, une table de travail, une chaise haute au milieu et un aveuglant spot de 1 k dans un coin.

Le moule de Brad sur la table supportait une prothèse de double menton, un bout de nez, des bajoues.

"Good luck guys, I'll bring you Mr. Garrett in 30 minutes".

Et le gars s'en va. Allo pression.

La sculpture était superbe. Vivante. Ressemblante. Un parfait mix entre Brad Garrett et Jackie Gleason, visiblement fait par un maitre.

Par contre, le matériau choisi, de la mousse de latex au lieu du silicone ou de la gélatine, me semblait très rigide et 'mort'. Pas de mouvements fluides ni de transparence naturelle une fois ces grosses prothèses collées.

Puis Brad s'est finalement pointé le nez (première impression? ***"Shit, y'é grand!!"***) et on lui a appliqué le maquillage complet. Deux heures de travail intense, sous-pression, sur un acteur calme et muet comme une carpe.

L'homme était dans sa bulle ; un parfait canevas pour nous.

Puis le maitre-sculpteur est arrivé dans la pièce, a étudié les prothèses et notre travail de pose, puis est ressortit aussitôt sans autre commentaire que

"I'm hungry!"

Une heure plus tard, Brad et Greg jasaient à l'autre bout de l'atelier en touchant les prothèses dans le visage de Brad.

La pose était parfaite. Marie avait fait une belle job de coloration, comme d'habitude, mais le *designer* et l'acteur ne semblaient pas satisfaits à 100 %. Je n'entendais pas ce qui se disait à l'autre bout de l'atelier mais les faciès et attitude générale de Greg Cannom et de Brad ne laissaient rien présager de positif. Les sourires n'étaient pas au rendez-vous. Ni pour eux, donc, ni pour nous.

Je suis passé rapidement de 6'2" à un minime 4", momentanément. Quand ils m'ont expliqué la situation, je suis remonté à 6'2".

J'étais totalement d'accord avec leur constat. Du latex pour ce genre de réalisme est trop rigide. Trop 1980! Il fallait investir dans la nouvelle technologie FX utilisant du silicone de prothèses mammaires. Plus coûteuses. Mais ressemblant à de la chair humaine.

Silicone malléable au lieu de mousse de latex... trop raide. C'était la décision finale du duo. Silicone. Mon premier projet avec ce nouveau médium.

Puis Brad a mis fin à la discussion avec sa grosse voix:

(je traduis)

"Peu importe le coût, ce maquillage doit être parfait ou le film tombe à plat!"

Serrage de main, accolades et remerciements, puis on s'en va.

En attente d'une réponse pour la suite des choses, mon assistante et moi sommes repartis à l'hôtel avec quelques heures à perdre avant notre retour à Montréal le lendemain matin.

Un p'tit cocktail sur le toit du **Hilton** pour jaser du test de l'après-midi m'a fait remarquer ce qui semblait être une célébrité sirotant lui aussi un cocktail quelconque. 2 *'bodyguards'* et une demi-douzaine de jolies filles l'entouraient.

Li'l Wayne ou 50 Cent, à leurs débuts dans le show-business. Les deux gars ne se ressemblent absolument pas. Le premier est minuscule en hauteur et en largeur, d'où son nom, et l'autre est un *'muscle man'* aux dents en or. J'avais les deux réponses quand je demandais aux employés de l'hôtel,

"... qui est le gars avec l'entourage de bouncers et poupounes?"

Le score était quand même 4-3 pour Li'l Wayne... je ne l'ai jamais su.

Plus tard en soirée j'ai décidé de me changer les idées en allant voir quelques endroits 'célèbres' de la ville. Plus particulièrement LE

West Hollywood.

En marchant sur le **Sunset Strip**, juste avant d'arriver au **Viper Room** et au **Comedy Store**, un énorme sex-shop avec des impressions dans le ciment a attiré mon regard. Ce n'était pas le fameux ***'Walk of Fame'*** mais bien le ***'Blocks of Fame'*** où des vedettes pornos étaient immortalisées contrairement à leurs confrères acteurs 'réguliers'. Au lieu des Judy Garland, Tom Cruise ou Brad Pitt habituels, il y avait des noms tels Ron Jeremy et Jenna Jameson... et plusieurs autres qui m'étaient inconnus puisque inculte en porno de masse!

Il se trouve que le magasin s'appelait le ***'Hustler's Hollywood, coffee and porn shop'***... plus connu par les habitués comme le ***'Planet Hollywood of Porn.'***

Je devais entrer!

Aujourd'hui, des moulages de partie de corps célèbres de vedettes pornos sont chose courante mais à ce moment-là c'était tout nouveau. Les seins de l'une ou la bite de 10 pouces d'un autre, autographié et certifié, se vendaient quand même assez cher.

3 étages de poupées gonflables, dildos multicolores / multi fonctions, crèmes, DVD, fouets, et une panoplie de jouets XXX. Et il y avait beaucoup de clients.

Ma curiosité du méga sex-shop rassasiée, j'ai marché encore une demi-heure sur le **Sunset Boulevard** jusqu'au célèbre grand mur noir avec un petit auvent. Très discret et mystérieux. Je me tenais debout devant le **Viper Room**. Un endroit prisé par Johnny Depp et plusieurs autres stars, là où est mort River Phoenix en 1993, dans la rue, sous mes pieds.

Le jeune acteur en pleine ascension qui s'était gagné des millions de fans dans **Stand by Me** ou en jeune ***Indiana Jones*** avait fait une overdose ici. Mort dans les bras de son frère Joaquin, qui s'appelait Leaf dans ce temps-là. Le ***Joker*** lui-même! Étonnamment, à qui j'expliquais, pas plus tard que la semaine dernière, comment manipuler un faux corps empesé pour lui faire la réanimation cardiaque!

Il y avait encore des bouquets de fleurs et des messages d'amour empilés sur le trottoir par centaines, même après plus de dix ans.

Deux semaines après notre retour de la Californie, on me confirme que Marie est OUT. Malheureusement.

L'Américain qui avait créé le système protégé, ultra-secret, de fabrication de ces prothèses révolutionnaires. Du silicone encapsulé dans du latex pulvérisé à l'aérographe. Ce gars serait mon patron.

Il avait déjà maquillé les Laurence Fishburne, Tom Cruise, Anthony Hopkins pour ne nommer que ceux-là. J'allais donc seconder un artiste incroyable avec une grande expérience de plateaux de tournage pour près de deux mois.

Quelques jours avant de débuter nous avions des tests maquillages finaux à compléter sur Brad, à Montréal ce coup-ci, avec les nouvelles joues et double menton de silicone. En plus, on devait valider l'utilité possible d'oreilles de gélatine. Ma spécialité du temps. Brad aura plusieurs prothèses pour le tournage mais pas d'ajout d'oreilles finalement.

Dès le premier jour, je suis un peu assis entre deux chaises. Fait bien illustré par la première heure de lunch sur le plateau. Les techniciens sont d'un côté et les *'big shots'* de l'autre.

Mes compagnons de travail semblaient trouver les quelques Américains hautains et distants, alors que les mêmes Américains essayaient de m'inclure dans leur cercle d'initiés. Quand mon ami Bertrand m'a posé la question ***"Pis, comment ça va avec nos amis U.S.?"***, ça m'a pris par surprise. Ça m'a fait réfléchir.

J'ai senti les deux clans. Équipe locale vs Équipe 'visiteuse'. Un retour à mes jours dans la sécurité avec **Offenbach**, si vous avez lu mon premier livre. Situation difficile mais passagère.

La question de Bert m'a tellement frappé que j'ai dû prendre une pause, assis sous un arbre, à m'auto-psychanalyser. J'ai passé un bon 30 minutes à pleurer à chaudes larmes derrière les Studios montréalais où l'on tournait le long métrage. J'ai décidé de sauter le repas complètement. Une heure plus tard, ça m'a valu plusieurs questions de Brad et de Wesley, inquiets!

"You missed amazing sushi man!
Where were you, Rick?"

Je leur ai servi une excuse de *'power nap'* et on est passé à autre chose.

Chaque matin on devait faire un maquillage long et minutieux. Notre appel habituel était 4 h 30 et l'application se faisait dans la superbe suite de Brad au St-Sulpice du Vieux-Montréal. C'est là que je manquerais plusieurs levers de soleil en compagnie de mon partenaire, mon patron, Wesley.

À chaque fois qu'on a la chance de côtoyer des artistes d'autres ateliers et d'autres pays, on apprend quelque chose. Des trucs pour reproduire ceci, de nouvelles marques d'adhésifs pour coller cela, des théories de couleurs alternatives. Pendant le tournage j'ai appris de Wesley.

Son calme, son expérience, ses anecdotes savoureuses et surprenantes avec les Martin Lawrence, Will Smith et compagnie. Un mois extraordinaire avec un artiste talentueux et vrai.

Le tournage de **Gleason** a été l'un de mes plus beaux à vie. J'aimais le scénario de l'homme tourmenté mais performant malgré tout, et le jeu émotif, intense, de Brad. En fait, pour un 'comique' il était extraordinaire dans ce rôle très ténébreux et sévère. Un vrai Robin Williams. Aussi drôle que triste quand il ouvre la machine.

L'année suivante Brad a une nomination comme meilleur acteur mais les producteurs oublient de nous inscrire aux **Emmys** dans notre catégorie. On a quand même une victoire aux **Hollywood Guild Awards** comme 'meilleur maquillage prothèses' sans que je le sache. Ni non plus que nous étions nominés ou même qu'elle est ce prix.

L'été suivant le tournage, Brad Garrett est l'hôte d'un **Gala Juste pour Rire** et revient donc à Montréal pour quelques jours. Vu que j'avais encore son numéro de cellulaire (il textait pour avoir un son de cloche sur nos désirs de lunch!). J'en profite pour l'aviser par texto que je lui prépare une surprise au Théâtre Saint-Denis!

Je sculpte un buste de l'acteur, en Jackie Gleason, échelle 1 / 2. Juste avant le Gala, je me glisse à l'intérieur de la salle et réussis à le remettre à un employé de Rozon en lui expliquant la situation, charme dans l'tapis.

Ça a fonctionné et le buste s'est rendu jusque dans la loge de Brad. Le spectacle était hilarant et j'ai eu droit à quelques clins d'oeil de la scène de mon acteur. Tard dans la nuit, il m'a envoyé un petit texto me remerciant pour le superbe cadeau.

La semaine d'après par contre, j'ai reçu un long email de Brad qui était en colère contre **UPS**. Ma sculpture de Gleason avait été endommagée lors du transport entre Montréal et Los Angeles. Il avait eu la mauvaise surprise d'une boite avec la tête en morceaux à l'intérieur… Je n'avais pas de moule de cette sculpture puisque faite rapidement en tant que pièce unique et Brad n'a jamais voulu *'tuer le beau souvenir'* en essayant d'en refaire une autre.

Ironiquement ou sarcastiquement ou drôlement, pour continuer avec les transporteurs, je recevrai une boite **Fedex** fin 2003 avec un superbe trophée à l'intérieur et une plaque avec mon nom.

'Meilleurs maquillages prothèses. 2002. GLEASON'. Honneur partagé avec un gagnant de 3 **Oscars** et Wesley Wofford, un habitué des grandes occasions! C'est à cause de cette livraison surprise que j'ai su que ce trophée existait et qu'on l'avait remporté.

Pendant la révision de ce chapitre j'ai reçu un autre colis **Fedex**, que j'attendais par contre, avec le trophée doré du **Canadian Screen Award** pour **Blood Quantum**. À cause de la pandémie, il n'y a pas eu de gala et l'Académie a donc posté les statuettes aux gagnants. Go **Fedex**!

DENZEL WASHINGTON À NEW YORK.

Le même gars qui m'avait engagé pour **Screamers** en tant que superviseur de la garderie qu'était devenu l'atelier lors de fabrication pour le film d'horreur au Nouveau-Brunswick me demande d'aller à New York, *'in-and-out'*. Un service urgent par manque de personnel fiable ou disponible. J'étais excité de rencontrer Denzel Washington.

On avait à le mouler dans un studio de tournage complètement vide de la 4ème Avenue pour un long métrage qui viendrait se tourner à Montréal deux mois plus tard. (**Bone Collector** avec Angelina Jolie)

Je prends un taxi pour Pierre-Elliott-Trudeau, sans valise, portant toujours le même linge d'atelier taché et plâtré de la journée d'avant. Atterrissage à l'aéroport JFK. Puis un autre taxi jusqu'à l'adresse que j'avais inscrite sur un bout de papier.

Tout le long du trajet aéroport-studio, je suis surpris par le trafic de fous, les pancartes menaçant des contraventions salées pour klaxonnage, la densité de gens dans la Ville des gratte-ciels. Puis on arrive dans une petite ruelle déserte bordée de bâtisses de briques rouges et d'édifices industriels délabrés. Je vérifie l'adresse. C'est bien ça.

Je laisse donc, à contrecoeur, la sécurité de mon taxi avec les odeurs de sueur et de cigarette. Je cogne dans la grosse porte de métal cadenassée, revérifie l'adresse, 1179-B... Pas de réponse. Je recogne. J'attends un 10 minutes assis sur le bord du trottoir entre deux autos. Salut un passant androgyne. Recogne... 30 minutes.

Finalement, un de mes compagnons de travail qui avait pris un vol différent se présente. Il m'apprend que notre info est erronée et l'adresse est bien le 1078, de l'autre côté de la rue. Tout aussi lugubre et sale mais pas de cadenas.

Tout le matériel nécessaire nous attendait au beau milieu du grand local aux plafonds de 25 pieds affublés de dizaines de spots pendouillants.

On s'installe. Puis des pas échos se font entendre doublés d'une voix connue,

"Hey guys! I'm Denzel."

Un après-midi à mouler une super vedette, professionnel et réservé. De toute façon, nous n'étions pas là pour devenir des amis ou nous organiser un souper de Noël ensemble. On travaillait, lui et nous. Tout a bien été.

Comme d'habitude, j'ai refusé de tomber dans le panneau du 'fan fini' qui demande une photo ou un autographe mais j'y ai pensé quelques fois pendant nos 7 heures ensembles. Tête complète, ses mains jusqu'aux coudes, sa dentition et toutes les références de couleur d'yeux, cheveux et peau. Faux corps oblige.

Un professionnel, réservé. Oui. Ses dents sont aussi blanches et droites que je l'imaginais. Confirmé.

D'ailleurs, le travail de maquettes de mon frère Ronny sur ce film est superbe et, comme à son habitude, il y a inséré des clins d'oeil aux amis et à la famille pour ceux qui savent où regarder. Le prénom des enfants ou des dates de naissance sur des panneaux publicitaires miniatures ou des commerces fictifs aux noms codés dont seul lui comprend... ce genre de chose. Cool et unique. Comme dans **Battlefield Earth** d'ailleurs!

Je l'avais imité sur un maquillage de créature mythique couverte de profondes scarifications tribales. Des symboles supposément druidiques qui étaient en fait des dates de naissance, mon NIP Interac Desjardins ou des messages à mes amis.

Quand mon premier livre est sorti sur **Amazon**, je l'ai sournoisement inséré dans le décor de la série **La Faille** (ou **District 31**??) sans que personne ne s'en aperçoive. Dans les tablettes d'une librairie visitée par les policiers pendant une scène intense, juste entre un Stephen King et un livre de recettes sans gluten, la couverture du ***'Gros'***.

Ce qui m'a le plus marqué lors de ce voyage n'est pas la rencontre avec Denzel Washington mais bien le visage des clients et employés de l'hôtel huppé de la 6th Avenue quand j'y suis rentré après les moulages. J'avais pris l'avion de Montréal à la hâte sans trop penser que je me salirais encore plus que je l'étais déjà... assez pour avoir besoin de me changer à mon retour parmi les civils.

Les pauvres gens à l'intérieur du superbe **Warwick Suites** ont donc vu déambuler dans le hall d'entrée de marbre importé un gros barbu avec des culottes de gym foncées et un t-shirt blanc, remplis de bouts de plâtre et de saletés diverses. De l'alginate ici et là. J'avais les cheveux dépeignés et du plâtre dans la barbe qui attiraient l'attention quand je parlais. Un genre de mendiant qui venait de refaire le **Gyproc** dans son salon / ruelle. Avec l'accent québécois, ça faisait un spectacle tout inclus.

Une fois dans ma luxueuse chambre, j'ai décidé de me gâter pour la journée réussie en mangeant de la fameuse pizza new-yorkaise. J'en avais assez entendu parler dans ma vie et dans les films, il fallait que j'y goute. Mais la réaction des gens du hall d'entrée m'a convaincu de rester dans la chambre et de faire livrer. On fait ça simple. ***Médium all-dressed!***

À tort, je croyais que le terme *'all-dressed'* était appliqué sur toute la planète. 'Médium' aussi d'ailleurs, sans l'accent. Eh bien non! Ce n'est pas universel.

J'ai signalé. Essayé de commander. Et ça a dégénéré…

La dame m'a expliqué avec un peu de frustration dans son prononcé dialecte new-yorkais. Je mets la fin de notre échange en anglais parce que c'est contexte et un peu bilingue, au moins dans mes propres élans de frustration.

"Sir … if I send an ACTUAL all-dressed pizza to your room, it's gonna have 25 things on it! You need to tell me EXACTLY what you want on it… OK?"

"OK. All dressed. You know. With everything, but normal stuff!"

"Everything normal? What does that mean Sir? Cheese, anchovies, pineapple, ground beef, cauliflower, strawberries?? Really? Are you from France? For God's sake … And how many inches?"

"Medium please."

"How many inches is a 'medium' pizza in France??"

"I'm from Canada, not France. Québec. The metric system."

"Canada eh! You a lumberjack?"

"No. Makeup. I kill people for movies."

"Is that a threat Sir?"

"Tabarnak, No. I'm a makeup artist."

"You sound like a lumberjack to me."

"So… Medium. Between small and large! You know? Tabarnak de Câlisse. Small, Medium, Large, X-large, Jumbo … normal sizes in the pizza world. Normal toppings."

Après 20 minutes, j'ai raccroché et je suis descendu, retraversé le lobby tout déglingué, acheté une pizza de l'autre côté de la rue achalandée et suis revenu la déguster devant un talk-show quelconque qui recevait justement Denzel ce soir-là, Eminem comme invité musical!

C'est la dernière fois que j'allais mouler un acteur sans linge de rechange et aussi la dernière fois que j'ai payé pour une pizza américaine. Parce que contrairement à ce qu'Elvis Gratton dit, ***"les Amaricains, y l'ont PAS l'affaire"*** pour la pizza.

La *'New-Yorkaise'* ne vaut pas une bonne **Bravo** de Trois-Rivières, ou une *'pizza mica cu sunca'* du resto **Roma Pizza** dans le petit village de Buftea en Roumanie.

Point.

LE DÉSERT DE JORDANIE.

Quand j'ai reçu le coup de téléphone de Denis Villeneuve et sa gang, avant qu'il soit acclamé pour les **Blade Runner** et **The Arrival**, ils se préparaient à aller tourner dans le désert. Je pensais qu'ils parlaient poétiquement. *'Désert'* genre Schefferville ou Kuujjuaq. Mais non, ils faisaient allusion au vrai désert. Le **Wadi Rum**, en Jordanie.

J'ai eu la réalisation une semaine plus tard, en recevant un message de la responsable des transports qui voulait mon numéro de passeport pour les billets d'avion.

J'y allais. 720 km carrés de sable et de formations rocheuses rouges. Pas d'eau. Pas de verdure. Un désert *'de films'*, comme dans les films!

Un peu plus tard, lors de mes recherches internet, je me suis rendu compte que la Jordanie, bien que paisible et politiquement stable, était entourée par l'Irak, la Syrie et l'Arabie Saoudite! 3 pays non stables, pas nécessairement accueillants pour les visiteurs nord-américains. Un moment de questionnements existentiels et 'couilles en raisins secs' sans aucun doute.

Mais on ne vit qu'une fois.

Je devais fabriquer une demi-douzaine de cadavres à bruler pour la scène d'attaque d'un bus de touristes et quelques bébés de silicone pour l'accouchement du personnage principal.

Ce tournage, et ce voyage, m'ont appris beaucoup de choses autant techniques (prises de courant) que politiques (pots-de-vin / connexions) et culturelles (l'Islam). Et même morales. Des réalités inconnues jusque-là pour moi. Je suis devenu un pro à mettre un turban, absolument impératif quand tu tournes au soleil à 35 degrés. Ça m'a aussi fait réaliser qu'une envie de pisser urgente ne peut se régler derrière un arbre dans le désert.

J'allais expérimenter les décibels en stéréo des prières musulmanes lancées de haut-parleurs géants au haut des minarets entourant les mosquées. 5 fois par jour, tous les jours. Des haut-parleurs haute performance. Le bruit nous empêchait de tourner habituellement. Le gars de son devait être patient pour ne pas perdre les pédales.

Je respire un peu après mon atterrissage à Amman et la confirmation que mes 3 caissons sont dédouanés.

Deux jours pour fignoler les personnages, les habiller en touristes, coiffer, implanter des cils et des sourcils. L'un d'eux qui a fini en adolescent arabe barbu était au départ un corps de mon ex-épouse, Manon, meilleure assistante FX du monde. J'en ai entendu souvent parler à la blague lors de mon séjour, là-bas et depuis mon retour.

Entouré de dizaines de techniciens qui communiquent dans une langue totalement incompréhensible, c'est intimidant. Et tu as toujours l'impression que chacun d'entre eux parle de toi!

C'est d'ailleurs à cause du tournage d'**Incendies** que j'ai instauré la politique de mon atelier

"Peu importe comment nous sommes de francophones dans une pièce, on parle anglais en présence d'un visiteur non-francophone, même entre nous, surtout entre nous."

C'est assez stressant de se faire mouler ou coller des prothèses sans rajouter le dépaysement de la langue et sa paranoïa.

Les longs cônes de sable causés par les bourrasques sont présents (comme dans les films), les 30 degrés et plus aussi. Mais mes oncles avaient raison, ***"c'est pas la température c'est l'humidité l'problème."*** Prouvé.

C'était beaucoup plus confortable à 35 degrés sans humidité au milieu du désert qu'un 24 avec un taux d'humidité de fous à Longueuil. En plus, les insectes ne sont pas imbéciles et restent cachés quand c'est trop chaud. Gagnant-gagnant.

Presque un paradis.

Lors du premier jour de tournage, les Militaires locaux jouant les 'méchants' qui tuent les touristes et brulent l'autobus sont intimidants.

Après tout, nous sommes une poignée de Québécois au milieu du désert avec quelques 'figurants' armés qui ne semblent pas trop dépaysés avec des armes automatiques.

NOTE INTÉRESSANTE : Aucun pot de faux sang ou outil ayant touché au sang ou papier qui a essuyé ce sang ne pouvait être laissé sans protection. Aussitôt qu'un item était déposé sur le comptoir de mon camion / roulotte des dizaines de mouches s'entassaient les unes sur les autres pour siroter un peu du sucre. Les dos poilus des hordes d'insectes couvraient littéralement chaque millimètre carré des pots et des goulots, les transformant en masses grouillantes noires. Fascinant!

Les premiers soirs libres je me rendais à un kiosque de minis shawarmas où il y avait toujours une ligne d'attente impressionnante. Elle faisait le tour du pâté de maison d'un quartier plus pauvre d'Amman. Les sandwichs étant si petits, un homme normal pouvait facilement en commander 5, 6 ou 7 ; une bouchée chaque. Délicieux. Environ 1 $ par bouchée.

J'ai fait du magasinage deux jours durant dans les marchés d'épices, turbans et antiquités pour me faire aviser plus tard que c'était dangereux de me promener seul dans les quartiers non touristiques.

Après ça, la production nous avait parlé d'un service de guides / chauffeurs pour les plus aventuriers de notre équipe lors de l'unique journée de congé en sol arabe. J'ai évidemment sauté sur l'occasion.

Mon chauffeur trilingue s'appelait Mohammed mais m'a dit,

"Just call me Joe!"

OK. Joe.

"On a un itinéraire bien rempli Moham... euh... Joe!"

La Mer Morte avec sa flottaison magique de routine due au sel. La Ville sculptée dans le roc, **Pétra** (**Indiana Jones**!). Les visites de différents cimetières célèbres et magasins d'antiquités. Pour finalement aller souper au beau milieu du désert **Wadi Rum** avec un Bédouin et sa famille. Tour de chameau? Pourquoi pas? Choc culturel? Garantis. Mémorables moments? Certainement.

Tout comme ceux de Roumanie, les cimetières jordaniens sont fascinants. Envoûtants. Très personnalisés. Photos des défunts et petites bricoles souvenirs à souhait. Pierres tombales plutôt artisanales que manufacturées. Notre réglementation nord-américaine de 'décoration' des caveaux et pierres élimine la personnalité et la créativité pour rendre hommage aux proches. C'est propre et aligné ici. Pas de dérogation. Froid.

Le guide avait une ristourne sur les marchandises vendues aux passagers qu'il emmenait. Nous nous sommes donc arrêtés à plusieurs petites boutiques et snack-bars en bordure de route.

Entre les édifices de béton abandonnés en pleine construction, les kiosques de bébelles pour touristes, les cimetières et les chameaux errants, j'ai presque eu un torticolis. Près de deux heures de divertissement pour les yeux et de vidage de portefeuille.

Puis, **PETRA**!

On doit marcher un bout de temps sur une route de sable avec une bonne pente. Tout comme une lignée de taxis à l'aéroport, il y a des ânes ici pour ceux qui ne peuvent ou veulent monter le chemin. Juste quelques dollars pour s'éviter du **CrossFit** touristique.

Rendu au bout de la côte, on doit zigzaguer dans un long passage entre deux impressionnants murs naturels de chaque côté de nous. Le roc couvre 100 % de notre champ de vision sauf si on regarde en l'air où seule une mince ligne de ciel bleu est visible, à 40 pieds. (Est-ce qu'on arrive bientôt???)

Mais avant de faire le trajet pour me rendre au haut, j'ai eu droit à quelques autres surprises locales.

L'**Indiana Jones Souvenir Store**, évidemment. Fallait s'y attendre. Avec son grand choix de patentes *'cheaps'* mais chères aux effigies du film ou recouvertes de photos de la célèbre ville dans le roc.

Le nom du personnage n'a fort probablement pas été libéré de droits d'auteur, la face d'Harrison Ford avec son chapeau d'archéologue non plus, mais bon, ça look pour le marketing!

Et, moins plaisant que la première, les employés du site touristique qui font leur toilette personnelle dans les urinoirs publics.

En arrivant à **Pétra**, j'avais besoin de me vider la vessie d'urgence et je me suis retrouvé face à face avec deux gardes de sécurité 'en bedaine', se lavant les pieds dans les éviers communs. Les autres touristes avaient la même expression faciale que moi en les observant du coin de l'oeil. J'aurais dû prendre une photo de leurs bas troués et chemises fripées en train de sécher, accrochés ici et là aux ampoules murales ou sur le haut des portes de cabine de toilette.

Et j'ai fait le trajet, sans âne, puis la longue marche entre les hautes parois.

Puis, la vision. La même que la scène de George Lucas dans son film mythique. Un long *'travelling'* de caméra avant pour découvrir en bout de course la cité sculptée dans le Roc. À couper le souffle!

Je n'ai pu m'empêcher de marchander quelques bijoux d'argent que j'ai négocié à la façon Butch Boucher, mon père adoptif virtuel et professeur de négos.

"Si t'as pas peur de perdre, tu peux pas perdre,
parce que si l'autre gars n'était pas intéressé,
il ne serait pas en train de négocier."

À la fin des négociations au travers de mon cellulaire (***Google*** *translate!*) le vendeur au turban me courait après dans Pétra en me demandant encore moins que ce que je voulais payer.

Ce bracelet, je le porte 24/7 depuis. Si vous me croisez dans la rue vous remarquerez les fils d'argent tissés avec complexité, technique que je n'ai jamais vu avant ou après mon achat.

Une grosse chose de faite. Le clou de mon expédition. Maintenant, direction bordure du **Wadi Rum** pour un souper bédouin typique.

Mon chauffeur m'a emmené au camp de la famille bédouin, sur le chemin du retour, m'a présenté et nous a laissés pour ***"l'aventure du sable"*** avait-il dit.

Pendant que les femmes voilées préparaient les viandes (poulet et chameau sur lit de riz au safran) le Bédouin m'a offert une excursion en 4x4 pour me montrer un point d'eau secret à près d'une heure de là. (l'aventure du sable en question) Évidemment, j'ai dit oui tout en révisant mon testament en arrière-pensée.

L'homme ne connaissait littéralement rien à l'anglais. Littéralement RIEN. Heureusement que j'avais mon petit livre Arabe-Français couplé à un talent de mime puisque le ***Google*** *translate* ne fonctionnait pas au milieu du désert.

NOTE D'INTÉRÊT PUBLIC : J'en profite ici pour faire une parenthèse. Quelque chose qui me chicote depuis quelques années et qui concerne le mot 'littéralement'. Un message d'intérêt public à mes amis, interlocuteurs divers et surtout aux animateurs télé professionnels qui ne comprennent pas le principe de l'expression. Sachez que 'littéralement' est simplement le contraire d'allégoriquement… c'est le contraire donc d'une expression imagée ou *'cute'*.

En d'autres mots, si votre ***'mâchoire est littéralement tombée par terre quand vous avez vu le but de Gallagher'*** vous auriez besoin d'aller à l'hôpital VITE FAIT et vous ne pourriez plus parler.

Pourquoi? Parce que votre mâchoire se serait détachée de votre tête et serait PAR TERRE, ensanglantée. Littéralement veut dire ***'POUR VRAI ; ce n'est pas qu'une image'***. Je ferme la parenthèse. Merci de m'avoir écouté ventiler.

On a roulé en silence, seulement le Bédouin et moi, pas de guide / nounou, pendant près d'une demi-heure. Sur le chemin de sable, entouré de sable, allant vers du sable en laissant des kilomètres de sable derrière nous. Il s'arrête et me fait signe de sortir de la Jeep. Il pointe vers quelque chose gisant dans le vaste désert. J'y vais avec hésitation. WOW!

Le cadavre d'un chameau mort me fixait avec des orbites vides. Plutôt une momie qu'un cadavre parce que sa peau était toujours sur la carcasse comme un drap mouillé sur un squelette. Grâce à beaucoup de gesticulation et à mon dictionnaire j'ai pu comprendre que la bête était morte d'un arrêt cardiaque pendant une des courses hebdomadaires du clan régional. Fascinant.

Si j'avais grandi ici au lieu de Longueuil, j'aurais pu observer et étudier des cadavres de chameaux à défaut des marmottes; des scorpions à la place de vers de terre. Vraiment fascinant.

Après beaucoup de sable dans les yeux, de photos uniques à la tonne et d'émerveillement généralisé de ma part, nous sommes revenus à la demeure d'argile familiale où les femmes voilées nous attendaient toutes alignées comme les servants de **Downton Abbey** quand un dignitaire visite.

À notre retour, avant de passer à table (lire assis par terre) nous avons droit à un lavage de pieds en règle par les dames voilées. J'ai essayé de faire la conversation avec celle agenouillée devant moi mais elle fixait le plancher. Mon guide m'a fait signe de ne pas leur parler. Articulant les mots,

"Don't talk with them.".

Plus tard, il m'a expliqué que les femmes ne peuvent communiquer sans permission avec les hommes et surtout pas avec de distingués invités.

C'est sûr que converser avec un hôte en utilisant un traducteur 100 % du temps c'est difficile. J'ai aussi remarqué que mon enthousiasme à poser de longues questions déplacées pour cette culture, bien malgré moi, était transformé en deux trois mots par mon guide, le bédouin répondant avec un signe de tête de remerciement. Il y avait de la censure visiblement. Mon guide ne voulait pas que je vexe mon hôte par ignorance.

Les mots 'dépaysement' ou 'choc' seraient un euphémisme... un *'understatement'*. J'ai déjà eu des chocs culturels lors d'autres tournages en location mais jamais comme à ce souper. Et on était qu'à l'apéritif! Le meilleur était à venir, en choc et en bouffe.

L'énorme plat central où tous les invités se servent avec les mains, le fait de ne pas avoir d'ustensiles pour manger de gros morceaux de viande et du riz. (Méchant bordel à nettoyer après!) Et le choc, l'offre du bonhomme d'acheter l'une de ces filles.

Pas se faire 'offrir une femme' dans le sens de compagne pour le souper, ou partenaire pour une danse ou encore pour une nuit érotique endiablée. Non, non. Une offre d'achat. Une proposition de vente!

Plus qu'un choc culturel. Un choc humain.

Au début j'ai souri, disons 1 / 10 de secondes, et quand je me suis rendu compte que tous les invités me regardaient, et que ce n'était pas une blague, j'ai retenu le restant du rire qui était prêt à sortir. J'ai poliment remercié le Bédouin.

Mais j'ai été bon. Mon visage n'a pas trahi l'explosion de mon âme et j'ai refusé, poliment, avec le geste de la main universel du 'non, merci'.

Plus tard, sur la route du retour, Joe m'a expliqué toutes les coutumes mises en lumière lors du souper. C'est là que j'ai appris que le coût habituel pour une de ses filles aurait été 3x chèvres. Une de celles qui m'avaient lavé les pieds. Je n'avais vu que ses yeux et ses mains mais elle devenait ma femme. Pile ou face, pour 3 chèvres! Choc. Culture. Dépaysement. Surprise. Vous voyez ce que je veux dire??

J'ai eu une petite pensée pour mon plaisir à regarder un film d'Elvis Presley quand j'étais jeune. Celui où son personnage de chanteur pop allait donner une prestation à un scheik arabe et son harem. Évidemment Elvis tombe en amour avec l'une des filles. La vraie vie en Jordanie me faisait sentir différemment du film du King.

Mon chauffeur a aussi ajouté que le Bédouin avait perdu son fils récemment dans un accident de chameau ou d'automobile (je n'ai pas tout à fait compris la cause exacte de la mort) et qu'il ne lui restait malheureusement QUE des filles. Plus d'héritiers ou de lignée généalogique ***"because women don't count in ancestry."***

On a roulé un long moment en silence. Je suivais le paysage des yeux, pensif.

Pour changer de sujet et par curiosité, j'ai posé la question qui me chicotait depuis le début du périple. Pourquoi tous ces bâtiments de ciment non terminés un peu partout? Des structures sans portes ou âmes qui vivent. Juste du ciment.

Nous avons dû passer plus d'une centaine de ces charpentes squelettiques sans vitres ou électricité durant notre journée.

Il semblerait qu'un gros boum financier de développeurs optimistes qui voulaient recréer les succès économiques de Dubai ait débuté des dizaines de projets immobiliers au début des années 2000. Villas de luxe, maisons familiales, édifices gouvernementaux, centres d'achats, etc. Des plans pour tout et tout-l'monde.

Mais la crise financière de 2008 a tout fait arrêter du jour au lendemain. Plus d'argent. Plus de ciment. Plus de bois.

Plus d'acheteurs. Les développeurs attendent encore les fonds pour terminer, 15 ans plus tard... laissant tous ces cadavres d'édifices dans le paysage.

Ma dernière journée de tournage sur **Incendies** aura lieu dans un hôtel de 55 étages au nord de la Ville. Mon chauffeur me débarque à la guérite principale où l'on doit passer des gardiens armés et où les sacs sont vérifiés minutieusement pendant que l'on traverse un détecteur de métal.

Je croyais à tort que ce n'était qu'un simple hôtel, pas des douanes avec une sécurité de contrebande internationale. Mais j'imagine que les drogues, armes et explosifs menacent aussi les lieux publics ici. Comme payer de l'assurance, au cas où! C'est pas plaisant mais, au cas où...

Les véhicules qui entrent sont inspectés de fond en comble utilisant entre autres des miroirs montés sur de longs bâtons pour voir le dessous de la carcasse et une unité canine. Pas rassurant non plus.

C'est là que je me suis aperçu qu'un bébé de silicone, radio-commandé, observé sur un moniteur rayons X, à des airs de bombe dans une poupée!

Mon accessoire high-tech ressemblait étrangement au début d'une situation potentiellement problématique; les premiers pas d'une altercation déplaisante. Ça a rapidement escaladé en alerte sur les radios des gardes. Couilles raisins secs, prise 2.

L'un des deux soldats a instantanément stoppé le tapis roulant et s'est approché de l'écran en parlant à son compagnon, en Arabe.

Prouver qu'un bébé de silicone n'est qu'un coûteux accessoire de cinéma, radio-commandé, semble simple à première vue.

Malheureusement, non.

J'allume la *switch* dans le dos de mon bonhomme, et celle sur la télé-commande, et le fais bouger. C'est ce que j'ai proposé à coups de gestes et baragouinages arabes amateurs. Pas question. ***"EADAM!!"*** fut la réponse immédiate suivie d'un grand pas agressif. (traduction: Non!)

Parce que si c'était vraiment une bombe, je pourrais faire exploser les gardiens et moi-même, tout simplement. La définition d'un *'catch 22'*. Une impasse apparemment sans issue; pris entre l'écorce et l'arbre. L'impasse mexicaine à la Tarantino où tous les personnages visent un autre personnage, immobiles, en sueurs.

Sans faire de gestes trop brusques, j'ai repris mon téléphone. Disons que la recherche ***Google*** *translate* était en mode urgence dans mon cerveau étant donné que les gars avaient les doigts nerveux sur leurs armes.

J'ai expliqué du mieux que j'ai pu, leur regard devenu de moins en moins tendu au fil de mes gesticulations. Un peu.

J'ai dû mettre le charme au maximum et leur montrer que si je tournais la tête du bébé sans ouvrir la radio commande, il faisait un bruit d'engrenages mécanisés. Oui-Non, Haut-Bas, Gauche-Droite. Ils se sont regardés, relaxant la poigne sur leur arme à feu. J'ai fait bouger les jambes toujours sans radio. Même son d'engrenages à l'intérieur.

Puis j'ai cru voir un coin de bouche forcer un début de sourire. J'ai sauté sur l'occasion pour lui tendre le bébé pour qu'il essaie de bouger la tête lui-même. Les sourires sont apparus. Alors, ils m'ont permis de le faire fonctionner avec les switchs à 'ON'!

Tout ça a tourné en festival du *selfie*. Quelques camarades de travail se sont joints au party. Typique. Ça me rappelait la situation au pont Jacques-Cartier avec les policiers de la **Sureté du Québec** et le faux corps de David Bowie. Des photos pour toute la garde!

Au retour vers Montréal, évidemment, j'ai eu d'autres problèmes de douanes à l'aéroport d'Amman. Ce coup-ci, à cause que les technicalités pour avoir le permis d'import / export de mon équipement FX du Canada pour la durée du tournage impliquaient que TOUT devait revenir après le tournage. TOUT. Une mesure de certains pays pour prévenir l'importation avec fausses raisons et la vente illégale de patentes sans payer les taxes à leur gouvernement. Je comprends le principe de la possible magouille mais pas avec des profits de quelques cents sur du papier mouchoir.

Ça prenait absolument un *'Carnet ATA'*. Ça à l'air inoffensif comme ça, sur la page, mais dans la vraie vie c'est une torture.

Faire une liste exhaustive, TRÈS précise, de tout ce qui voyage mais qui doit revenir aussi. On parle du nombre exact de pinceaux dans mon coffre de maquillage, les marques de commerce des fonds de teint ou crayons à sourcils, les onces ou les millilitres contenus dans toutes les bouteilles même déjà entamées... TOUT. PRÉCISÉMENT. Les radio-commandes et les cadavres, évidemment. Les contenants de **Wet Ones** aussi. Et les cure-dents...

Les plaisirs d'envoyer la moitié de l'atelier sur un autre continent. Un travail de moine que je n'ai eu à faire que deux fois dans ma carrière.

Pour **Incendies** (Jordanie) et **The Jester from Transylvania** (Roumanie). Deux fois de trop pour un gars qui n'aime pas la paperasse!

Un rouleau de papier collant, une fois utilisé (et terminé) pour le tournage, devait être rapporté au Canada vide, histoire de prouver que je ne l'avais pas vendu à profit à un Jordanien. Et ça, pour le contenu des deux caissons.

Le vrai problème était que les six corps que j'avais fabriqués pour le film de Denis Villeneuve étaient 'à bruler'. Et les prothèses de fractures ouvertes et égorgements pour Jester étaient jetables après le démaquillage.

Donc, les six cadavres d'il y a deux semaines, qui remplissaient la moitié d'une de mes boites de transport, n'étaient plus que quelques **Ziploc** de cendre et pentures de métal. Et 1 pied, un seul 'squelette' de broche calcinée et tuyaux noircis. Une cage thoracique de vinyle tordu. Peut-être trois globes oculaires déformés. Tout ça, compacté au maximum, réduit au volume d'une caisse-de-24 bières.

L'accusation de départ du douanier est que j'avais importé des faux cadavres en Jordanie pour les vendre à des locaux sans payer le 9 % de taxe de vente! Au secours. C'est dans ce genre de situation que tu prends conscience des limites linguistiques et de la lenteur des réponses des applications de traduction.

J'ai toujours eu l'impression que mon accrochage avec les gardiens de sécurité de l'hôtel à propos de la bombe en forme de poupée avait fait mettre mon nom dans les banques de données nationales comme ***'individu suspect à surveiller'***. Sinon, comment auraient-ils su qu'il manquait des corps dans des boites de transport qui n'étaient même pas avec moi aux douanes mais bien dans une autre partie de l'aéroport, possiblement déjà en route vers le Canada par vol de marchandises?

Quelqu'un avait ouvert les caissons ailleurs dans l'énorme complexe pour compter chaque item du contenu.

Je m'en suis sorti indemne mais légèrement traumatisé par les gardes en uniformes militaires, mitraillette en bandoulière, qui t'interrogent en une langue étrangère.

Pas rassasié en tant que touriste et ayant 9 heures à perdre à Charles-de-Gaulle, je planifie, lors du premier vol Amman-Paris de 2 heures, un itinéraire pour quitter l'aéroport parisien. Un micro voyage en train et taxi pour aller prendre un *selfie* à **Notre-Dame-de-Paris** (avec un toutou d'orignal qu'Edvi m'avait confié comme porte-bonheur), et revenir à temps à l'embarcadère pour m'envoler vers Montréal.

Les hôtesses d'**Air France** m'ont fortement déconseillé de tenter l'expérience.

"Y'a un trafic fou Monsieur.
Vous risquez de manquer votre vol de retour"

... mais quand tu n'as jamais vu Paris, tu les remercies et y vas quand même. Succès. *Check*. Photos à l'appui.

J'ai fait le même exercice quelques années plus tard avec Edwina. Quelques heures à perdre à Charles-de-Gaulle, on visite. Au diable la facilité et la relaxation. Autre succès, toujours avec photos à l'appui.

En mangeant des crêpes devant la célèbre église, on a rencontré un artiste extraordinaire, rockabilly à favoris de motard, fan d'Elvis.

Le restaurant était désert, entre deux batchées de touristes au milieu de l'après-midi, et seul un régulier de l'endroit sirotait un latté. Je me suis mis à lui jaser pendant qu'Edwina allait se poudrer le nez.

Il dessinait avec une plume à l'encre au look antique sur un petit napperon, une moto, une **Harley Davidson 1967**. J'ai appris qu'il était tatoueur.

"Tiens, c'est pour toi. Habituellement on me paie pour mes dessins mais celui-là il est gratuit pour le touriste."

Bernard Soufflet était son nom. On communique toujours sur **Facebook** après plus de 10 ans. Quand je retournerai dans le coin de Paris on va sûrement partager d'autres excellentes crêpes et lattés au nouvellement rénové **Notre-Dame-de-Paris** en échangeant sur l'art et la politique.

Et je pourrai lui montrer le napperon à la **Harley** autographié de sa main.

LA BULGARIE ET LES HOMMES DES CAVERNES.

La même compagnie avec qui j'avais collaboré sur **Screamers** et qui m'avait demandé d'aller mouler Denzel Washington à New York pour **Bone Collector** me lance une invitation un peu plus prenante en fait d'agenda, mais aussi plus excitante. La Bulgarie pour un mois. Des hommes de cavernes mur-à-mur, quelques faux corps. Parfait pour un globe-trotter. Je saute sur l'occasion et m'envole vers Sofia la semaine suivante.

Un autre pays de l'Europe de l'Est où j'allais travailler sans connaitre la langue. Mais contrairement au Roumain, aux racines latines, le Bulgare est slavique. Je ne comprenais absolument rien. Un flashback du projet en Jordanie.

De l'aéroport de Sofia on doit se rendre au lieu de tournage situé à plus d'une heure de la grande ville. La route est panoramique et plus on s'enfonce, plus les arbres et les rochers deviennent quasi extra-terrestres. Magnifiques et incomparables. J'ai dû prendre 500 photos.

Un des guides bulgares nous informe que ce que l'on voit est l'impressionnante forêt de **pierres rouges de Bélogradchik**.

Aujourd'hui, c'est un fait accompli, mais au moment du tournage, ce site forestier unique était à l'étude pour devenir l'une des sept nouvelles merveilles naturelles du monde.

L'équipe est logée et nourrie dans un microscopique village adjacent du nom de Lukovit. Habitants? 127? 1758? Pas beaucoup en tout cas.

Le plateau lui-même se trouve dans une nature incroyable, trouée de grottes millénaires. Après une demi-heure de bus nolisé, on arrive au beau milieu de ce qui semble être un champ, quelques arbres et de petites collines ici et là... jusqu'à ce qu'on découvre l'entrée de l'immense Caverne.

La **grotte Dévétachka**! Une huitième ou neuvième Merveille Naturelle du Monde? Possiblement...

L'équipe avait l'air de fourmis dans un tuyau d'égouts comme idée de grandeur.

Malgré le fait que nous sommes logés dans ce petit village aux allures lugubres, gris et ciment, l'hôtel réservé par la production pour les techniciens nord-américains est spectaculairement coloré. Le **Diplomat Plaza**. Un établissement thématique frôlant la quétainerie mais en fin de compte, merveilleux. Chacune des chambres étant différentes de l'autre. 40 chambres au total.

Les 3 que j'ai eu la chance d'étudier plus en détail:

La *'St-Valentin'*. Tout était rose ou rouge, du tapis au plafond, des serviettes aux plaintes électriques. L'évier, la toilette, les sculptures de chérubins et amants entrelacés, les comptoirs. Tout. Le lit en coeur, les draps de satin, les sofas recouverts de velours, la tapisserie mettant en vedette des **Venus** et des **Apollon** en pleine séduction. Une grenade de cool / quétaine avait explosé au centre de la chambre et on voyait le résultat. Notre actrice principale y était logée. Des Cupidons lumineux servaient de lustres.

La *'Miroir'*, acier inoxydable et miroirs mur-à-mur. Visiblement une chambre pour les initiés, réguliers. Si je me souviens bien, le directeur photo avait eu l'honneur de celle-là. Décorée avec un poteau de danseuse d'acier inoxydable en plein milieu du salon, monté sur une petite scène ronde *'pour mieux voir'*. Bar privé. Deux énormes lits. Boule disco.

Puis, celle que j'avais. La criarde *'Carlo Danielli'*, artiste du style 'art moderne' que je ne connais pas mais qui se mérite une chambre honorifique quand même. Après recherches, j'ai vu que c'était un Bulgare de souche, célèbre *designer* de meubles.

À mon avis, humble avis de créateur visuel, je dirais que ma chambre était le résultat d'une explosion si on avait rassemblé des petits divans et tabourets de tissus multicolores mais de différents fabricants, un lit king sur pattes de fer forgé, un édredon de lit en fourrure couleur 'crème', un chandelier somptueux directement sortit du **Château de Versailles**, 2 abat-jour style origami en plastique blanc, quelques lampes de chevet dépareillées dans des tonalités pastels, de la tapisserie de feutrine violette, un paravent japonais en papier de riz, une sculpture expressionniste en résine de marbre deux-tons, etc. Je suis essoufflé... Tout ça empilé pêle-mêle, puis, on détone la grenade qui les recouvre. Advienne que pourra. Boum! On laisse la déflagration disposer le mobilier et les décorations dans la pièce. Et pour finir, on y ajoute une chaise de paille en forme d'oeuf suspendue au plafond entre le faux foyer et le vitrail / fenêtre au sens quasi-religieux. C'était de première qualité. Solide. Divertissant. Mais vraiment n'importe quoi dans les catégories agencement et sobriété.

C'était ma chambre. Sûrement songée et planifiée. Par le *designer*. Assurément criarde et dépareillée. Encore de l'inoubliable.

Si les psychologues suggèrent de peindre les murs de prisons unicolores pastel pour calmer l'humeur de prisonniers, c'est compréhensible que j'aie été sur les nerfs à temps plein pendant le tournage à Lukovit. C'est la faute du décorateur de ma chambre. Les effusions de couleurs criardes à gauche et à droite, complémentées par des objets d'art sans queue ni tête.

Sans les voir en personne mais ayant bien étudié les pamphlets et le site web de l'établissement, je peux vous dire que les suivantes semblent aussi valoir le prix d'admission :

La *'Hong Kong'* était meublée de petites commodes et bancs raffinés, soie et bois foncé, et mettait en vedette des murales de bateaux à voiles peintes qui nous ramenaient au 6ème siècle.

La *'Chicago'*, elle, évidemment, rendait hommage aux gangsters et à la prohibition des années 1940. Beaucoup de bruns, de jaunes et d'or. Du chêne foncé, poli, et des tapis moelleux.

La *'Western'* regorgeait de bois de grange un peu partout. Mobilier ou murs. Bois de grange plein de caractère. Elle aussi avait une murale mais au lieu de bateaux, c'était des chevaux et des cactus.

La *'Catherine-the-great'* faisait la publicité de la monarchie russe du 19ème siècle. La plus romantique et complexe des chambres à thèmes.

La *'Toscanie'* rappelait les oliveraies et champs de verdure ensoleillés de par ses... murales, évidemment. Sobre et chaleureuse.

En bout de ligne, l'émerveillement l'emportait facilement sur la quétainerie. J'y retournerais demain matin pour expérimenter toutes les chambres, chacune un soir.

La nourriture aussi était beaucoup plus colorée et vivante que le look drabe du village laissait présager. Un petit resto tout mignon avec terrasse extérieure au-dessus d'une rivière nous accueillait souvent. Mon amie bulgare, coiffeuse / maquilleuse extraordinaire, m'a dit dernièrement que le nom de l'endroit, en anglais, serait **The Green Lizard**.

Après y être entré par la porte principale, on passait une douzaine de tables pour ressortir à l'arrière, traverser un petit pont où il y avait une autre demi-douzaine de tables sur un quai... rond. De rambardes de bois sculpté nous séparaient de la rivière qui courait sous nos pieds. Un bruit calmant de clapotis d'eau complétait l'expérience. Gin Tonic, Cheese Fries et soupe à l'oignon. Extraordinairement dépaysant.

Même la simple cuisine de l'hôtel m'a surpris avec son incroyable risotto aux champignons et ses schnitzels de poulet. En gros, une mauvaise location pour entreprendre un régime.

Avant de partir j'ai réussi à soutirer les recettes du risotto et de la crème de champignons au chef (écrite en Bulgare) que j'ai fait traduire depuis. Je cuisine ces merveilles pour Edwina de temps en temps. Elle ne s'est pas encore plainte!

Liste d'épicerie : un seul Néandertal (personnage principal), une demi-douzaine de Cro-Magnon vedettes, quelques dizaines de troisièmes rôles et figurants, des faux corps, des blessures, des animaux, etc. Et aussi, un bébé animatronique au tempérament pas facile.

Ce tournage bulgare a ajouté plusieurs premières dans mes journaux personnels dont :

- tourner avec de vrais condors comme décorations,
- perdre un pari avec un réalisateur pour de la Vodka.
- retouches aux maquillages des acteurs dans une grotte, à 4 pattes,

où des casques de construction sont obligatoires. Heureusement on pouvait les décorer! Le mien est vite devenu comme un mur rempli de graffitis ; têtes de mort cocasses et drapeau québécois, en plus de quelques sacres prisés par les Français de l'équipe.

- reprendre l'acteur d'un de mes co-équipiers à cause d'une morsure d'insecte qui lui enfle la main à un point tel qu'il ne puisse plus la fermer, gonflée comme un ballon!

Quand même une liste intéressante.

J'ai eu l'occasion de travailler avec toutes sortes d'animaux comme co-vedettes, figurants ou décorations 'dangereuses'. Mais jamais avec des condors assoiffés de... n'importe quoi qui se mange.

Les imposants oiseaux de proie enchainés subtilement aux roches sur lesquelles ils trônaient, statues vivantes dans l'énorme grotte. L'équipe avait reçu des consignes précises nous incitant à rester à au moins deux mètres des bêtes, ne pas les fixer dans les yeux, pas de flash, pas de nourriture, etc. sous peine de les 'énerver' et perdre un bras!

La distanciation sociale avec ces bêtes était de mise, plus de 10 ans avant la pandémie de la **Covid-19**.

Un observateur pouvait facilement lire dans leurs yeux noirs qu'elles l'imaginaient en brochette, portant un collier de ses intestins pendant qu'elles se régalaient. Épeurantes bibittes. (J'ai cru remarquer à quelques reprises les prédateurs saliver.)

Avant mon arrivée, l'équipe FX avait eu des problèmes divers avec leurs bébés animatroniques, et ceux-ci ont continué quand je me suis joint à eux en Bulgarie. Les ***"*@#!?\ &*#$%*"*** de patentes marchaient mal. Que ce soit la conception de base, l'humidité dans les servos moteurs ou les ondes radio interférentes, je ne sais pas... mais ***"*@#!?\ &*#$%*. &*(#$ % &*!"***

Les ajustements, renforts, rapiéçages ne réglaient jamais complètement les problèmes à un tel point que j'ai eu droit à une crise (amicale) du réalisateur exaspéré. ***"Merde! Vous allez l'faire fonctionner convenablement ce foutu bébé??"*** Ou quelque chose dans le genre. J'ai promis de tout ajuster pendant la pause de lunch du reste de l'équipe.

"Si ça merde encore, tu me dois un 40oz!
Absolut Vodka"

Suivi d'un clin d'oeil défiant. Lunch. Je me mets au travail.

1 heure plus tard, le bébé vedette faisait toujours des siennes à ***"ACTION!"*** Mes ajustements d'urgence et les gouttes de sueur sur mon front n'ayant rien donné. Au lieu de tourner la tête doucement vers sa 'maman' femme-des-cavernes, il semblait faire une crise d'épilepsie incontrôlable à chaque fois que je touchais la manette.

Le réalisateur a remporté le pari avec moi... j'ai donc dû lui acheter le 40 oz. de la coûteuse Vodka dans un magasin spécialisé de Sofia. J'aurais pu écrire un livre au complet sur les péripéties de tournage avec les bébés radio-commandés de ce projet et de bien d'autres encore!

'La Saga des bébés animatroniques dysfonctionnels!' pourrait être le titre de la compilation. Ou quelque chose du genre.

Avec les *'bald caps'*, ce sont les deux talons d'Achille universels à notre métier, qui ont toujours quelque chose à rechigner dans les moments où ça compte. ***"*@?&*(#$%&*!!!"***

Finalement, un autre film avec un réalisateur français flamboyant et déjanté. Un vrai personnage lui-même... quelle surprise! Eh non.

Mention honorable:

Particulièrement sur ce tournage, mon accent québécois fascinait quelques membres de la délégation française. Et ils prétendaient ne rien comprendre. Je pouvais articuler, ralentir la livraison des mots, utiliser leurs mots, non.

"J'comprends pas c'qui dit l'gars!"

Avec leur propre accent. Un peu frustrant. Éventuellement, l'un d'eux m'a entendu demander à un partenaire québécois,

"Y'é parké où ton char?"

C'était le début de ma carrière d'amuseur public pour les Français, et la fin pour ma tranquillité.

Après cet évènement, j'étais sollicité pour reprendre cette phrase quand un Français trainait un ami ou un visiteur pour ***"écouter le gars du Québec…"***

***"Allez Erik, redit le encore pour Maxime…
ton histoire d'automobile et de stationnement.
Ça nous fait rigoler!"***

"@*(#!*@?#$%&*!!!"*

UNE MÉGA PRODUCTION U.S. À STONEHAM, QUÉBEC.

Plus récemment, pour beaucoup plus longtemps que tout ce que j'ai tourné en location dans ma carrière, **Barkskins** à Québec.

Une ville que nous adorons visiter, comme touristes, mais où je ne vivrais pas. Pas assez *melting pot* culturel. Pas assez bilingue. Une offre de travail de 5 mois sur une production **National Geographic**, donc **Fox Network**, donc **Disney**. Pas un petit budget.

Un projet grandiose, conjointement avec la chef de département maquillage, Edwina Voda, ma femme! Formidable. Les planètes s'alignaient encore.

Des contrats de *'power couple'* où nous sommes chefs de nos départements respectifs, en location, sont merveilleux et trop rares. Quant à travailler sur un projet qui t'éloigne de la maison, aussi bien que ce soit avec ton épouse adorée!

Le tout semble excitant. La série télé de huit épisodes d'une heure chaque, était basée sur le best-seller d'Annie Proulx, explorant les débuts de colonisation au Québec par les Français et les Britanniques. Les frictions et magouilles entre les nouveaux arrivants mais aussi avec les Autochtones.

Toute une leçon d'histoire. Les arrangements véreux curés-politiciens, francophones-anglophones, blancs-Amérindiens. Encore une preuve que le Canada ne s'est pas construit seulement sur la joie et l'allégresse!

La production achète des terres à Stoneham et fait fabriquer quelques villages entiers dont celui des Arrivants français et un campement amérindien spectaculaire, longs condos organiques de deux étages et tout.

On emménagera dans notre appartement temporaire de Québec à la mi-mai après deux intenses mois de fabrication de prothèses, cadavres et animaux à l'atelier de Montréal. Saint-Hubert...

L'équipe Lifemaker passe de 4 à 12 grâce à une mention sur **Facebook** concernant le manque d'artistes-pigistes et stagiaires. Le syndicat était vide d'options viables et il fallait que je trouve un moyen de livrer la marchandise.

Une liste d'épicerie impressionnante qui incluait des dizaines de cadavres, des dizaines d'animaux, des blessures complexes (massacres obligent!). Les brulures au troisième degré sur une bonne partie du corps d'Abraham Benrubi (vedette de **E.R.** pendant plus de 10 ans) et le fameux bouc empesé / articulé à être éventré à l'écran m'excitaient particulièrement.

J'étais gonflé à bloc.

NOTE SAVOUREUSE : s'étant marié en Toscane juste après le tournage de **Barkskins**, Abraham (Abe pour les intimes) a été notre guide virtuel lors de notre propre voyage en Italie dernièrement. Recommandations de restaurants et endroits moins touristiques à visiter, photos et descriptions imagées à l'appui.

Un privilège sans aucun doute. Merci encore Abe! *Miss you big guy*. Si vous passez par Florence un jour : **Mangiapepe**! et **Allantico Vimaio**! Les paradis du sandwich aux viandes pleines de sulfites. DÉLICIEUX. Heureusement que je n'habite pas dans leurs environs immédiats parce que ça me coûterait cher de viandes tranchées.

Plusieurs premières là-dessus, pour moi et la plupart de l'équipe des maquillages FX.

Des conseillers de langues autochtones multiples guidant les acteurs amérindiens ; leur pendant français pour les acteurs anglophones ; des habits toilés d'apiculteur pour éviter de se faire dévorer par les constants nuages de moustiques ; l'utilisation de mixtures artisanales anti-moustiques / protection solaire sur les comédiens lors des maquillages matinaux ; des retouches incessantes dues aux Humidex de +35. Fou.

Ceux qui possédaient des bottes de pêche au saumon étaient bien contents lors des scènes sous les pluies torrentielles, les deux pieds dans de la vase jusqu'aux chevilles.

Une expérience que je ne referais pas mais que je n'échangerais pas non plus.

Travailler en veste de *'screen'* c'est pas sexy et les bibittes trouvent toujours une façon de passer nos défenses. Une fois habillé en apiculteur, quand la mouche à chevreuil est en dedans du costume et non en dehors, ça devient drôle de voir la danse qui s'en suit, sauf si c'est toi qui la fait. Ça complique grandement le travail et les silences de l'équipe pendant une scène.

Côtoyer le seul et unique David Thewlis, que j'aimais bien dans ses rôles de **Fargo** et **An Inspector Calls** mais plus connu pour jouer le **professeur Lupin** dans les **Harry Potter**. *Check.*

Un homme très éduqué, avec un fin humour britannique. On jasait écriture (arcs émotionnels et psychologie de l'antagoniste!) en plus d'échanger sur la rigidité cadavérique. Nos prochains livres respectifs auront tous les deux des corps morts rigides en vedette!

Discuter cuisine avec une de mes meilleures actrices 'épeurantes', Marcia Gay Harden. *Check.*

Sa présence dans **The Mist** où elle jouait la fanatique religieuse qui voulait le fils du héros en sacrifice! ***"Gimme the boy!"*** Avec les dents serrées et son regard perçant, je me voyais dans l'épicerie du petit village du Maine, entouré de brouillard. Elle nous a lâché cette phrase célèbre lors d'une visite de Francis à Stoneham. Inoubliable.

Hors plateau aussi il nous est arrivé quelques mésaventures.

Finissant très tard en soirée une nuit humide de juillet, je stationne le camion fourni à mon département par la production dans une ruelle du quartier. Une ruelle en théorie déserte, loin de regards indiscrets. Comme à l'habitude, j'ouvre la pleine porte de côté du 6-roues pour m'assurer que tous les outils et items sont bien sécures et que rien de mouillé (faux sang!) n'est roulé en boule développant des colonies de champignons.

Ce soir-là par contre, j'avais le fameux bouc éviscéré à l'arrière du camion. Un grand plastique blanc rempli de saleté, de feuilles mortes et d'hémoglobine à base de sucre lui servait de lit. Évidemment, il fallait qu'un passant s'adonne à prendre ce détour pour être le témoin de cette fausse boucherie.

Un long gars mince avec une moustache à-la-D'Artagnan promenant son chien en une soirée d'été.

***"Oh mon dieu! Est-ce qu'y é correct? Oh mon dieu...
Votre chèvre a pas l'air bien Monsieur!"***

Le petit chien reniflait vers mon camion, pas sûr de ce qu'il voyait ou sentait.

***"C'pas une chèvre. Tout est beau.
Y'é faux."***

Ce qui m'a fait le plus sourire dans la situation c'est son choix de mots.

Il a bien dit ***"y'a pas l'air bien."*** Je pense que c'est un euphémisme quand tes viscères et organes vitaux, toujours attachés à ton corps par diverses veines et artères, sont étendus sur une feuille de plastique, hors de ton abdomen. J'ai souri. La panique dans le visage du pauvre gars a monté d'un cran.

Je lui ai expliqué clairement le tournage, le contexte, la scène, etc. tout en manipulant quelques bouts d'intestins de silicone dégoulinants. Le chien s'est mis à lécher le trottoir et les gouttes de sirop de maïs rouge mais son maitre ne faisait que fixer l'intérieur du camion avec des yeux désemparés.

Faut dire qu'il y avait aussi un curé à la tête ouverte, de haut en bas jusqu'à sa nuque, et deux guerriers iroquois étendus plus loin dans la boite. C'était assez évident qu'il n'avait rien entendu de mes explications quand il a rajouté,

"Est-ce que je peux faire quelque chose pour l'aider?
Vous voulez que j'appelle une ambulance? Pauvre chèvre..."

"C'est PAS une chèvre.
C'est un bouc de montagne en PLASTIQUE!
Pas besoin d'appeler d'ambulance animale,
je m'occupe de tout."

Et il est parti, confus, jetant de furtifs regards derrière lui en s'éloignant. Désolé pour le traumatisme, citoyen inconnu de la Ville de Québec.

Le travail est colossal pour tous les départements mais le produit final en a valu la chandelle.

Le concept visuel de la douzaine de corps suspendus à un arbre au beau milieu de l'estuaire souhaitant la bienvenue aux visiteurs de la Nouvelle-France était frappant. La fabrication de ces cadavres d'uréthane a nécessité plusieurs semaines, de nombreux moulages de comédiens et une quantité impressionnante de techniciens / maquilleurs FX.

L'arbre des Iroquois restera toujours une de mes plus spectaculaires réalisations. Entre autres, grâce à la designer Isabelle Guay, avec qui j'avais travaillé il y a longtemps sur **Gothika**.

Malheureusement, cet arbre artistique est aussi un bon rappel que le Canada s'est battit sur beaucoup de morts violentes et inutiles!

Presque 20 ans après avoir remporté le **Hollywood Guild Award** pour **Gleason** (merci encore Greg Cannom et Wesley Wofford de m'avoir trainé!) mais passant juste à côté d'une nomination aux **Emmy Awards**, on soumettait de nouveau un projet. **Barkskins**. Doigts croisés.

J'ai eu un deuxième **Hollywood Guild Award** en 2019 grâce au long tournage à Stoneham? Non. Ou une première nomination aux Emmy Awards à vie? Non plus. Mais nous étions près du but.

Peut-être un jour...

NOTE DÉSERTIQUE: Un moment extraordinaire vécu encore avec Abe Benrubi. La roulotte orpheline.

Son personnage se retrouvait éventuellement avec de nombreuses brulures au deuxième et troisième degré sur tout le corps. Un maquillage impressionnant à appliquer et à porter mais qui nécessitait plusieurs de nous et au moins 3 heures d'application. Près de 90 minutes pour tout décoller à la fin. Quand la journée se termine à 2 h et que nous tournerons dans une autre location le lendemain, toutes les roulottes changent d'endroit simultanément.

Toutes les remorques sont alignées. Tous les chauffeurs attendent impatiemment que les comédiens et l'équipe s'en aillent pour accrocher le tout et rouler vers le nouveau site.

Mais dans le cas du brûlé sur Abe, les déménageurs de roulottes n'ont pas attendu que le dernier acteur quitte avant de déménager la base. Résultat: les 3 maquilleurs et Abe sommes sortis de la nôtre un peu avant 4 h au beau milieu d'un désert.

Tout avait bougé mis à part la roulotte du démaquillage. Tout. Il ne restait qu'un gardien de sécurité ronflant dans sa vieille **Honda**. Rien d'autre. Rien.

Et cette situation est arrivée 2 fois en 30 ans. Toutes deux avec un acteur de 2 mètres, plus de 130 kilos. L'autre étant Kwasi, notre Orc sur un commercial pour **Hélix / Vidéotron** vu à des centaines de reprises durant les séries éliminatoires de 2021 pour ceux qui ont suivi les Canadiens. Une fois les prothèses de Kwasi ôtées nous sommes tous sortis de la roulotte au milieu d'un désert de terre, roches et traces de pneu.

MON HISTOIRE D'AMOUR AVEC LA ROUMANIE.

Une décision qui allait changer le reste de ma vie. Premièrement, c'est là que j'ai rencontré Edwina, donc le titre du chapitre serait déjà justifié. ***"Mais il y a plus encore!"*** comme lancerait un vendeur hyperactif à la télé nocturne!

Un pays qui est devenu une grosse partie de ma vie professionnelle et personnelle. Commençons avec l'évidence. Bucarest ce n'est pas Los Angeles en ce qui concerne le cinéma pour grand public. J'y allais un peu de reculons, par curiosité, pour la paie. Ça a rapidement changé!

L'explorateur en moi, celui qui s'excite à découvrir d'autres cultures, nourriture, monnaie, vêtements, a pris le dessus. J'étais comblé. La langue semi-compréhensible pour mon cerveau, le nom des automobiles (**Megan, Matiz**, **Tipo**, **Uno**, **Cielo**, **Panda**, **Viva**... pas beaucoup de **Mustang** ou **Corolla**), les plats locaux genre 'cubes de gras de porc' crus ou panés, ou encore la 'soupe d'estomac de vache'. (*'Jumari'* et *'Ciorba de burta'*)

J'ai tourné plusieurs projets dans ce beau pays riche en histoires de conquêtes, dictateurs et trahisons. Le 'pays de **Dracula**' était tout ce que j'en savais quand j'ai reçu l'offre d'Irene, ma productrice, pour y déménager près de deux mois. Ma seule référence : le film que j'écoutais aux 24-heures-du-10 alors que j'avais 10 ans, **Le Bal des Vampires** de Roman Polanski. Château, vampires, gousses d'ail, sommets de montagnes enneigés.

C'était un pays fraichement sorti du communisme et un endroit mystérieux pour moi. Comme tous les touristes, je pensais déjà à serrer la main du comte buveur de sang! Toutes les habitations locales décorées de grappes de gousses d'ail dans tous les coins des salons et chambres à coucher.

Grosso modo, j'y allais à l'aveuglette, poussé par l'aventurier intérieur.

C'était bien beau de prendre des décisions et faire des recherches mais il fallait monter une équipe et préparer de l'équipement.

Puisque la majorité des moulages et de la fabrication se ferait directement là-bas les énormes cercueils de bois nous servant de caisson de transport sont remplis d'outils et matériaux bruts plus que de produits finis, contrairement aux autres tournages extérieurs. On emmène donc des poches de plâtre et des '5 gallons' de silicone plus que des prothèses toutes prêtes à poser sur les acteurs. Après l'empaquetage de 4 de ces caissons, l'atelier a un air désertique.

Mon assistante pour toute la durée du tournage en Roumanie me tombe du ciel grâce au *'Bonhomme Bleu du Gouvernement'*, **Vasy**.

Une chef maquilleuse avec qui nous avions tourné **Le Marais** de Kim Nguyen un peu plus tôt dans l'année et qui avait pris la relève pour maquiller le personnage **Vasy** lors de sorties promotionnelles dans l'Est-du-Québec. Elle saute sur l'occasion de voyager en Europe de l'Est sur un contrat de prothèses et de fantaisie du genre de celui-là. **Wind in the Willows**.

BIBI! Plaisante, expérimentée, minutieuse et un oeil pour les couleurs sans égal... à part pour celui d'Edwina, évidemment! Ça adonnait bien que les deux étaient sur ce projet avec moi.

Elle a été mon bras droit, mon bras gauche et ma confidente en Roumanie. Heureusement.

La minisérie était basée sur un roman plusieurs fois millionnaire, dans la catégorie des ***'Dracula'*** et de la ***'Sainte Bible'*** en fait de livres vendus sur la planète. Le scénario met en vedette un crapaud, **Toad**, un riche qui est accro à la vitesse, et ses 3 amis **Badger**, **Ratty** et **Mole** qui essaient d'éviter des accidents à leur compagnon amphibien. Respectivement, un blaireau joué par le bougon Bob Hoskins, un fin rat et une taupe.

Ça me permet de créer plusieurs maquillages de prothèses pour ces personnages fantaisistes. Ils devaient rester humains mais avec quelques ajouts de bouts d'oreilles, nez cocasses, dentiers démesurés et lentilles cornéennes. En conjonction avec les fabuleux costumes d'époque et des coiffures folles, le look final des personnages est magique.

Après tout, c'était un spécial de Noël pour la **BBC**, donc budget et divertissement étaient au rendez-vous.

J'y rencontre des super vedettes dans l'Europe anglophone qui sont relativement inconnues pour moi à ce moment, Matt Lucas (**Toad**, le crapaud) et Mark Gatiss (**Ratty**, le rat). Ces deux comédiens sont scripteurs de leurs propres séries humoristiques à la télé britannique, nous garantissant des fous rires durant tout le tournage.

Le jour 1, nous sommes en extérieur, une scène au beau milieu d'un champ, mais la météo nous joue un mauvais tour. Nous avons un délai de pluie. L'attente inévitable des métiers du cinéma.

Éparpillés aux 4 coins d'une des petites cabanes rustiques faisant partie du décor féerique, assis sur des ballots de foin et des caissons de bois, notre fond sonore était un feu incessant de gouttelettes qui résonnait sur le mince toit de tôle rouillée.

L'équipe maquillage / coiffure / costumes était à l'abri avec les deux acteurs principaux, patients. Jusqu'à ce que l'un d'eux nous raconte d'une douce voix une histoire d'amour d'un jour. On croyait…

On buvait ses paroles. Il disait qu'il marchait sur la rue, seul. Puis il a remarqué un autre passant tout aussi souriant, puis ils se sont mis à chanter une version mélodieuse de ***'Singing in the Rain'***, puis une pause dans son anecdote. Un sourire narquois. Il se tourne vers nous.

"And then he sucked my cock …"

C'est là que je me suis rendu à l'évidence. On allait avoir un tournage hilarant et censurable avec ces vedettes britanniques débridées.

C'est grâce aux premiers jours de cantine et traiteurs ici que j'ai formé ma célèbre phrase : ***"Le porc est le légume #1 de Roumanie!"*** Réutilisée par la suite à maintes reprises par toute l'équipe britannique avec nous, et par moi depuis.

Sur tous les autres projets que j'ai tournés en Roumanie depuis 15 ans, ma théorie du légume #1 = porc s'est confirmée.

Entre les semaines de tournage, les quelques Britanniques et Québécois de l'équipe s'organisent toutes sortes de visites et activités pour découvrir le pays.

Premier sur la liste, le **Château de Dracula** à Bran. Évidemment.

Une patente touristique au même titre que le **Loch Ness** et son monstre, les sorcières de **Salem** ou les menhirs à-la-Obélix de **Stonehenge**… des millions d'Euros en t-shirts, tasses à café et porte-clés sans aucune preuve de rien. Juste des mythes lucratifs. (Je suis le premier à y aller et acheter un exemplaire de chacune des bébelles malgré tout!)

Les guides du ***'Bran Castle'*** moussent la légende de **Vlad l'Empaleur** en nous racontant toutes sortes d'anecdotes plus ou moins basées sur des semi-faits. Des visions de conquêtes sanglantes et de boucheries gratuites. Mais, j'ai Edwina pour ajuster le tir, tempérant le tout avec une leçon d'histoire plus réaliste.

Pas mal tous les Roumains s'entendent pour dire que Vlad Tepes, le vrai politicien / conquérant cruel sur lequel le personnage de **Dracula** est basé, n'aurait même jamais mis les pieds à Bran. Mais c'est un cool château au haut d'une montagne. Et ça fait de belles photos!

La visite m'a tellement marquée, pas par effroi ni traumatisme psychologique, mais bien par fascination sur le phénomène touristique macabre, que j'ai utilisé le thème pour mon premier scénario ***'Steve's Roadtrip'***. Une histoire de choc culturel / suspense où deux ados décident de quitter leur maison de Montréal pour aller visiter le ***Bran Castle*** en *backpackers*.

Évidemment, ils rencontreront une famille de tueurs en série rendus là-bas... rien à voir avec le vampirisme. Mais le cheminement de Steve sera un autre roman en soi, si le scénario ne trouve pas preneur.

Une fois bien avancés dans le tournage de **Wind**, les producteurs décident que les 3-4 souris jouées par des enfants deviendraient plutôt 30-40 souris additionnelles jouées par des gymnastes, certains Olympiens. Une balle courbe qui me force à découvrir les matériaux et fournisseurs locaux en plus de demander l'aide de ma future épouse. GO!

En plus des oreilles à grands pavillons arrondis les souris devraient aussi avoir chacune un dentier *'custom'* aux palettes démesurées et on doit donc mouler tout-l'monde en un seul après-midi. La scène se tournait 6 jours plus tard.

La plus grosse surprise pendant ce tournage pivot de carrière, à part la rencontre d'Edwina, fut évidemment l'invitation au mariage huppé londonien. Notre vedette se mariait en grande pompe et voulait que l'équipe Britanno-Québécoise de maquillage-coiffure y soit! Ce séjour en Angleterre à la soirée de noces de Matt Lucas a déjà eu son propre chapitre au début du livre...

Autre surprise ici, le *'médic'* de service. Sur les plateaux de tournage nord-américains nous avons des 'médics' en cas d'accidents de travail. Des genres d'ambulanciers sans véhicules. Mais en Roumanie notre médic était un médecin. Un docteur en médecine, pas un ambulancier ou pompier arrondissant ses fins de mois. Ça me fascinait et je me suis donc informé. On m'a dit que ce n'est pas nécessairement plus ou moins payant que la pratique en clinique mais bien un choix d'environnement de travail et d'horaires. C'est plus cool, moins stressant.

Depuis mon introduction à l'Europe de l'Est avec **Wind in the Willows**, j'ai survécu à plusieurs autres tournages là-bas. J'y retourne entre autres pour un *deal* de 3x longs métrages bout à bout, commençant par **Creature** (maintenant **Gargoyles** en DVD?). Mais je ne terminerai que celui-là des 3 prévus dû à des différences artistiques et financières avec un des producteurs. Je voulais être payé, eux voulaient que je travaille gratos. Conflit d'intérêts entre deux parties.

Démission.

Je remballe et reviens au Québec.

Mais ce long métrage a été très excitant à faire. Encore une fois, avec Edvi comme chef maquilleuse (les longues journées semblent moins pénibles en duo amoureux) et je suis certain de collaborer avec une talentueuse et expérimentée professionnelle. En plus, mon fils Francis était mon assistant FX. Un été unique pour un enfant de 12 ans, et un souvenir touchant pour un fier père. Sans compter que c'est plus payant d'assister aux FX que d'emballer au **IGA** comme ses copains!

La vedette féminine était Caroline Néron, que j'avais déjà croisée sur un film de vampire québécois, mais jamais travaillé avec elle.

Elle m'a beaucoup impressionné... pour une histoire de chats! Comme la plupart des locations de tournage en Roumanie, celle-ci, au beau milieu de Bucarest, était parfaite pour donner un effet lugubre et antique à la scène. En fait, on tournait dans une église orthodoxe bicentenaire mais l'un des évènements le plus marquants est arrivé à l'heure du lunch dans l'immense cimetière qui entourait l'imposante structure.

Certaines pierres tombales, des oeuvres d'art pleines de caractères, dataient des années 500! Pas 1980... 1580. 580. C'est vieux. Les caveaux familiaux compétitionnaient entre eux en architecture et facteur d'épouvante. Les vers avaient fait leur travail sur les cadavres y'a plus d'un millénaire.

Des bâtiments qui ont des centenaires sous la cravate sont poussiéreux. Même parfois, ils sont remplis de moisissure dangereuse (du *'black mould'* mur-à-mur!). Cette situation nous forçait à prendre des pauses fréquentes durant la journée pour respirer un peu d'air frais, situation qui plaisait bien aux fumeurs. Aussitôt le gros plan de la vedette masculine terminé, celui où il atteint la gargouille du titre avec une carabine de fortune, l'équipe exige une pause Oxygène.

Je jasais de tout et de rien avec notre actrice principale entourée de caveaux familiaux gothiques tout en commentant la beauté et la richesse de l'impressionnant cimetière. Puis on a entendu de faibles miaulements.

On s'attendrit tous les deux lorsqu'on voit ce petit bout de fourrure sortir d'un trou sous l'un des caveaux abandonnés. Les ***'OOhh...'*** et ***'AAaahhh...'*** venaient en succession de nos bouches. Notre excitation est coupée court par un Roumain éméché qui entre dans notre champ de vision d'un pas décidé et botte le chaton de l'autre côté du chemin!

Mais la petite bête avait une alliée, Caroline Néron. Elle passa instantanément en mode pitbull et bondit vers l'agresseur. Elle était pompée et avait du feu dans les yeux. Je l'ai attrapé à bras l'corps et l'ai retenu pour qu'elle ne saute pas sur le gars qui souriait, totalement inconscient du pourquoi de cette explosion d'agressivité de la part d'une comédienne étrangère.

J'imagine que c'était normal pour lui de botter des minous qui voulaient se coller pour se réchauffer. Ce n'était pas normal pour Caroline ni pour moi.

Malgré qu'il était unilingue, Caroline a passé au travers du dictionnaire des insultes en le poivrant,

"Prends-toé-z'en à du monde de ta grosseur, lâche!"
"J'vas t'en crisser une mon Tabarnak!"

Et ainsi de suite. Impressionnant et troublant.

Pendant que je la retenais avec une savante prise de l'ours de toutes mes forces, tous les sacres, conjugués à tous les temps, ont résonné dans le cimetière. Caroline est forte! Une demoiselle motivée pour défendre les opprimés...

Pour rajouter au mythe positif de Caroline, Francis aimait bien lui jaser et elle se prêtait au jeu. Il l'appelait ***"mon amie Caro"***.

J'pense qu'elle aime les chats. Elle m'a impressionné et je l'ai vu d'un tout autre oeil après l'évènement. Elle aussi, comme le cascadeur roumain de 2 mètres, est devenue une 'amie' de Francis qui avait toujours hâte de les saluer en arrivant au plateau.

C'était fascinant pour le reste de l'équipe de voir fiston manipuler la pompe pour arroser de sang le sol de pierres et les murs craquelés d'une ruelle avant d'y installer un corps de femme dépecé par la gargouille. J'en avais la larme à l'oeil...

J'ai rencontré un grand bonhomme cascadeur / acteur / bon vivant qu'on m'avait affecté pour jouer la créature du titre. Il était aussi devenu le meilleur ami de Francis durant le tournage. Une gargouille de plus de deux mètres de haut qui enlevait et dévorait des citoyens de Bucarest la nuit. Quand on visite la ville, on s'arrange toujours pour se payer une bonne bouffe au **Teppanyaki** de l'hôtel **Radisson BLU** avec ce cascadeur maintenant ami, Florin. Je ne ma tanne pas de voir les chefs japonais lancer des crevettes dans les airs pour les rattraper avec une fourchette ou enflammer leur pyramide de tranches d'oignons. Les chefs japonais font la même chose quand ils sont en Roumanie.

Quelques années après (2009?), Edwina y retourne pour une série télé *à-la-**Saturday-Night-live***; des sketchs comiques et une grande quantité de personnages à maquiller semaine après semaine. Lors d'une visite conjugale roumaine, en congé de tournage du film français loufoque **Fatal Bazooka** à Montréal, je la surprends à ce qui leur servait de studios télé, le **Odeon Theater** à Bucarest. Un vol transcontinental pour faire plaisir à sa bien-aimée!

Surprise coûteuse mais romantique à souhait.

Je participe à quelques maquillages complexes avec elle dont la femme 'cochonne'. L'animal pas la libido. (une sorcière? un mauvais sort? génétique défectueuse? je ne me souviens plus) *Anyway*, le personnage vole le show de ce sketch grâce au duo prothèses / interprétation extravagante de la comédienne.

J'ai aussi eu la chance d'accompagner Edwina au Gala des **Gopos** en 2010 où elle est nominée pour *'meilleurs maquillages cinéma'*. Le **Gopo** c'est l'**Oscar** roumain. Rien de moins. Une soirée toute en tuxédo, tapis rouges et Paparazzi. Où je ne connais aucune des célébrités, évidemment.

Mais le plus mémorable projet de la vieille Europe, pour des raisons complètement folles: JESTER. **The Jester from Transylvania** pour être plus précis. Un long métrage qui ne verra probablement jamais la rétine du public.

Pour commencer, on tournerait dans les montagnes reculées et isolées de Transylvanie à une centaine de kilomètres d'une grande ville. Indice d'aventure et problèmes potentiels. Ce que l'on n'emmenait pas avec nous dans les bagages serait sûrement difficile à trouver une fois rendus en forêt!

Ce projet s'annonçait quand même bien avec une liste d'épicerie intéressante... mettant en vedette James Frain (**Gotham**, **True Blood**) et un Irlandais intense et humain que je considère comme un ami, Emmett Scanlan. Ajoutez des retrouvailles pour Edwina avec mon *'crackpot'* Canadien favori, Michael Ironside, M. tête-qui-explose dans le classique **Scanners** en personne! Saupoudré avec une idole de jeunesse de western spaghetti, Franco Nero et quelques débutants du Brésil et de l'Allemagne. Une brochette d'acteurs diversifiée pour un scénario décousu.

Sans oublier une visite de la belle-famille roumaine au grand complet sur le plateau. Tout y était pour que ça devienne un projet fétiche, inoubliable, même si les producteurs ont manqué de fonds en court de route.

Dès le premier jour, je commence à prendre des notes en parallèle avec mon journal personnel que je traine depuis plus de 10 ans à ce moment. Mon sixième sens me criait fort d'investir le 30 minutes par soir à gribouiller les évènements de la journée. Des notes de tournage.

La raison : tout ce qui se passe en coulisses sur Jester me fait m'exclamer,

'Wow. Je devrais me souvenir de ça
pour en faire une comédie un jour!'

Ça me traversait l'esprit des dizaines de fois par semaine et c'est ce que j'ai fait. Prendre des notes sans arrêt devant même me magasiner un nouveau calepin / journal au village local. Six ans plus tard, je suis à peaufiner le scénario de la comédie **The ALMOST making of Jester** avec un co-scripteur américain d'expérience.

Pour vous donner une idée, voici quelques courts extraits sortis directement de mes notes, mots pour mots, *'frenglish'* et tout. Un avant-goût du contexte général :

- ... Les végétariens n'ont que des patates à bouffer la première semaine... La face d'Emmett quand la vieille Roumaine lui a présenté une assiette de patates fumantes valait un million. Seulement ça dans l'assiette. Wow. Vérifier s'il y a un Marché Noir pour des légumes ou des barres protéinées?? Essayer d'offrir du $$$ à un chauffeur pour détourer par une grande ville. Filon à explorer.
- … *great villas, lots of booze in the fridges!!* J'espère qu'il n'y a pas un alcoolo dans l'équipe! Mais j'en suspecte déjà 2. Trop d'alcool va nous compliquer la vie à 5 h quand un acteur sue trop à cause d'une cuite de la veille. Anti-perspirant sur le visage? Pas sûr. Parler à Edvi du possible problème. Anti-perspirant non parfumé? Sans prescription. Pharmacie dans l'coin??
- … Il y a au moins 2 alcoolos sur le tournage. C'est confirmé après seulement 2 semaines. Ça promet. J'pense que notre frigo se fait vider de bières et bouteilles de vin un peu plus chaque nuit. Un des acteurs étrangers visite notre villa??
- ... l'équipe FX roumaine est plus équipée que la prod. **Nespresso**, snacks, génératrice, chaises longues, micro-ondes et **Pizza Pockets**. Pas leur premier rodéo. Je dois me mettre chum avec eux! (y sont sympathiques en plus.)
- … des figurants qui changent de barbe ou chapeau pour incarner plusieurs rôles! Du jamais vu pour moi. Bobbi (vrai nom Mircea), jouait à lui seul **Hunter 1**, **Hunter 3** et **Man-in-street**. On a filmé un plan où il court en jouant l'enragé, alors que dans l'autre plan, il essaie de sauver sa peau en panique. Finalement, il se court après

lui-même dans l'une des scènes grâce au montage…

- … mémo officiel de la production qui devrait être envoyé à l'équipe: *'on ne règle qu'un seul problème par jour. Après ça, c'est votre problème.'* (En Roumain: *O problema pe zi!* = Un problème par jour.) Je vais faire imprimer des t-shirts avec ça! Une production normale en gère 100 quotidiennement. On était donc *short* de 99.
- ... En attendant de mettre sur pied un Marché Noir efficace pour nos acteurs végétariens et véganes, Edwina et moi leur donnons nos 3 douzaines de barres protéinées venues directement de Longueuil. Le Marché Noir embraye au début de la troisième semaine. Des heureux des 2 côtés des transactions pour le reste du tournage!
- … quelques acteurs préparent une grève à cause de paiements déficients par les producteurs. Il y a aussi les techniciens de 3 Continents différents qui sont lésés mais n'ont pas le 'poids' pour les imiter dans un arrêt de travail. Ça sent la fin avant la fin… à suivre. Manque à gagner de 6 000 $ pour moi pour l'instant. Grève pour moi aussi?? À jaser avec Edvi et les acteurs britanniques. Toute l'équipe s'était vue refuser l'accès au plateau par les propriétaires du chalet la veille à cause d'un défaut de paiement. C'est généralisé.
- … un des acteurs principaux s'est blessé lors d'une excursion en 4-roues dans les montagnes. Notre chauffeur local avait une bière dans les mains pendant les cascades! Commotion cérébrale légère et lèvre fendue.
- … une de nos actrices qui réclamait des fruits refuse les pommes qui ne sont pas assez *'crunchy'*.
- … M. X perd toujours ses pantalons quand il a trop bu et les cherche le lendemain. ***"Quelqu'un a vu mes pantalons?"***

J'ai des pages et des pages de notes qui m'ont permis d'écrire mon scénario loufoque. Ça donne une idée.

Edwina est chef de département et notre amie commune, une merveilleuse chef coiffeuse, est la superwoman Lidia. Elle s'occupe d'organiser nos temps morts touristiques et instaure une cuisine au beau milieu de la salle de maquillage / coiffure pour contre-balancer la nourriture rare et douteuse fournie par la production.

Le crockpot avec les perruques dans un coin, le *toaster-oven* entre deux miroirs, un garde-manger à aire ouverte et la glacière aux pieds des acteurs. Elle s'arrange toujours pour planifier quelque chose d'inoubliable tout en cuisinant pour nous entre les comédiens amusés qui défilent sur sa chaise. Eh oui, encore de l'inoubliable. C'est pour ce genre de situations que j'ai écrit le livre du Blaireau Mécanique aux Oscars!

Un festival de chocs culturels. Britanniques, Roumains, Canadiens (francophones et anglophones), plus jeunes, plus vieux, nourriture... etc. Une prémisse parfaite pour des flammèches ou des rapprochements.

Pendant ce tournage dysfonctionnel en Transylvanie, le film **X-Men : Apocalypse** sortait en grande première sur les écrans mondiaux. Edwina avait été chef deuxième unité pour tout ce projet alors que j'avais eu la chance de fabriquer quelques accessoires cools et d'être le maquilleur privé du géant Gus pour quelques jours. (il appairait dans la peau de **Blob** pour 7 secondes dans le montage final, peut-être moins)

Dans un flash de génie d'autocongratulation, et après une jasette bien arrosée avec Edwina, je décide d'imiter Halle Berry. Lors du tournage de **Gothika**, elle avait invité toute l'équipe à un visionnement exclusif de **X-2** au Paramount de la rue Sainte-Catherine. Le deuxième **X-Men** de la série où elle jouait **Storm**.

Elle avait aussi invité ses co-vedettes Robert Downey Jr. et Charles

Dutton. Évidemment. Deux compagnons de visionnement rare pour le commun des mortels. Trois si on inclut Halle!

On convie donc une dizaine de *'cast and crew'* voir ***X-Men : Apocalypse*** dans la ville la plus proche de nos montagnes perdues, Targu Mures, à près d'une heure de nos Villas de production. À ma grande surprise, le cinéma offrait des salles VIP avec *bar open*, menu d'amuse-bouches et desserts. Parfait pour mon coup de charme. On réserve pour douze personnes.

Tout notre groupe entre dans l'une des nombreuses salles de l'impressionnant **Cinema City** avec une coupe de champagne à la main pour être escorté vers une banque de gros sofas confortables, après avoir sélectionné nos hors-d'oeuvre. À choisir sur une tablette électronique : ailes de poulet, bouchées de pizza, assiettes de crudités et charcuterie et Popocorn assaisonné, à volonté. Ai-je mentionné *BAR OPEN?*

Je dois dire que d'être assis dans la salle avec mes amis pendant que les crédits défilaient à la fin du film fût extraordinaire. Quand le nom 'Edwina Voda' est apparu, notre groupe s'est mis à applaudir, puis un peu plus loin, 'Erik Gosselin' s'est aussi pointé pour une autre ronde d'applaudissements et de *high five*. Le reste de la salle se posait des questions. La pute à trophées était contente. Un moment de poussière dans l'oeil.

Merci Halle pour la bonne idée!

Mon dernier contrat professionnel en Roumanie sera **The Wanderers** qui est éventuellement devenu en DVD ***'The Wanderers : the legend of the demon hunter'***. Mettant en vedette Armand Assante et quelques apparitions suspectes de fantômes et démons divers. Un film d'horreur *'direct to video'* standard.

Mon dernier tournage en Roumanie, oui, mais le premier où j'ai droit à une roulotte 'maquillages FX' comme celles que je suis habitué d'avoir ici. Des miroirs, des néons, des chaises hi-Tech. Du moderne.

L'équipe de production locale est extraordinaire et j'aime tout-l'monde. Ils me traitent comme un membre de la famille royale, vraiment aux p'tits oignons. Edwina est de nouveau chef de département et la superwoman Lidia est encore chef coiffeuse, entre autres. Parce que finalement, la responsable des cheveux pour **Jester** et **Wanderers** a aussi été assistante aux maquillages FX, cuisinière, gérante, stand-up, guide touristique, négociatrice, confidente, traductrice et amie. (*Mersi mult pentru tot. Mie dor de tine Lidia! XXX*)

Vu les locations éloignées de Bucarest, j'ai la chance de visiter des sites locaux que je n'avais jamais pu voir.

De majestueuses églises comme La **Reformed Church with two towers** et le **Temple Franciscain**, ainsi que les cimetières empreints d'histoire tel le **Central Cemetery** datant du 16ème siècle.

Et surtout, la **Salina Turda**, impressionnante mine de sel au plafond de 30 mètres (!!!) où l'on peut jouer au Mini Golf, au bowling ou aller dans la Grande Roue tout en mangeant des hot-dogs. Une grande roue. Dans la terre. Plus de 100 mètres SOUS terre en fait, plancher, murs et plafonds de SEL dur ressemblant à une patinoire. Dans ma tête, quand on me parle d'une mine de sel, je vois des cavernes au plafond bas. De sinueux corridors comme ceux dans **Blanche-Neige et les sept nains** quand ils minent des cristaux. Mais pas celle-là.

Une machine **Interac**, des jeux d'adresse de foire, un magasin de souvenirs, des cabines pour prendre des photos. La senteur âcre et l'humidité toujours présentes nous rappelant que nous sommes loin du gazon et du soleil. FOU!

Si vous étiez dans le **stade Olympique**, debout au beau milieu du terrain et que le sol, les 65 000 bancs et le toit ressemblaient à de la glace salée et chaude, ça vous donnerait une idée de l'expérience. C'est

Salina Turda.

INCROYABLE! Tout ça éclairé par d'impressionnantes banques de néons donnant une lueur magique aux surfaces de sel poli.

Lidia a aussi mis sur notre liste quelques châteaux et restos fabuleux de la région. Beau mois de collaboration professionnelle et de tourisme entre amis, entrecoupé d'autres moments de tournage loufoques.

J'avais tourné l'une des grosses scènes où plusieurs invités à un grand souper Royal se font égorgés et transpercés par la **Reine des Vampires**. Et celle qui la verra recevoir une hache dans le crâne par le héros. Le faux corps empesé de l'actrice avait bien performé et son cerveau glutineux avait dégouliné, dans un ralenti bien calculé. Une belle trainée du crâne ouvert jusqu'à la bordure de la table de buffet pour atterrir sur un épais tapis blanc. Mais j'aurais besoin d'aide pour les deux autres scènes du film plus prenantes. Lio!

J'ai même eu l'autorisation de faire venir mon talentueux ami Lionel Lê pour assister sur la **Sorcière-sans-Yeux** et le **Zombie Étêté**.

Avion Belgique-Roumanie, chambre luxueuse et paie décente pour un vieux collaborateur qui m'avait épaulé pendant plusieurs mois au Québec sur des projets comme la série U.S. **Being Human**. Ou sur les blockbusters **Riddick** et **Immortals**, traficotant des costumes sculptés sur mesure pour Messieurs Diesel et Rourke. Bien content de pouvoir le remercier pour les services rendus dans le passé en lui faisant découvrir la Roumanie.

Pour le personnage de la Sorcière, nous avions prévu utiliser Rodica, une actrice/figurante avec un peu d'expérience de prothèses. On planifiait depuis des semaines les moules et les **Photoshops** avec son faciès et son corps.

Dans les jeux de coulisse par contre, ceux entre producteurs et artistes, ceux qui se passent en privé, tout peut arriver. Deux jours avant de tourner la scène, on apprend que Rodica est OUT. Raisons douteuses et floues mais on n'avait plus notre sorcière.

J'avais encore frais à la mémoire la figurante négociatrice sur **Creature** qui kidnappait les maquillages une fois terminés pour recevoir une meilleure paie. Donc, je n'étais pas surpris de la démission non professionnelle de notre sorcière originale.

La responsable du casting, avec le message au maire de la ville ***"recherche gens laids, très laids, pour figurer dans un film"***, nous en trouva une autre au village où nous allions tourner cette scène. Pas trop alléchant pour l'égo, mais nous avons eu une nouvelle actrice pour le rôle malgré ça.

L'heureuse élue est une femme dans la trentaine qui a une certaine expérience d'hôtesse / mannequin mais pas d'actrice ni de colle dans le visage. La très belle, miniature et unique Corina. Pas laide du tout...

Surprenamment, on ne manquera pas de figurants généraux non plus. Faut croire qu'il y a d'autres putes de lentilles que moi dans l'monde!

À mon avis, pas assez longiligne et trop de poitrine pour jouer une sorcière décrite dans le scénario comme 'émaciée'. Le personnage nécessitait une grande squelettique 'moche', d'après les descriptions du réalisateur. Mais, le vrai titre de mon métier étant 'solveur de problèmes', je relève le défi.

Elle se présente à 5 h à l'amoncellement des roulottes installé au beau milieu de la place publique du village. Des dizaines de curieux entourant le campement épiaient chacune de nos entrées et sorties des roulottes.

Corina était intimidée, hésitante, gênée et parfaitement unilingue. Beau défi d'adaptation pour toutes les parties. En plus, on doit compléter ce maquillage dans un presbytère désaffecté adjacent à l'église 'hantée' qui servait de plateau. Ce sont des décors féeriques là-bas, à bon marché.

Gagnant-gagnant.

Lionel et moi on commence à appliquer des prothèses et jaser couleur en mode improvisation. Après une heure, le personnage semble bien parti. Deux heures plus tard, elle est superbement effrayante. Bravo Lio, maitre des veines! Et merci encore de ta participation style *impro-rush à-la-**Face Off***.

Au lunch, fasciné et curieux, je visite l'énorme bâtisse aux murs bourrés de craques et de moisissure. Elle faisait son âge. Chacune des pièces me ramenait cent ans en arrière avec les photos sépia de gens lugubres, ses lustres remplis de toiles d'araignées et ses meubles de vieux bois. Un presbytère énorme pour un seul curé. Mais le clou de la visite pour moi fut le grenier.

Je me suis glissé par l'étroit escalier aux marches grinçantes jusqu'au deuxième étage pour passer par une trappe dans le plafond. Quelques rayons de soleil s'infiltraient par deux petites fenêtres qui donnaient un effet de rêve à la vision. Un tricycle pour enfant, une marionnette à fils bouche ouverte et yeux vides, deux énormes BBQ artisanaux rafistolés. Beaucoup de cuir et d'anneaux de métal comme on aurait pu en voir dans une écurie, des jouets d'enfant cassés, une longue faux rouillée comme celle que la Mort tient dans les dessins animés... Une vente de garage de film d'horreur, éclairée par des rayons de soleil poussiéreux.

La chaise berçante isolée dans un coin, un must dans ce genre de résidence hantée, semblait vouloir bercer par elle-même... mais n'a jamais bougé en ma présence.

J'avais littéralement des frissons dans l'dos mais la fascination pour le curé du petit village vaquant à ses occupations ici me poussait à continuer d'explorer. Qu'est-ce que cet homme d'âge mûr, seul, fait de toutes ses journées quand il ne récite pas les messes?

Tout au fond, j'ai remarqué des grands canevas faisant face au mur. Des cadrages d'au moins 2 mètres carrés sur lesquelles quelques moins imposants s'appuyaient. Plus d'une douzaine de toiles en tout.

J'ai retourné le premier, le plus petit. Un croquis de visage de femme, croche, amateur. Puis les deux autres. Des paysages ordinaires. On aurait dit que des enfants en garderie les avaient peints. Puis je suis arrivé à l'une des plus grandes toiles que j'ai retournées de peine et de misère tout en soulevant un épais nuage de poussière étouffante.

Comment décrire? La toile représentait une femme debout, des genoux à la tête, au style un peu **Picasso**. Déformée. Avec de grands yeux croches, une bouche grimaçante et un faciès simpliste. Mais elle était nue. Son poil pubien ressemblait à une perruque triangulaire bien fournie, trop fournie, et ses seins n'étaient que deux triangles démesurés aux mamelons carrés.

J'ai vérifié l'autre demi-douzaine de toiles géantes... toutes similaires. *'Power bush'*, seins torpilles, yeux croches. (Un merci particulier à mes amis d'adolescence pour le terme politiquement incorrect de *power bush* qui me semblait approprié ici) J'ai pris plusieurs photos, comme preuves, tout replacé et suis parti, chair de poule et curiosité toujours bien présentes.

Je m'étais dit que sans preuves tangibles, on ne me croirait pas 10 ans plus tard. Et bien voilà.

Le *hobby* du curé. Les humains sont quand même fascinants.

Un sermon moralisateur de jour, un petit repas arrosé de vin de messe au souper, puis quelques heures au grenier à peindre des femmes difformes remplies de frustrations sexuelles refoulées sur des canevas géants. Y'a pas de sots métiers ni de mauvaises psychoses.

En après-midi, on a filmé notre sorcière enragée recevant de l'eau bénite en plein visage dans le coffre arrière d'une vieille auto sport. Et la tête coupée du zombie qui éclate dans une des fenêtres de cette même **Mustang**. Puis nous sommes rentrés à l'hôtel, satisfaits. Extatiques en fait. Une tournée de *high fives* et sourires s'en est suivi. Corina nous a sauvés par sa présence et son courage. Lionel m'a sauvé par son talent.

En soirée, dans le confort de l'hôtel, assis avec Edwina, Lidia et Lionel, nous avons siroté une bière froide sur le bord de la piscine illuminée. Je leur ai montré les photos prises au grenier du presbytère ce qui a engendré une grande discussion sur la religion, la psyché humaine et **Picasso**!

La satisfaction du travail accompli et d'être entre bons amis, le tout agrémenté d'histoires de curés pervers. Des moments privilégiés comme ma carrière m'en a fourni pour remplir 15 livres.

The Wanderers fut mon dernier. Mon tournage roumain le plus 'Nord-Américain' sans aucun doute. Une régie organisée et équipée, une roulotte 'maquillages FX' juste à moi avec deux stations de maquillage et de l'eau courante. Un chauffeur / guide / nounou. Des hôtels de luxe. Tout ça avec Edwina en plus. J'en ferais 2 ou 3 par année des films comme ça.

N'importe où.

Et **Jester** fut le plus fou. Je n'en referais pas 2 ou 3 par années comme ça.

Mais **Wind in the Willows** fût mon premier et restera gravé dans ma mémoire à jamais. Le début de mon histoire d'amour avec la Roumanie et Edwina qui continue toujours avec les visites quasi-annuelles et les **Skype** hebdomadaires avec ma belle-famille d'outre-mer.

PRESQUE LA NOUVELLE-ZÉLANDE.

Une petite annonce pour de la main-d'oeuvre qualifiée attire mon attention dans un des magazines FX que je lis encore aujourd'hui. Probablement **Fangoria**, peut-être **Mad Movies**. Une production recherche quelques centaines de FX aguerris pour aller travailler sur une méga trilogie basée sur les livres de Tolkien, **Le Seigneur des Anneaux**, en Nouvelle-Zélande.

Le Seigneur des anneaux! J'avais vu la version animée quand j'étais jeune et je connaissais l'histoire générale sans avoir lu toute la saga.

Peter Jackson, à ma grande surprise, serait le réalisateur. J'adorais son travail d'homme-pieuvre portant tous les chapeaux dans des classiques underground sanglants comme **Bad Taste** et **Dead Alive**, et en plus, je savais qu'il était maquilleur FX à ses heures libres. Mais passer d'homme-pieuvre sur des films cultes avec 3 $ de budget à une trilogie de 200 Millions semblait un gros bond.

J'ai pris mon courage à deux mains et j'ai envoyé mon C.V. avec une lettre d'intention. Eh oui, papier, timbre et tout. *Old school.* Je me suis aussi empressé de lire les livres en les empruntant à la bibliothèque de Montréal.

Ceux qui seraient choisis déménageraient en Nouvelle-Zélande en trois différents séjours de 8 mois séparés par deux mois de congé entre chacun. Évidemment, l'avion et le logement étaient inclus en plus de la paie intéressante et d'un per diem confortable.

J'ai continué à travailler sur mes autres contrats pendant quelques semaines. Les **Loup-Garou du Campus**, **Vampire High** et **All Souls**. Des séries de 'monstre-de-la-semaine' extraordinaires et gratifiantes. Puis une lettre est arrivée sur mon bureau avec l'estampe NZ sur les multiples timbres étrangers. Whoa!!

Suspense.

C'était un accusé de réception avec l'en-tête de **WETA Workshop**. Leur logo version 1997? 98?

La production me souhaitait la bienvenue dans l'équipe. ***"Votre grande expérience et superbe porte-folio..."***, etc. J'ai explosé de joie, puis les nerfs sont embarqués 4 secondes plus tard. Serais-je assez bon? C'est loin comment la Nouvelle-Zélande? Si la terre est plate est-ce que l'on peut tomber là-bas? Un restaurant de poutines québécoises à Auckland, ça marcherait? Etc.

Je devais les appeler pour jaser conditions et paie au numéro inscrit sur la lettre. On s'est entendu sur un salaire hebdomadaire, un per diem, etc. Mais, là où ça semblait accrocher était la quantité de va-et-vient. Les vols d'avion surtout. Trop fréquents. Et je n'étais pas le seul à demander cette clause.

Que les centaines de maquilleurs et techniciens FX reviennent voir leur famille de temps en temps, 2 ou 3 fois par année, devenait beaucoup trop pour le budget *'voyagement'* du projet. À discuter la semaine suivante...

Le mois d'après, je reçois une nouvelle lettre, adressée à plusieurs dizaines de mes confrères disant en résumé que les plans de la production avaient changé. Leurs calculs de départ n'étaient pas réalistes.

Les coûts de déplacements et d'hébergements devenaient trop élevés. Ils emmèneraient plutôt une demi-douzaine de superviseurs et 'mentors' étrangers mais la grande majorité de la main-d'oeuvre serait locale. Quelques centaines de chanceux néo-zélandais seraient donc formés pendant quelques mois spécialement pour fabriquer les décors, prothèses, costumes et armes de la trilogie.

La formation de sculpteurs / mouleurs / maquilleurs locaux coûterait moins chère que de déplacer la planète au grand complet pour venir travailler là-bas. Ils ***"regrettaient et tout... mais... bla, bla, bla... dans le futur peut-être... bla, bla, bla..."***

Une centaine d'artistes auparavant extatiques ont reçu cette nouvelle et l'énorme **WETA Workshop** est devenue ce qu'elle est aujourd'hui. Une grandiose boite d'effets spéciaux.

Évidemment, une pute à trophées garde ce genre de reconnaissance. Ce que j'ai fait! La lettre de **WETA** est plastifiée et encadrée.

Si je m'étais exporté en Nouvelle-Zélande pour le tournage des trois longs métrages de suite, ma vie aurait été très, très différente... d'autres contacts, d'autres amis, un autre passeport?

Dans le cas du **Seigneur des Anneaux**, c'est vrai à la puissance 10! Je n'aurais pas connu la Roumanie, ou rencontré Edwina, ou travaillé sur la série télé **The Hunger** avec David Bowie, quelques **Sherlock Holmes**, **La P'tite Vie**, **Le Loup-Garou du Campus**, la tournée **Vasy** avec le bonhomme bleu, etc.

Francis aurait grandi sans père!

Je serais devenu artiste-pigiste pour des grosses productions néo-zélandaises ou américaines et Lifemaker FX serait mort.

Une bonne chose de perdre cette merveilleuse opportunité? Possiblement. Fort probablement.

Les projets tombent du ciel.

Les premiers contrats de la nouvelle entreprise au registraire officiel du Québec tomberont du ciel grâce à la télé-communautaire de Saint-Hubert.

La série télé ne nous a pas seulement donné de la visibilité pour les 'civils' et l'Halloween dans le mois des Morts, mais aussi pour les producteurs avec des scénarios et du budget les 11 autres mois de l'année.

Entre deux de ces contrats nous sommes invités à remettre un prix au tout nouveau festival de cinéma d'horreur et fantastique **FANTASIA**. Plusieurs de nos fabrications sont en vitrine à l'entrée de la salle principale.

Avant la création de l'internet et de **YouTube** comme outils de masse quotidiens, la seule façon de se faire voir sur un écran, en promotion personnelle, avait été la télé-communautaire. Le **Canal 9**. Heureusement!

On a eu des offres vraiment intéressantes au fil des mois mais aussi d'autres. Plus uniques, plus *'cheap'* ou même plus lugubres (salaces?).

Une sculpture miniature *'custom'* d'un pilote, ressemblant à son opérateur, pour un hélicoptère téléguidé de 1 mètre de long...

Des sangsues / piranhas comestibles (gélatine) pleines de petites dents pour une blague de pêcheurs à ses amis...

Je n'oublierai jamais non plus le gars qui rêvait d'un ***"plus gros machin pour mieux fourrer"*** (ses mots à lui!)... la dame qui voulait être méconnaissable, en homme barbu, pour surprendre son mari avec d'autres femmes au Club de Golf... ou le vieux retraité qui désirait se faire fabriquer une tête de sa maitresse (d'après photos seulement) et la juxtaposer sur un corps d'homme extrêmement poilu... mais je ne m'étendrai pas sur les détails loufoques de ceux-là. Je les ai tous refusés de toute façon.

Plus en détail, voici 5 des demandes les plus mémorables que j'aie reçues à mes débuts.

Dans l'ordre, un *'Topless Bar'* d'Halloween, un mafioso planifiant un meurtre, l'**Insectarium de Montréal** de nuit, trop de feu pour Mario Pelchat et une bonne action pour une victime du cancer du sein. 5 inoubliables.

La concentration et un focus inébranlable sont impératifs quand on crée. Il faut penser aux formes, aux couleurs, au point de vue des clients qui verront le produit final, etc.

Les distractions externes ne sont pas les bienvenues et on essaie de les éviter le plus possible. Sur un plateau, nous avons souvent notre roulotte sur laquelle on peut coller un message avec un crâne de squelette en Sharpie se lisant ***'Do Not Enter, makeup in progress'***... comme exemple.

On avertit le deuxième assistant à la réalisation de ne pas nous déranger pour 2-3 heures. On met une petite musique relaxante du genre bande sonore d'un film et on crée quelque chose. Du Miles Davis ou du Led Zeppelin aussi, tout dépendant de l'acteur dans la chaise.

Par contre, avant de devenir 'célèbre' maquilleur avec roulotte et demandes spéciales, il faut gérer les distractions potentielles et probables. On n'a pas le luxe de mettre des têtes de mort avec panneau 'ne pas déranger' dans la porte de la roulotte quand on est un débutant inconnu.

Décorer un bar de danseuses *topless* le jeudi avant le 31 octobre, pour le gros party du samedi, déroge complètement à la règle du focus. Surtout quand tu es un jeune début vingtaine, admirateur des courbes féminines mais timide. Au diable la concentration, allo la distraction. (Dans ce temps-là elles étaient *topless*, maintenant elles sont 'exotiques'.)

Une autre occasion en or d'entrainement aux économies et aux temps d'application des maquillages d'Halloween. Ce coup-ci par contre, un entrainement rigoureux de gérance de pression du public qui parle et commente pendant que tu essaies de créer la 8ème Merveille du Monde avec quelques dollars. Et, l'apprentissage de rester poli malgré les suggestions stupides. Il faut aussi garder le cap sur le budget discuté même si on veut en mettre plein la vue aux quelques curieux qui t'observent, se dissocier de la critique ou des compliments en direct, toutes les 15 secondes. Pas facile.

Le propriétaire nous avait contactés après avoir eu nos coordonnées par la station de télé. Karl et moi avions donné l'autorisation à la secrétaire du **Canal 9** de transmettre l'info à quiconque voudrait nous parler. Heureusement, on n'a jamais eu de mauvaises surprises. Pas de menaces de mort, pas de critiques virulentes, plusieurs ***"Bravo!"***... et on a eu ce gars-là.

Sympathique grand bonhomme qui sonnait un peu réchauffé lorsqu'il m'a parlé pour la première fois. Lors de notre rencontre à nos bureaux du moment, le **Dunkin Donuts** coin Curé-Poirier / Joliette, son haleine nous a confirmé qu'il était un cordonnier bien chaussé. Un patron de bar qui boit.

Il nous a expliqué avec de grands gestes théâtraux ce qu'il voulait pour impressionner sa clientèle du samedi soir, en boisson et aux hormones dans l'tapis!

On s'est entendu sur un prix ridicule, 700 $ tout inclus, et sur une liste d'accessoires décoratifs. 2 momies fabriquées avec des squelettes de plastique recouverts de papier de toilette et latex, une sorcière édentée se berçant sur une chaise antique chambranlante, 4 bustes de monstres divers, des araignées géantes dans leur toile de colle-contact-à-la-perceuse, une demi-douzaine de pierres tombales de styromousse. Il n'a jamais mentionné '*topless*' ou 'nue', seulement 'bar'.

"Mon Bar y grouille en crisse la fin d'semaine les gars."

Nous étions censés être seuls pour le montage du décor mais il semblerait que c'était une clause flexible, dans sa tête. Malheureusement! Heureusement? C'est à notre arrivée là-bas que nous avons compris qu'il manquait *topless* au bout de 'Mon Bar'.

Le focus pour le contrat a pris l'bord; en fait, s'est transformé en fascination pour les filles qui pratiquaient leurs numéros sur la scène avec du James Brown rythmé. Même celles qui faisaient du nettoyage ou de l'inventaire attiraient nos yeux de jeunots.

Malgré l'absence totale de clients en après-midi, elles étaient toutes en uniforme de travail quand même (lire, pas grand-chose sur le dos!) Au cas où un homme d'affaires ou deux se serait libéré d'un meeting ennuyant.

Mais bon, l'esprit humain est de roc. Au diable les femmes sexy, nous sommes des professionnels.

La machine à colle qui était encore notre perceuse modifiée avec un pot de margarine au bout d'une longue tige a évidemment explosé pendant la fabrication de la toile d'araignée sur les pierres tombales, repeignant le mur et une partie du plafond.

Les tours-minute étaient trop élevés pour que le couvercle de l'ancien plat de margarine reste bien en place. Comiquement, c'est arrivé à deux occasions que cette explosion de colle nous surprenne, comme quoi on n'apprend pas toujours de nos erreurs en un seul coup!

Cassandra, sans surprise comme nom de danseuse exotique, portait le *kit* parfait pour exciter la clientèle? Des shorts de jeans trois-points trop petits et une camisole 4 fois trop grande, laissant sortir sa brassière rouge de tous bords tous côtés chaque fois qu'elle faisait un geste brusque ou se penchait pour ramasser des caisses de bière.

Et ça ce n'était que Cassandra. Lune et Iris n'étaient pas mieux pour faciliter le focus des artistes à l'oeuvre.

Après 3 heures d'installation et de regards furtifs aux filles, nous avons réussi à faire quelque chose de passable. Une fois peint, la styromousse des pierres et le latex / papier des momies avaient de la gueule. Le gars était content. Les Twins étaient contents. On passe à autre chose se sentant comme des millionnaires avec 700 $, cash.

On était riche. Le plein de gaz dans les deux autos, quelques *hot-dogs 'steamés'*, un ***Schtroumph*** de plastique tenant une caméra pour moi, deux paquets de cigarettes et des cordes de guitare pour Karl. Des *hot-dogs* pour clore la journée. Typique. Parfait.

TONY ET SON ARMOIRE À GLACE.

Quand le p'tit bonhomme au fort accent italien m'a dit qu'il s'appelait Tony, je ne suis pas tombé en bas de ma chaise. Il avait l'air d'un Tony. Il parlait comme un Tony. Il avait le costume et le cigare d'un Tony.

Son colosse accompagnateur s'appelait Jimmy. Quoi d'autre? Tony le mafieux et Jimmy le casse-gueule de 330 livres ; incontournable. Une vraie scène de film. Pas Tony Roman, le chanteur / réalisateur, un autre

Tony, pas mal plus bouboule! En cravate au lieu d'un manteau de cuir à épaulettes.

J'avais vu **Le Parrain**. Je savais en gros ce qu'était le crime organisé, évidemment. Je pensais par contre que Marlon Brando, aussi bon acteur soit-il, en mettait un peu plus que le client en demandait dans son interprétation de Corleone. Je me suis vite ravisé quand ce petit bonhomme, plus large que haut, est entré dans le sous-sol de ma mère suivi du pan de mur silencieux dont la tête touchait le plafond.

J'avais aussi vu **FX**, version originale du **FX: Effet de choc** traduit qui m'avait tant intrigué. Bryan Brown jouait le rôle d'un maquilleur d'effets spéciaux, qui traficote en plus la mécanique et la pyrotechnie, qui doit se défendre contre une bande de malfrats en utilisant ses connaissances professionnelles après que son épouse ait été assassinée. Son personnage était un amalgame de Karl et moi en fait de spécialités.

Cool concept et film divertissant.

La scène où il prend un chou frisé en faisant ses emplettes, l'observe quelques secondes et commente à sa blonde:

"Ça ferait une superbe texture pour ma prochaine peau d'extra-terrestre."

Ça m'est arrivé à maintes reprises depuis mon premier visionnement du film, dans de vraies épiceries.

J'aurais pu avoir des droits d'auteur là-dessus si seulement ça n'avait pas été mis à l'écran dix ans avant que je commence à tripoter des légumes raboteux ou des murs texturés!

J'ai vécu ça avec des avocats trop mûrs (chair de poule extraordinaire!), des viandes congelées, des textures de **Stucco** chez Matante X

(Lauréanne? Thérèse?) ou Mononcle Y (Normand?), des vieux planchers de ciment craquelés (zombies desséchés), etc. Tout était bon.

Mais revenons à Tony. Pendant qu'il me parlait d'une voix étrangement posée et calme, mais pleine de danger, je ne focusais que sur le fait qu'il ne mesurait pas 5 pieds de haut et *'fumait'* un cigare pas allumé.

Le genre de détails qui rendent une communication bizarre et singulière. Le frigidaire derrière lui, encore plus imposant que moi, regardait un peu partout l'atelier sans trop se soucier de ce qui se disait. Il avait l'habitude de ne pas se mêler des conversations de son patron.

Son petit look *'difficultés d'apprentissage'* dans le regard, pas très rassurant non plus.

Au moins, comme le personnage de Bryan Brown, je me disais que si ça tournait mal, je pourrais faire comme lui dans le film. Me servir de mes masques de latex et sangsues radio-commandées pour combattre le crime organisé. Ouin...

En résumé, Tony m'a demandé de transformer son gorille en ***"quelqu'un d'autre"***.

"Pas reconnaissable tit-gars, tu comprends? Capisci?
J'veux faire une surprise à une vieille... euh...
une connaissance d'affaires, disons."

GULP! ***"OK"*** que je réponds sous le choc.

"Ça doit être fait la semaine prochaine,
pas de photos... pis, aussi..."
Le cigare change de côté de bouche,
"... les moules que tu vas faire, y faut les péter.

***Pas de preuves de ton travail.*"**

GULP!

"*Euuhhh, OK. Monsieur Tony.*"

**"*De la discrétion, tout simplement.*
C'tu possible ça kid?
J'vais t'payer double tarif
pour les inconvénients pis le rush."**

Le seul contrat de ma carrière où j'ai entendu ***"peu importe le coût, les fonds sont illimités"*** et que ça sonnait comme plausible. Juste d'ajouter ça, après tout le reste, m'a confirmé que je devais me défiler, en évitant de froisser le mafioso à tout prix.

C'était un meurtre ou un vol de banque ou quelque chose du genre mais ce n'était pas blanc comme neige. Après le crime, je me voyais très bien disparaitre, avec les moules de Jimmy, dans le fleuve Saint-Laurent ou dans un beau grand trou creusé juste pour moi entre deux usines abandonnées de ville Saint-Laurent!

Des bottes de ciment sur mesure dans un cours d'eau pollué, non merci!

Le seul moyen que j'ai trouvé, mais ça a marché sans anicroche :

**"*Vraiment trop occupé M. Tony…*
y'a aucune chance que je puisse livrer ça à temps!
Et il y'a des matériaux 'back order' chez mon fournisseur."**

J'ai retenu mon souffle en pensant qu'il me reviendrait avec une ***"offre***

que je ne pourrais pas refuser", mais non. Il a accepté mon explication et m'a remercié pour mon temps.

Quand les deux ont tourné les talons pour repartir j'ai cru bon d'ajouter, histoire de mieux vendre ma salade, ***"ça aurait été un beau défi si l'agenda avait marché."***

"Parle pas de ça à personne tit-gars! On s'comprend?"

Ma respiration normale est revenue dix minutes plus tard.

L'INSECTARIUM OUVRE SES PORTES.

Un contrat surprise et surprenant, l'**Insectarium de Montréal** avait besoin de nous pour son exposition spéciale ***'Araignées du Monde'***.

On devait fabriquer une énorme *'Argiope Aurantia'* (grosse araignée de champ avec des dessins jaunes sur le dos) à être installée dans sa toile pour l'entrée principale. Ainsi que 3 douzaines d'*Agelenopsis'* (araignées brunes de maison ; les pires!!) couvrant le plafond dans la boutique souvenirs. La première avait plus de 2 pieds de diamètre dans une toile de 12 x 20 pieds, alors que les autres ne mesuraient que 6 pouces de diamètre chacune.

Malheureusement pour moi, le client me remet des spécimens vivants des deux espèces comme références pour sculpture et peinture. Je haïs les araignées! Les regarder courir en rond dans leurs prisons de verre me donnait des frissons pendant que je modelais la plastine. Je les déteste!!!

On s'organise pour faire toute la fabrication en 3 semaines à l'atelier (lire *'sous-sol de ma mère'*) Des squelettes de métal ajustables, de gros poils dégueulasses implantés un-à-un, de multiples yeux en billes noires, des pattes poilues… dégueu! L'installation était prévue pour un vendredi toute la nuit.

Les visiteurs du samedi matin auraient la surprise.

Nous sommes une équipe de 4 braves soldats de l'art pour concrétiser l'installation nocturne, équipée de caisses d'outils et de corps d'araignées bien emballés dans du *bubble wrap*.

La machine à toile est de retour et, évidemment, perd de nouveau son couvercle à cause de la force centrifuge et du boulon mal ajusté. Le poids d'un liquide en conjonction avec 5 ou 10 000 tours / minute ça pousse fort. Sans une aide mécanique supplémentaire, exemple : du papier collant, y'a des possibilités d'accidents.

Ce qui est arrivé. De la **colle Contact** sur 10 mètres carrés, sur le plancher et quelques vitrines de l'**Insectarium**.

Nous avons passé une bonne partie de la nuit à nettoyer de la toile avec de l'acétone qui dégageait des vapeurs intenses, créant des maux de tête généralisés. Deux de nous frottaient à 4 pattes ou dans une échelle. Les deux autres installaient les fils à pêche d'un bord à l'autre de la pièce principale servant d'ancrage à la future toile, une fois que le système de perceuse / colle contact serait fonctionnel.

On alternait aux 30 minutes pour ne pas trop frustrer à l'une ou l'autre des jobs. Puis on a pris une pause 'poulet' à minuit.

Manger du **Saint-Hubert BBQ** assis par terre dans un populaire édifice gouvernemental, c'est unique. Le livreur aussi trouvait la situation un peu non usuelle mais il a eu un très bon pourboire.

Aux petites heures du matin quand le soleil s'est pointé, la majestueuse Argiope Aurantia trônait dans sa toile dans l'entrée du Pavillon vitré. Elle était prête à accueillir les touristes pour le reste de l'été.

AVEC UN SEIN EN MOINS.

Ceux qui ont lu mon premier livre vont se souvenir de cette histoire de taxi magnanime avec plus de détails... mais, pour les autres, version courte...

En manque d'argent, je prévoyais utiliser comme monnaie d'échange un briquet jetable **BIC** et une montre **Casio-quartz** à 3 $ qui ne fonctionnait pas pour me conduire chez moi, du Métro Longueuil, par un chauffeur de taxi.

Il me fixait sans parler puis fit un sourire en coin au moment où je lui tendais la montre et le briquet. Avant même que je puisse compléter la proposition, il m'a donné une leçon de vie que je n'ai jamais oubliée.

"Embarque bonhomme. Où on va?"
tout en continuant à sourire.

Pendant le trajet, je lui explique que je le paierais,

"Double tarif s'il faut. Ça m'ferait plaisir.
Vous me sauvez monsieur.
J'ai perdu mon porte-feuille."

Il était toujours muet et souriant.

Arrivé à destination, avant même que je puisse continuer à le remercier, il m'a dit,

"Je ne veux rien pour la course fiston, c'est un cadeau.
Garde tes patentes, mais tu dois me promettre de rendre
un service à quelqu'un qui te le demandera dans le futur."

J'étais bouche bée!

"N'oublie pas ta promesse!"

Puis il est parti. Et voilà. J'en devais au moins une à l'univers et c'est tombé sur cette Madame.

Sa fille m'avait contacté m'ayant vu fabriquer un faux doigt au **Canal 9** ; un 6ème doigt entre le pouce et l'index sur le *chum* de mon assistante. Sa mère adorait danser mais depuis le diagnostic d'un virulent cancer, l'année d'avant, elle restait enfermée chez elle.

Je rencontre donc la septuagénaire et sa fille dans un café sympathique de Longueuil.

Je me souviens que les premiers chiffres discutés jouaient dans les 5 000 $, avant de connaitre le contexte et la raison de la demande.

Trop gênée pour qu'un partenaire sente un profond 'trou' disgracieux laissé par l'ablation d'un sein ET d'une partie de la cage thoracique, elle avait tout arrêté. Plus de valses, plus de tango, plus de sorties avec partenaires du sexe opposé. Pourrais-je l'aider avec mes connaissances de moules négatifs, sculptures et matériaux similaires à la peau humaine?

En plus, elle avait un bal de fin d'année à son école de danse dans trois semaines. Pour ce genre de contrat j'aurais demandé de 5-6 semaines.

Mouler la dame, tout le haut du corps. Sculpter une prothèse sur mesure imitant parfaitement le sein épargné. Couler deux copies en mousse de latex, après avoir géré quelques essayages avec sa couturière pour incorporer le tout dans une camisole lycra, etc. Une grosse job où tout devait être parfait.

Le mélange de ma promesse au chauffeur de taxi de donner au suivant et de l'histoire déchirante de Madame Chose m'ont fait accepter le 1 000 $ que sa fille m'avait informé avoir 'en banque'.

"Ses dernières économies,
mais ça vaut la peine pour son bonheur".

Ça ne couvrait même pas les matériaux mais quand on est un bon samaritain en mission, faut c'qui faut. Je me suis donc lancé!

Le jour du moulage, j'ai compris le sens du problème de contact. En plus du trou décoré de cicatrices ressemblant à des autoroutes, elle avait aussi eu l'ablation de quelques côtes et la moitié du sternum. On pouvait littéralement poser notre doigt sur son coeur battant, seulement recouvert de peau. Plus de cage thoracique à cet endroit. Difficile de ne pas laisser les émotions prendre le dessus.

Avec une détermination à toute épreuve, j'ai réussi à compléter le contrat. En l'attendant pour l'essayage final, j'admirais l'orthèse encastrée dans la gaine de lycra moulante, fier du résultat.

Quand elle l'a enfilé et s'est regardée dans le grand miroir de mon atelier elle a fondu en larmes, tout comme sa fille d'ailleurs. La silhouette de la dame à la vue ET au toucher semblait totalement normale.

L'orthèse fabriquée épousait parfaitement la cavité béante laissée par l'opération salutaire, la veste de lycra couleur peau lui allait à merveille. Un succès technique.

Moi, j'avais juste de la poussière dans l'oeil (!), et les accolades et remerciements ont suivi le passage général de **Kleenex**.

"Tu es un Ange mon beau Erik,
tu as redonné la joie de vivre à une vieille femme."

Et sa fille d'en rajouter...

"Ma mère sourit de nouveau.
Je ne sais comment te remercier!"

Je n'ai jamais eu le 1 000 $.

Des mois d'excuses et de remises de rencontres, puis j'ai décidé de laisser tomber. Ma première mauvaise créance dans les livres comptables **Twins F / X enrg.** Pas une perte de 5 k comme anticipée, mais un manquement de 1 k quand même. Belle leçon de collection d'acomptes en début de contrat.

Aujourd'hui, je ne lève pas un doigt sans 65 % du contrat total, Jour 1. Non négociable. Sauf si c'est pour une bonne cause... je suis un doux!

Un cadeau. Donner au prochain. Karma. Bla-bla-bla... Une paie en karma, ce n'est pas si mal pour une âme. Le chauffeur de taxi avait créé un soldat du 'donner au suivant'!

L'année d'après, j'ai appris qu'elle venait de dépenser des milliers de dollars pour une longue croisière de rêve.

J'étais en maudit! En tabarnak en fait.

Six mois après ça, en lisant les pages nécrologiques du défunt **Montréal Matin**, j'ai vu qu'elle était morte. Son cancer était revenu. Mais ce coup-ci, la médecine ou sa passion de vivre n'avaient rien pu faire. J'étais en maudit d'avoir été en maudit... on est drôle... les humains.

LA VISITE DU B-52 DE L'ARMÉE AMÉRICAINE.

Un des premiers 'vrais' contrats de la nouvelle entreprise ***'Les Effets Spéciaux Twins F / X enrg.'*** a été un vidéo musical du populaire chanteur Mario Pelchat. Paperasse syndicale, facturation de *'kit rentals'*, roulotte.

Une vraie production. Wow! Malheureusement, celui-là a plus ou moins bien été. En plus, sans maquillages comme tels, mon titre était plutôt assistant-pyrotechnicien.

En fait, ça a commencé en lion pour finir en... flammes. Même pas en queue de poisson. Notre carrière est venue à un technicien de plateau proactif et un extincteur de s'envoler en fumée.

Habitué de gérer des demandes trop coûteuses pour nos moyens du temps, on se rabat encore sur de la commandite. Une longue liste d'épicerie pour filmer des effets de feu intense lors du tournage du vidéo **Quand on y croit** spécialement produit pour la jeune station **Musique Plus**.

On a tout de suite pensé à un de nos commanditaires de la série télé, **ICG Gaz Propane**, qui ont accepté de nous supporter une nouvelle fois. Quelques dizaines de mètres de tuyaux de cuivre, de l'outillage spécialisé, des bonbonnes de propane. Tout.

Même les t-shirts et les casquettes Twins F / X portaient fièrement notre logo du moment. On croyait être prêts.

La journée de tournage commença avec plusieurs plans requérants des tuyaux de cuivre troués sur toute la longueur pour imiter des flammes au bas de la caméra. Puis des cascades avec petites explosions. Des techniciens / acteurs manipulant des lance-flammes et des extincteurs pour des gros plans. Rien de trop compliqué.

L'excitation était palpable en vue du reste. Des vraies caméras (deux!), sur rails ou au bout de grands bras télescopiques, des vrais cascadeurs, une vraie table de snacks! Un vrai tournage pour les jumeaux débutants qui se terminerait par une vision apocalyptique de destruction d'un divan.

Mais...

Chimiquement et physiquement parlant, la mousse de polyuréthane et les tissus synthétiques aiment les flammes. Et ça brule. Bien!

L'épaisse fumée noire montait jusqu'au plafond du Studio sur un fond de sirène assourdissante. J'ai vu ma vie défilée devant mes yeux.

Une commandite d'extincteurs et / ou d'équipement de sécurité et / ou d'expérience pyrotechnique de grande envergure aurait été utile quand le divan est devenu une immense boule de feu, d'un coup sec! WOOSHH! Une police d'assurance responsabilité commerciale aussi.

L'expérience qui rentrait... Heureusement, la scène du sofa enflammé était la dernière de la journée, on a donc pu tourner tout le reste avant d'y passer. Le vidéo s'est complété malgré l'accident. **Musique Plus** l'a diffusé des centaines de fois en 1993-94 et tout avait l'air 'contrôlé' au montage final. La magie du cinéma.

Si on avait été poursuivi en cour pour les dommages de ce tournage, notre carrière aurait pris fin là. Twins FX, 14 mois d'existence au lieu de Twins FX / Lifemaker FX, 31 ans!

Les années qui ont suivi ce contrat de pyrotechnie nous ont vu transporter d'innombrables extincteurs et être mieux préparés. *'Live and learn!'*

Pas longtemps après, toujours un peu ébranlés par les possibilités de destruction de studios de tournage non réalisés, nous sommes contactés par les organisateurs du spectacle aérien annuel de l'aéroport de Saint-Hubert. Une grosse affaire qui attire des milliers de curieux et touristes canadiens et américains.

Des acrobaties de biplans, des vols de jets en formations contrôlées (les **Snowbirds** canadiens et les **Blue Angels** américains), des reconstitutions de batailles aériennes 14-18 et 39-45 avec des avions de collection.

Une foule impressionnante et enthousiaste. Tout un show.

Notre mandat : simuler des explosions de bombes synchronisées avec le passage, unique et précis, d'un **B-52** de l'armée américaine, partit de la

base Langley en Virginie du Sud, spécialement pour l'occasion. L'avion ne ferait pas demi-tour pour un deuxième survol! Point.
Une visite presque quasi Royale, sans possibilités de prise 2.

Karl était gonflé à bloc. Ce n'est pas comme si tous les civils avaient le loisir de circuler à pied sur des pistes d'atterrissage pour y installer ici et là de nombreuses charges explosives. Des 5 gallons de gazoline contenus dans de simples sacs d'épicerie 'à poignées', en plastique blanc, nourrissaient toutes ces charges.

Mon frère et ses quelques assistants, dont l'infatigable et indispensable Manon 'Butch' Boucher, s'étaient préparés toute la journée même quand il y avait des biplans virevoltants au-dessus de leurs têtes, peaufinant leurs manoeuvres. Dans le milieu de l'action!

La foule, et moi en tant que spectateur ce coup-ci, étions prêts à prendre des photos spectaculaires de ce passage historique du **B-52** et d'intenses boules de feu à vous bruler les sourcils qui l'accompagneraient au sol.

Le Jour 'J'était arrivé. L'heure 'H' approchait à grands pas. On entend dans la radio fournie par notre client ***"15 minutes avant l'arrivée du Gros Aigle"***, mot de code donné au **B-52** pour nos communications avec la tour de contrôle. Les papillons apparaissent au bas ventre, les couilles se transforment en raisins secs. C'est compliqué de prendre des photos les doigts croisés. Puis,

"7 minutes avant le Gros Aigle. Tout est prêt Twins FX?
Ils sont au-dessus de Plattsburgh."

"Go! On l'attend".

....

Karl, cigarette au bec, donne le signal à Manon de brancher les nombreux fils au détonateur...

"Twins, 1 minute! Soyez prêts.
On le voit bien sur le radar."

Les gros haut-parleurs pleins de grésil écho se font entendre. Le maitre de cérémonie avertit le public et annonce qu'une 'surprise' de taille sera ici dans 1 minute. Les papillons se transforment en une petite envie de vomir et quelques gouttes de sueur. Je ne suis pas croyant mais ç'aurait été un bon moment pour prier!

On le voit arriver au loin. Karl enlève le *'safety'* du détonateur maison, toujours cigarette à la bouche et regard perçant. Le son du **B-52** nous agresse, on ne s'entend plus. Le petit point qui était au loin devient rapidement une énorme tache noire qui cache le soleil et fait ombrage aux pistes d'atterrissage... Il est au-dessus de nos têtes.

"Go Twins! C'est quand vous voulez!"

À peine perceptible résonne dans la radio.

Karl actionne les 7 charges l'une après l'autre en synchro avec le passage du mammouth volant. Rien. Rien. Un petit ***'Pouf'*** de fumée. Rien. Rien. Rien. ***'Pouf'***. Pas d'explosions spectaculaires. Pas de danger non plus qu'on mette le feu au ventre de l'avion!

"Twins? Qu'est-ce qui s'passe? Twins??"

J'ai pris deux douzaines de photos avec mon **Kodak** en 9 secondes du passage. Après développement, puisque ce n'était pas digital en 1995, il y en avait 22 de l'avion survolant du gazon et de l'asphalte... mais une seule avec un petit ***'Pouf!'*** de fumée au loin. Je l'ai toujours en souvenir dans mes filières d'ailleurs. J'en ris et pleure en même temps, les émotions et leçons de vie s'entremêlant.

Heureusement, le public ne savait pas ce qui DEVAIT arriver, alors, ils ont eu une surprise quand même avec le Gros Aigle américain!

Nous n'avons pas livré la marchandise. Pour la seule fois de notre longue carrière.

Notre client avait eu des promesses d'explosions spectaculaires ***"comme celles que vous avez faites dans votre émission où vous avez détruit un camion Frito-Lay et huit chars"***. Et non. Encore l'expérience qui rentrait. Ce coup-ci, l'humidité matinale était bien présente quand on a installé des détonateurs sensibles à l'eau, trop d'avance.

Tout ce qui ne nous tue pas nous rend plus forts comme disait ma mère qui l'avait sûrement pris à quelque autre philosophe plus connu qu'elle.

UN POSSIBLE CLIENT JAPONAIS.

Pendant cette période de contrats pyrotechniques qui tenaient Karl plus occupé, un téléphone d'outre-mer me fait rêver à mon premier contrat 'dans les 5 chiffres'. Un homme d'affaires japonais, en fait son assistant personnel, voulait commander une table de salon représentant une femme dans la position du pont inversé c.-à-d. sur le dos, les genoux et les mains soutenant la vitre qui constituerait la table. À 4 pattes mais sur le dos, regardant vers le plafond.

Une table pornographique pour un riche asiatique blasé.

Exactement comme celles dans le classique de Stanley Kubrick **L'Orange Mécanique** mais en fausse peau ultra-réaliste. On m'a souvent demandé depuis de 'faire dans l'érotique' mais j'ai choisi de rester dans le filon plus familial, moins ténébreux.

RADIO-CANADA NOUS DONNE UN COUP DE TÉLÉPHONE.

Notre première apparition télé hors-câble se fit à **Métropolis**. 1992, animé par Jici Lauzon, le gros nom du moment en stand-up. Celle-là même où quelques années plus tard, Michel Noël / **Capitaine Bonhomme** a eu une crise cardiaque en direct, sur scène.

Entre autres invités au show, un magicien en pleine ascension publique et mon *crush* des années '80, Martine St-Clair.

On devait maquiller un cascadeur en Père-Noël en plus de deux lutins. Le gars traverserait la salle de spectacle en plein vol, attaché à un câble bien tendu à 20 pieds du sol, pour livrer des cadeaux aux invités sur la scène. Atterrissage chaotique bien chorégraphié dans un sapin et une pile d'autres cadeaux.

C'est à cette émission à gros budget de **Radio-Canada** que j'ai découvert ce qu'était une *green room*. Une salle aménagée pour les invités en attente d'être appelés, habituellement meublée de sofas confortables et d'une table remplie de hors-d'oeuvre et boissons pour tous les goûts. Pour compléter la décoration, un petit écran accroché au plafond montrant aux invités ce qui se filmait pendant leur séjour dans l'un de ces sofas.

Comme les termes 'couvre-feu' ou 'cul-de-sac', '*green room*' a une histoire originale et intéressante qui s'est perdue au fil des décennies voir centenaires.

L'une des explications les plus anciennes du terme est que le **Blackfriars Theatre** de Londres (1599) comprenait une pièce dans les coulisses, qui se trouvait être peinte en vert où les acteurs patientaient avant de monter sur scène. La salle de transition entre les loges et la performance.

Personnellement j'ai attendu dans des dizaines de 'chambres vertes' pour des entrevues ou apparitions télé diverses et aucune n'était vraiment verte. Faut croire que cette couleur de murs VIP était plus populaire au 16ème siècle.

Tout un bond entre la télé-communautaire et **Radio-Canada**, en fait d'équipements télévisuels et de cotes d'écoute. J'étais là-bas et maintenant je me retrouvais ici. Fou!

J'avais eu le même sentiment d'accomplissement, de boucle bouclée, 30 ans plus tard en retravaillant avec un acteur sur un blockbuster. Le **Géant Gus**. Un 'vrai' géant et ex-lutteur reconnu pour son franc-parler et ses mains immenses qui pouvaient vous prendre la tête comme une simple balle et vous trimbaler partout.

Rencontré lors de mon bref passage dans les services de sécurité 'rondes de poinçons en uniformes bleus' et des contrats de *'bodyguard'* de ma jeunesse, j'étais son maquilleur attitré pour le **X-Men : Apocalypse**. Les deux douzaines de sanguinolentes coupures infligées par **Angel** au **Blob** seraient posées par moi sur une période de quelques jours. Tout un cheminement!

Sur ce tournage généreux en calories Gus me demandait sans cesse durant le maquillage,

"Quand est-ce qu'on mange Rick?"

ou

"C'est quoi le diner encore?"

Le jour 1, un assistant de production nous a apporté un menu imprimé sur un bout de papier avec un choix de 6 repas à cocher pour ce midi-là.

J'explique le concept à Gus.

"Tu en choisis 1, je coche la case
et ils vont te l'emmener. On mange ici.
Pas besoin de se déplacer jusqu'au traiteur."

Je lui défile la liste.

- 2 cuisses de poulet avec frites et salade de choux.
- Un combo Tacos-Nachos-Salsa-Guacamole.
- Nouilles style boeuf Stroganoff.
- Poutine poulet popcorn avec salade du chef.
- Saumon et riz pilaf.
- Salade César avec ou sans protéine.

Son front se plissait. Il réfléchissait en contorsionnant son gros visage.

***"J'sais pas quoi choisir Rick.
D'un coup que celui que j'prends
c'pas assez ou ça goute pas bon?"***

"Juste à cocher les 6 Gus!"

Son inquiétude s'est transformée en un large sourire avec ma réponse. Finalement, il a mangé les 5 lunchs et les 6 desserts mais il aurait aimé mieux ***"du poulet pas-popcorn dans poutine"***. 5 lunchs en deux douzaines de bouchées.

Dans la même veine de cheminement, et toujours en rapport direct avec les services de sécurité de jadis, j'avais travaillé dans les bureaux de l'édifice du réseau **TVA** de la rue Maisonneuve. Lors d'une entrevue télévisée où j'étais invité deux décennies plus tard, un de mes collègues du temps, encore attitré aux rondes de poinçons, me fait signer le registre obligatoire à l'entrée principale pour pouvoir traverser les barrières.

Tout un choc positif pour moi de réaliser mon cheminement... tout un choc négatif pour lui pour la raison inverse. ***"Merde, j'ai rien faite de ma vie!"*** (ses mots, pas les miens)

La dernière journée du tournage d'**Apocalypse**, Gus m'a rappelé quelques-unes de nos péripéties du temps des escortes de sécurité. J'entends encore sa grosse voix me raconter ses aventures lors de galas de lutte ou ses prestations ***'mains les plus grosses du monde'*** au **Casino de Montréal**. Et les restos!

"Mario Patates à Drummond, Rick.
La meilleure place de poutine au monde, motherfucker.
Garantis."

Il disait toujours *'motherfucker'* amicalement!

Salut Bonhomme. Merci pour les souvenirs. On se voit en haut!

Les compétitions de maquettes chez l'Oncle Sam.

Dans le contexte d'un travail comme créer des transformations d'acteurs, des extra-terrestres flamboyants ou des loups-garous apeurants tout de muscles et de poils, pouvoir rendre le look final à nos patrons rapidement et sans trop dépenser est impératif. Les réalisateurs, les directeurs artistiques ou les producteurs *'control freak'* ont besoin d'avoir une idée du produit qui sera livré avant de nous signer de gros chèques.

Les meilleurs moyens sont donc les dessins et rendus **Photoshop** mais surtout, dans mon cas, la sculpture de maquettes de **Fimo**. Un genre de plastine qui ne sèche pas et que l'on peut durcir rapidement en la chauffant. J'ai pris de nombreux cours de dessins et portraits, des séminaires d'aquarelle ou de peinture à l'huile... mais je n'ai jamais été un naturel pour le 2-D. Puisque je ne peux dessiner une boite de carton pour sauver ma vie, je n'avais pas le choix. Il fallait sculpter. Le 3D du modelage et les doigts sales dans la matière, ça par contre, ça allait. Mes patrons aimaient bien aussi.

(Je vais écrire, pour tout le reste du livre, le mot SCULPTURE au lieu de MODELAGE. SVP, pur-et-durs de l'art, pas besoin de m'écrire pour me rappeler que la 'sculpture' requiert d'enlever de la matière (bois, marbre) alors que le modelage suppose qu'on en ajoute comme avec les plastines, glaise, fondant en pâtisserie ou patente post-apocalyptique d'un assemblage violon-poupée-avec-un-seul-oeil-torchon-et-évier-de-cuisine. Je le sais très bien et j'aime mieux utiliser 'sculpture'.)

L'un des bons côtés de ces sculptures miniatures à des échelles d'environs 1 / 6, étant le fait que l'on peut les prendre et les étudier sur 360 degrés. Les réalisateurs et les directeurs photo aiment bien pouvoir *'bouger le cadre de leur caméra'* en tournant simplement la maquette. Une fois acceptée, je peux la faire durcir et la peindre, ma partie favorite.

Un retour en force au temps de mes maquettes commerciales **Aurora**, avec des originales de mon cru. Je retrouvais le bonheur de jouer avec les miniatures de ma jeunesse mais d'une plus grande qualité, beaucoup plus grande diversité. Un bonheur paisible.

Comme pour les arts martiaux, les échecs ou la plomberie la coloration d'objets gagne à être pratiquée, répétée et expérimentée. Dans l'intérêt de sauver du temps et de pouvoir m'entrainer un peu plus à peindre des versions miniatures, j'ai découvert le monde 'secret' des fans de maquettes et des artisans / compagnies qui en font leur gagne-pain. Une sous-culture théoriquement un peu *nerd* qui m'allait assez bien. Une sous-culture au chiffre d'affaires de plus de 1 milliard de dollars par année maintenant étroitement liée aux jeux vidéos.

Un monde formidable qui regorge de milliers de superbes maquettes de créatures ou de scènes célèbres coulées en vinyle ou résine, à assembler et peindre soi-même. Plusieurs artistes offrent leurs services de coloration à gros prix aux frileux des pinceaux moins talentueux.

Toutes les grosseurs, des super héroïnes **Manga** à l'échelle 1 / 10 (environ 8" de haut) jusqu'au **Prédateur** échelle 1 / 4 qui mesure près de 2 pieds. Tous les sujets sont bons. Films célèbres, scènes de **Pulp Fiction** et de l'**Exorciste**, vaisseaux spatiaux déjantés, personnages cartoonesques ou épeurants, bustes *'lifesize'*, accessoires célèbres genre fusil de **Hellboy**, **Gollum**, **Pee-Wee Herman**, **Decker** de **Blade Runner**, etc.

En échangeant avec mes nouveaux amis maquettistes des États-Unis et du Canada au début, puis de l'Europe et de l'Asie, je recevais de nombreuses félicitations sur mon travail.

"Tu devrais participer à Wonderfest au Kentucky!"

ou encore

"Chiller Theatre au New Jersey,
t'as jamais entendu parler de ça?...
Tu gagnerais tout!"

Ah bon. Je *check* ça!

J'avais déjà la génétique d'une pute à trophées, et d'un voyageur aventurier. Alors, aller compétitionner pour des récompenses et tapes dans l'dos requérant un passeport était assez naturel.

La plupart de mes pièces étaient originales en fait de conception. Le ***'Marcel'*** au regard éberlué, souriant à pleines dents... le ***'Hannibal Lecter's Dreamcatcher'***, une version miniature de la ***'Boule-d'yeux'*** de **Saint-Martyrs-des-Damnés**

... la ***'Basilica's Gargoyle'***, un hommage à Marilyn Manson à ailes... toutes des gagnantes de premiers prix et *'best-of-show'*. Une petite salutation d'ailleurs à Marcel Jeannin, Martin Jutras, mon frère Ronny et Robin Aubert, entre autres, pour leur aide et / ou de l'inspiration dans la création de ces oeuvres d'art qui sont toujours dans mes tablettes, poussiéreuses mais sans prix.

J'ai poussé mes recherches **Google** et découvert le monde des Conventions de *nerds* de maquettes. Ma première, **Chiller Theater** au New Jersey. Succès immédiats.

J'étais toujours nerveux à en trembler en arrivant dans la salle d'exposition avec mes boites empaquetées mais une fois les maquettes déballées et savamment placées pour les montrer sur leur meilleur angle, je me calmais. Est-ce que les gens aimeraient? Un trophée ce coup-ci? On verra bien.

La plus grosse compétition de ce genre au monde (et celle avec les plus beaux trophées!) est au Kentucky. **Wonderfest** à Louisville, dans l'état du premier **Colonel Sanders**. Je DEVAIS y aller.

Chacune de mes apparitions à **Wonderfest** a été remplie de rebondissements pour des raisons différentes. Trois voyages au Kentucky en 7 ans.

La première fois, tout de suite après m'être inscrit, avoir acheté les billets d'avion aller-retour et réservé l'hôtel, je me suis rendu compte que mon passeport était expiré. Mais, j'avais un as dans ma manche! Karl.

J'ai décidé de tenter ma chance. Voyager avec un document qui n'est pas le mien mais porte ma face et ma date de naissance quand même! Plus excitant qu'énervant.

Encore aujourd'hui, sur papier, Karl Gosselin a volé vers le Kentucky et est revenu avec une valise pleine de trophées.

Pas Erik. L'**hôtel Wyndham** de Louisville a hébergé Karl, et non Erik. Cool!

Je n'aurais que deux valises avec moi. L'une pour mon linge, l'autre pour mes deux oeuvres inestimables. ***'Marcel'*** et ***'Queen Alien'***. En plus, les 3 grosses boites hors-dimension iraient dans la soute à bagages, transportant mes autres fragiles 'bébés'.

Nerveux mais confiant, je me suis présenté à l'agent des Douanes américaines. Ayant les mêmes empreintes digitales, le même ADN et la même date de naissance, il n'y avait aucune raison de prévoir d'accrochages.

Le gars regarde la photo du passeport et ma face puis il m'a demandé pourquoi je voyageais, et le nom de ma mère. Facile. On s'envole!

On avait consacré quelques heures à l'emballage sécuritaire de mes maquettes dans des mètres de *bubble wrap* pour le long voyage d'avion.

L'excursion en classe économique avec trois arrêts de Montréal à Louisville s'annonçait bien. Et l'un de ces arrêts m'a même permis de visiter à la course le **Rock'n'Roll Hall of Fame** de Cleveland.

Mais le pire était à venir. Pour les maquettes ET le passeport!

Premièrement, la vie étant la vie, ça devait arriver. L'une des deux valises qui me suivaient dans le voyage s'est perdue. Plus tard, j'ai appris qu'elle avait fait un détour par le Colorado et Le Montana avant de se rendre dans ma chambre d'hôtel du Kentucky. J'aurais préféré que ce soit celle qui contenait mes bobettes, t-shirts et brosse à dents mais c'était plutôt LA VALISE du voyage... renfermant une fausse tête et la **Reine Alien** de la compétition. Les deux sur lesquelles je fondais tous mes espoirs!

Tant qu'à pleurer sur le sort de mes maquettes et avec une journée libre avant le début de la convention, j'ai visité l'endroit le plus hanté au monde : le **Waverly Hills Sanatorium**.

Ma valise perdue était toujours en arrière plan dans mes pensées mais l'excitation de serrer la main à de vrais fantômes serait un bon baume temporaire.

Le pauvre gars du taxi m'a attendu une heure-et-demie. Il m'a dit à mon retour qu'il avait cru voir des formes agressives (!!!) dans les fenêtres de l'énorme édifice centenaire. Il était inquiet pour ma santé, et je ne l'avais pas encore payé. J'aurais dû l'emmener avec moi et le filmer aux moments 'épeurants'. Viral. Garantis!!

Grosso modo, il y a plus de 100 ans, une cinquantaine de patients atteints de la tuberculose avaient été envoyés dans cet hôpital de dernière instance. Il a aussi servi d'asile psychiatrique et centre de gériatrie. En 50 ans, il y a eu plus de 8 000 morts dans cet édifice. Parfait canevas pour des histoires de peur. Leurs cadavres passaient par le ***'Death Tunnel'***, une longue structure claustrophobique de béton, descendant en une pente difficile s'étendant sur plus de 100 mètres. Juste assez haut pour pouvoir se tenir debout, juste assez large pour une civière et son porteur. Une fois rendu tout en bas, dans la fosse de réception des morts, la remontée était très inconfortable si vous n'êtes pas en forme. J'en ai sué un bon coup, toujours sans voir de fantômes, contrairement aux autres touristes qui sentaient des présences maléfiques un peu partout.

"They're all around us!"

Était sorti de la bouche d'une vieille dame du Danemark. Ayoye. (traduction : ***"Ils sont partout autour de nous!"***)

En entrant, on nous avertit que la visite pourrait nous faire mourir de peur. On nous prévient aussi que nos enfants pourraient être traumatisés à vie. On doit signer une décharge pour ces deux éventualités incluant une clause en caractères gras de mort subite due à une crise cardiaque d'effroi. Pendant qu'on appose notre signature au bas de la feuille, un 'cadavre de sorcière' qualité Halloween / Dollarama nous fixe avec ses yeux croches, balançant lentement sur une chaise berçante automatique.

J'avais vraiment hâte de jaser avec des fantômes!

Le principe de la visite, minutieusement menée par des guides connaissant le *'scénario'* du bout des doigts, me semblait basé sur un schéma de long métrage. Une aventure avec crescendo bien calculé.

C'était un labyrinthe pimenté d'arrêts lugubres. Les phrases clés du genre ***"Senteur de mort dans les murs"***... ***"infirmière qui se serait pendue à cette poutre"*** ou ***"les objets sont réputés bouger seuls dans cette pièce-là"***, toujours au conditionnel accompagné de ***'possiblement'***...

"According to legend ... "

Bein oui.

"Des témoins affirment avoir vu... "

Bein oui.

Un crescendo d'émotions, mots clés plantés à des endroits prédéterminés, manipulation des regards, arc émotionnel précisément dessiné, tout ça pour qu'on arrive au bout de l'aventure en voyant des fantômes à l'autre bout du corridor. Trucage de l'éclairage naturel et manipulation psychologique. Fascinant. Mais ça prouvait ma théorie de jeunesse, les gens aiment avoir peur et paient pour!

Quelques visiteurs se collaient sur leur conjoint, d'autres paniquaient. Les plus jeunes enfants pleurnichaient. Moi, j'étais fasciné de voir les trucs d'un réalisateur de films d'horreur appliqués à M. Mme. Tout-l'monde. En direct.

Bravo.

De retour au taxi, le chauffeur était soulagé. Visiblement, il croyait au monde paranormal et avait peur de perdre son client, et les frais associés, aux âmes mortes du **Waverly Hills Sanatorium**. Viral!

Plus tard en soirée, la réception de l'hôtel m'avise que ma valise a été retrouvée. Merci Dieux des maquettes! La tête éberluée de ***'Marcel'*** et la ***'Reine Alien'*** étaient intactes.

J'ai tout remporté le lendemain. *'Best-of-show'*, *'most creative'*, quelques plaques *'Or'* et *'Argent'* pour les copains en résine de mes deux vedettes.

Après la cérémonie de remise des prix, les organisateurs m'ont offert un *buggy* pour transporter tout ce que j'avais gagné. WOW! En plus des trophées individuels il y avait différentes récompenses associées à chacun d'eux dont un ensemble compresseur et aérographe **IWATA** professionnel, la collection complète de peintures **Freak Flex Resin** (56 bouteilles!), un t-shirt et une casquette de la convention, etc.

La pute à trophées était encore contente.

J'ai appelé Edwina sur **Skype** pour lui annoncer les résultats.

Je fais livrer toute la marchandise et les souvenirs achetés par **Fedex** jusqu'aux Studios Lifemaker à Saint-Hubert mais je rapporte mes maquettes et trophées dans mes valises, avec moi. Trop précieux pour les confier à un livreur. Mais je revenais au pays toujours avec un passeport qui n'était pas le mien.

Contrairement au voyage aller, le douanier canadien de l'aéroport m'a pris à part parce que j'avais l'air louche, semblerait-il. Première fois que je me faisais fouiller et éventrer mes bagages en conjonction avec un interrogatoire en privé. J'en ai sué un bon coup.

Heureusement, mon charmant sourire et un discours séparatiste faux mais bien senti m'ont sorti du pétrin. Je jouais un rôle de péquiste unilingue car j'avais décelé ce filon dans les propos de l'agent. Et ça a marché. La fibre Nationaliste Provinciale à la rescousse.

Le gars commence à dézipper la première valise. Jeans, 2x paires de bas, anti-perspirant, etc. Rien d'intéressant.

Il s'attaque à la deuxième valise et je deviens Robert DeNiro.

***"Celle-là est pesante M. L'Agent
mais c'est surtout à cause des trophées
que j'ai ajouté d'dans au Kentucky!"***

"Trophées? De quoi?"

***"J'ai été à une Convention de maquettes, la plus grosse du monde,
à Louisville, et j'ai été voler des trophées aux Américains.
Le p'tit Québécois qui fait la barbe aux U.S.!!
C'est cool de leur en passer une vite."***

Et le gars sourit. J'étais passé, en deux phrases bien choisies, de suspect / trafiquant à conquérant pour la Nation québécoise.

Toujours souriant, il soulève les trophées un à un, lourd et luisant, puis en rajoute à mon discours...

***"C'est vrai que c'est plaisant de leur prendre
des patentes sous l'nez aux Américains!
Bravo M. Gosselin... Karl."***

Et il me serre la main. Heureusement j'avais affaire à un patriote nationaliste. Juste pour m'assurer que la fraude et les mensonges seraient mieux dissimulés, j'ai ajouté quelques bouts de phrases contenant ***"... je travaille au cinéma"*** pour compléter l'opération de charme.

Il a observé la tête de ***'Marcel'*** de très près, ébahi, et m'a laissé partir. La supercherie du passeport de mon frère est passée inapercue.

L'une de mes visites au **Chiller Theater** du New Jersey fut avec Edwina. Elle était curieuse de 'voir ça en personne'... des *nerds* amateurs d'horreur et de résine, tous regroupés au même endroit pour jaser **Star Wars** versus

Star Trek ou du sens de la fin de chacun des **Harry Potter**.

Après avoir fait le tour de la salle d'exposition pour la troisième fois en deux jours où plus de 400 maquettes étaient en compétition, je me fais pointer du doigt par un gars en admiration.

"THAT's the GUY!"

Puis tous ses amis me saluent et ajoutent des ***"That's awesome man"*** et ***"Nice job back there buddy!"***.

Puis je me suis souvenu de la face du gars qui m'avait pointé. On avait jasé la veille, debouts devant la tête de ***'GoatBoy'*** et je lui avais dit que j'étais le concepteur / peintre.

Revenu à la chambre d'hôtel devant un bon souper de fruits de mer, Edwina m'a avoué se sentir au bras de Bruce Willis quand les maquettistes des 4 coins de l'Amérique me reconnaissaient comme l'artiste qui avait fait telle ou telle maquette. J'accepte!

J'ai été à l'une ou l'autre de ces conventions huit années de suite. Une sorte de dépendance avec des hauts et des bas, comme la cocaïne, à ce qu'on m'a dit.

7x **Chillers**, 3x **Wonderfest**, 3x **Jerseyfest**.

Bilan : 3x ***'Best-of-show'***, 1x ***'Most original'***, en plus de 9x OR / 5x Argents et 4x Bronzes. Définitivement une situation idéale pour une pute à trophées... je m'en ennuie, n'y étant plus allé ces dix dernières années. J'essaie d'arrêter!

Des projets décousus, en v'là deux en tête de liste!

Écrire un livre qui survole 30 ans de carrière nécessite un chapitre sur les contrats miteux. Pas d'argent, pas de concept viable, pas d'organisation, surtout dans nos premières années quand les compagnies embryonnaires comme Twins FX disent oui à absolument tout. ***'Pour se faire connaitre!'*** *Ouin*. À revoir.

L'une des raisons de ces cirques dysfonctionnels est que beaucoup de gens s'improvisent 'producteur' ou 'directeur de production' sans expérience ou débutent des tournages sur des promesses de financement qui ne se concrétiseront jamais parce que d'autres *clowns* s'improvisent 'investisseurs'.

Mais, comme disait le philosophe allemand Nietzsche, ***"tout ce qui ne nous tue pas nous rend plus forts"***. Assumons simplement qu'on était fort chez Twins FX dans les années '80!

SHIRLEY PIMPLE. C'EST QUI ÇA?

Comment ne pas mettre **Shirley Pimple in the John Wayne Temple of Doom** en première position de cette folle liste? Impossible. Le projet mérite grandement le titre du 'Champion des pires' malgré une vision artistique certaine dans le contenu de base. Un scénario inventif et déjanté mais préparé, géré, budgété et tourné... tout croche.

Toute cette péripétie a commencé quand Rick Trembles m'a contacté. Le designer du **John Wayne Zombie**. Un extraordinaire créateur avec un style visuel sans pareil. Un musicien-dessinateur émule des **Ramones**. Un *'cartoonist'* et virulent éditorialiste, tout en humour cinglant. J'adore son travail que je suis encore sur **Instagram** aujourd'hui.

C'est d'ailleurs l'artiste auquel j'ai confié la couverture de ce livre. Et tous les croquis rigolos des chapitres. Merci d'avoir accepté Rick!

Il travaillait sur un projet avec un ami qui serait tourné en quelques parties différentes puis assemblé en un long métrage. Tout ça avec un fond de décoration sonore punk / rock post-moderne du groupe **American Devices.**

Je ne pouvais pas dire non.

Les personnages principaux requéraient un gros travail de prothèses pour les transformer en John Wayne version Zombie. Une ressemblance certaine de l'acteur de western mythique mélangé avec une peau morte et pleine de trous alors que la vedette féminine devait avoir un air de poupée Shirley Temple grassouillette.

Rick lui-même allait sculpter les prothèses et faire plusieurs accessoires déjantés pour le tournage incluant des montagnes russes miniatures (quand même de deux mètres de large au moins). Aussi dans sa cour, un bas-relief énorme et profond qui servirait d'affiche au film et de couverture du prochain album de leur groupe musical. Un travail artistique colossal.

Malheureusement, ce n'était pas Rick qui allait réaliser mais bien un certain Demetri Demetris. Le gars m'avait confié en plein tournage qu'il trouvait son nom trop Grec pour se fondre au peuple québécois. D'après lui. Il l'avait changé pour un autre beaucoup moins méditerranéen, toujours d'après lui, Demetri Estdelacropolis!!!

Je ne sais pas pour mon lecteur, mais pour moi, les deux versions sonnent pas mal aussi Grecs l'une que l'autre.

Ça me rappelle l'histoire du gars qui trouvait son nom beaucoup trop complexe pour le commun des mortels, Samuell Van Vlardighenstein, et qui l'a changé pour Sam Van Vlardighenstein! *Anyway…*

Son premier long métrage, à vie. Karl s'est joint à la production quand les scènes d'explosions ont commencé à apparaitre un peu partout dans le scénario. On n'aurait pas un énorme budget mais on allait avoir du fun!

Et des mésaventures, parce que ça fait partie du métier.

Le jour 1, on commençait en grande. Les deux gros maquillages, une seule assistante et Rick comme paire de mains extra... mais il avait déjà un agenda bien rempli avec la préparation des montagnes russes et autres trucages visuels.

Tout se passe relativement bien avec les prothèses et ça se termine par ma troisième entrevue avec **Musique Plus** qui avait envoyé une équipe caméra sur les lieux du tournage. Une entrevue avec Denis Talbot. J'étais assez fier de me remontrer la face à la télé quelques années après notre show sur le Câble. Mes amis et famille aussi. ***"J'les connais! C'est mes chums"*** (remplacer *chums* par frère, voisin, neveu… au besoin).

Les maquillages étaient corrects. Intéressants mais fabriqués en mousse trop rigide à mon goût et des bords trop épais pour devenir invisibles à l'oeil. Les designs de Rick passaient bien, ma coloration adéquate, sans plus, et, heureusement, pas de HD fin '90.

Le jour 2, par contre, donc une semaine plus tard, on a délaissé le 3ème étage de l'édifice désaffecté pour emménager aux Studios de l'**Office Nationale du Film**. Rien de moins. La scène, ou plutôt une partie de la scène, nécessitait l'apport de Karl et ses assistants (Manon!!) et de nombreux gallons d'essence sous forme d'une croix de plus de 30 pieds de longueur couchée sur le sol, 20 pieds de largeur. La structure était faite d'une gouttière qui pourrait contenir une rivière d'essence, prête à flamber.

Nos premières années ont été fertiles en rebondissements comme celui-là. 10 ans plus tard on en riait mais sur le coup... Ayoye!

Je ne veux pas revenir sur les mots magiques du chapitre Mario Pelchat mais, je dois... ***assurances responsabilité!*** Et l'autre, ***extincteur!*** Je peux même ajouter à ces deux-là, ***tests extensifs*** en plus d'une matière bannie à mon atelier depuis l'incident, ***colle chaude!***

La croix était donc déposée sur le sol et fabriquée en gouttière de métal, pas en vinyle, évidemment. Et, puisque ce qui brule vraiment est l'essence elle-même, on avait calculé qu'on pouvait fermer les 4 bouts de la croix avec de petites plaquettes de tôle collées avec du silicone, créant un récipient pour les nombreux gallons d'essence.

Pour une raison qui m'échappe encore aujourd'hui, le silicone à bain du plan initial s'est transformé en colle chaude pendant l'exécution de la veille.

De la colle chaude ça fond avec de la chaleur, d'où le nom colle chaude. Assurances! Extincteurs! Oui Monsieur.

Un autre moment *'live and learn'* sans aucun doute.

Quand on a foutu le feu à l'essence, elle est devenue ni plus ni moins

deux longs lacs enflammés se croisant au milieu.
WOOSHH! C'était spectaculaire mais ça n'a duré que 30 secondes. Parce que ces 2 lacs se sont transformés en 4 rivières coulant allègrement de chacun des bouts de la croix.

Un plancher de l'**ONF** enflammé et des techniciens, acteurs, touristes qui courent partout comme des fourmis attaquées par un faisceau de loupe en juillet!

Une image biblique de fin du monde. En plus, ce ne serait que le premier de deux évènements au look fin du monde sur le film de Demetri. Gracieuseté de l'inexpérience pleine de motivation des Jumeaux. J'ai mentionné assurances? OK. Juste être sûr...

Ce coup-ci, le feu a été maitrisé plus rapidement et efficacement que lors du tournage du clip de Mario Pelchat. Notre unique extincteur en conjonction avec ceux des Studios a fait le travail.

Les 'soudures' de colle chaude avaient tenu assez longtemps pour que les plans tournés soient utilisables au montage. La catastrophe a été évitée. ***"Lunch! 1 heure"*** cria l'assistante à la réalisation.

On savait que les producteurs n'avaient pas un budget 'normal' et on ne s'attendait pas à avoir un buffet gastronomique comme on s'est habitué à avoir avec les **Gothika** ou **X-Men** plus tard. La rumeur circulait qu'on avait un spaghetti maison et du pain beurré à volonté. Parfait pour nous.

Quand nous sommes arrivés dans la petite salle avec le bout de papier collé à la porte ***'lunch JW Zombie'*** il n'y avait que quelques tables et une dizaine de chaises... pour une équipe de trente personnes. Il faudrait manger rapidement, à tour de rôle. Mais, toujours pas de nourriture.

"Les boys sont en route, ils ont dû détourer pour acheter du jus de tomates."

Nous avise un jeune assistant de production. Jus de tomates? Nos espoirs de fabuleux spaghetti maison s'amenuisaient. ***"PRISE 1..."***
Pour patienter et nous pomper pour le reste de la journée, on s'est servi un peu de café ***'mangeur de lait'***. Ce terme, nous l'avons inventé ici, à l'**Office Nationale du Film**, à cause d'un phénomène physique, chimique ou mental qui faisait que le lait disparaissait dans le café aussitôt versé parce qu'il était trop vieux ou trop fort. Peu importe la quantité de lait ajouté, la couleur brun foncé dans le verre de styromousse ne changeait pas! Fascinant.

Deux cafés et une demi-heure plus tard, 3 jeunes adultes aux allures *punkish* arrivent en panique, les mains pleines. Un paquet d'assiettes de carton multicolores, un **Ziploc** de fourchettes de plastique, une caisse de douze grosses canettes de jus de tomates 'marque maison' et, roulement de tambour SVP... un sac de poubelle qui devait peser 30 livres. Un sac à poubelle. ***"PRISE 2..."***

Les 'traiteurs' s'installent rapidement sur une table du fond tout en ouvrant les jus de tomates de peine et de misère à grands coups de tournevis sale. Puis, ils annoncent que le lunch est prêt à être servi.

Le grand maigre aux cheveux *'rastas'* plonge sa main dans le sac luisant et en ressort une poignée de nouilles froides qu'il garroche dans une des assiettes. La fille rasée et déglinguée à côté de lui qui avait réussi à percer deux trous dans la première canette de jus de tomates en verse nonchalamment sur le petit mont de spaghetti. Elle pose l'assiette sur la table et continue la chaine de montage.

Surréel. ***"PRISE 3, RETIRÉ!"***

Non merci. On a finalement diné avec un autre café mangeur de lait et trois tranches de pain sans beurre... je n'ai donc pas testé le goût qui allait avec la senteur nauséabonde du spaghetti.

Parce que ce qui m'a frappé le plus n'est même pas la salubrité de l'opération ou le manque d'amour du 'chef' mais le nuage odorant qui venait du gros sac vert foncé. Du coton mouillé mélangé avec un peu de fond de poche de joueurs de hockey humide et du champignon sauvage. Visiblement, les nouilles avaient été cuites la veille, laissées sur le comptoir, à fermenter.

Les maquillages et effets avaient été un succès jusque-là malgré l'écoulement d'essence rebelle dans le Studio de l'**ONF**. La fin de semaine suivante, la grosse explosion. Notre dernière participation au projet. Karl promettait un gros BANG! et on l'a eu. Malheureusement, on tournait illégalement, c.-à-d. sans permis de la Ville, de nuit, sur le Boulevard Saint-Laurent.

Une lettre des producteurs annonçait aussi un lunch qui serait dans un restaurant du coin. Des *hot-dogs steamés* et des frites, pas de nouilles colonisées par les invasions bactériennes. Bon augure. J'imagine que nous n'avions pas été les seuls traumatisés par le spagh-infernal.

Tourner sans permis sous-entend plusieurs choses. Préparatifs tout en silence, horaire de nuit assuré puisqu'il y a moins de passants et de policiers, moins de témoins finalement.

Travailler vite. On appelait ça ***'tourner en mode ninja'***.

En résumé, je devais maquiller un acteur comme s'il s'était fait égorger. Il jouerait le mort allongé dans un stationnement rempli de véhicules. Le personnage principal féminin, elle aussi en maquillage complet avec faux nez, joues, double menton et dentiers était censée décamper après avoir tué le gars et trafiqué son automobile pour exploser. Simple, sur un vrai projet. Un de ceux qui auraient été sécuritaires, contrôlés, légaux.

Toutes les prothèses, palettes de couleurs et pinceaux étaient alignés sur deux sécheuses industrielles.

Une entreprise de nettoyage à sec local nous avait prêté une petite salle à l'arrière du magasin. Petite, avec une ampoule oscillante au beau milieu du plafond. Je me cognais la tête dessus à chaque mouvement brusque. Une cacophonie de machines à laver meublait mon fond sonore de ***"fuck"*** et ***"côlissse"***.

Évidemment, il y avait quelques pièges à souris ici et là pour compliquer la tâche des déplacements.

Pendant nos maquillages en buanderie Karl prépare le côté pyrotechnique de la scène à l'extérieur. En mode Ninja toujours.

À 3 h tout est prêt. Tous les intervenants sont en place. L'heure 'H' est arrivée.

À ***"ACTION!"***, l'actrice se sauve, l'égorgé retient son souffle et Karl appuie sur le bouton du détonateur pour que le moteur du véhicule vedette semble exploser grâce à *un peu* de boucane, un bruit sec et quelques *légères* flammes. C'est sûr que d'exploser une automobile en subtilité, c'est difficile. En plus, la charge pyrotechnique placée sous la carrosserie, qui devait faire *un peu* de bruit mais *pas trop de flammes* se sentait en forme cette nuit-là.

Le souvenir du passage du **B-52** à l'aéroport de Saint-Hubert avec son petit POUF! de fumée a fort probablement motivé la surcharge ici. Inconsciemment, mais tout de même là. Karl voulait impressionner la galerie, parce qu'il n'y a pas qu'une seule pute à trophées chez les Gosselin. Y'en a au moins deux.

"Pour que ça pète pour vrai!" comme il disait. Ça a pété pour vrai, à 3 heures du matin. En plus, vu la location urbaine montréalaise, il y avait littéralement des spectateurs sur plusieurs des galeries adjacentes.

KABOUM!!! Boum… Boum… Boum…

L'explosion a réveillé tout un quartier du Centre-ville. L'actrice courait avec beaucoup plus de motivation que lors des répétitions, l'égorgé a miraculeusement bondi du sol et s'est aussi sauvé.

Nous avons ressenti l'onde de choc écho sous nos pieds. Que l'on ait été debout dans la rue, de l'autre côté de l'édifice ou sur un balcon avoisinant. Elle a aussi déclenché quelques systèmes d'alarme d'innocents véhicules alignés des deux côtés de St-Dominique, à un petit coin de rue de Saint-Laurent.

J'étais moi-même sur un balcon adjacent pour prendre des photos de l'explosion et j'ai quelques clichés de gens s'éloignant des lieux en voleurs! Une ruche après un coup de bâton de baseball.

Tout comme la panique dans les Studios de l'**ONF**, les gens, membre de production ou non, couraient dans tous les sens en mode sauve-qui-peut. Ce coup-ci il y avait aussi le réel danger de se faire arrêter pour toutes sortes d'anicroches aux règlements municipaux. Une image biblique de fin du monde, encore. Nous avons ramassé les coffres de maquillage, le détonateur, et sommes disparus dans la nuit. Mais le réalisateur était content.

Aussitôt arrivés dans un endroit plus calme, tous les membres de notre équipe se sont donné des *HIGH FIVE*... j'étais fier de mon frérot! Encore une scène spectaculaire qui a pu être sauvée malgré une fin de tournage décousue.

Aisément le gagnant du projet le moins bien organisé, et plus bizarre, de ma carrière. J'ai des fous rires et des sueurs froides de temps en temps en y repensant.

UN LOUP-GAROU À LA CABANE À SUCRE.

Restons dans les tournages de nuit avec un court-métrage microbudget de nos premières années, **Le loup-garou de la cabane à sucre.**, dix ans avant que j'embarque sur l'aventure du **Loup-Garou du Campus**, celui-là était de la cabane. Rien à voir l'un avec l'autre en budget ou qualité mais deux shows de bonhommes avec des problèmes capillaires et ongles non manucurés. (4 000 $ subventionné pour la 'cabane' versus 64 épisodes pendant 4 ans pour le 'Campus')

Déjà, le titre m'attirait. Une créature mythique, une location typiquement québécoise. Cool.

Sur papier, un autre projet intéressant. Et j'étais excité de faire un contrat de loup-garou avec un cascadeur professionnel. Depuis ce temps, j'en ai créé des dizaines à différents stades de transformation et collaboré avec de nombreux extraordinaires casse-cou, mais celui-là était mon premier lycanthrope.

Tourner dans un endroit public, comme d'habitude, signifie 'de nuit', quand le commerce est fermé. Même si on avait besoin de public à une location particulière, on devrait la peupler de figurants et non de M. Mme. Tout-l-monde en sortie hebdomadaire.

J'arrive avec deux assistantes vers l'heure du souper des 'civils', l'heure du déjeuner pour nous. 1 heure d'installation et 3 heures de maquillage / prothèses. Notre salle de travail était un racoin mal éclairé, mal chauffé de la salle à manger. La feuille de service prévoyait tourner ma scène vers 2 h, juste après le lunch d'équipe.

Heureusement, le traiteur n'était pas le même amateur que sur John Wayne Zombie mais bien le proprio de la cabane à sucre. On a donc eu droit à un excellent diner à 1 h du matin.

Il y avait des poils de loup-garou dans les assiettes de la table des FX et l'acteur faisait du mieux qu'il pouvait pour mastiquer son jambon à l'érable avec un long nez de mousse... mais c'était délicieux.

Merci, Dieu de la bouffe, vous m'en deviez une pour le spaghetti fermenté en sac de poubelle. On était quitte.

Estomac rempli, maquillage terminé avec succès, nous étions d'attaque pour notre scène. La bête perchée dans un arbre devait se faire tuer par l'héroïne et tomber sur le toit d'un véhicule stationné à quelques mètres sous le cascadeur.

Nous avons perdu quelques heures à discuter et tester la cascade et les angles de caméra. On ne pouvait pas être plus prêt.

Ai-je mentionné qu'on tournait fin novembre? -8 degrés? Toute l'équipe de production portait des **Canada Goose** et des bottes d'hiver mais le personnage principal était pieds nus, chemise blanche à manches courtes couverte de sang figé, et une paire de pantalons de toile. Un *kit* hivernal inadéquat. Pauvre gars.

L'envie de monter dans l'arbre et de se lancer sur le toit froid et dur d'une automobile n'était pas au rendez-vous. Mais, en professionnel, il l'a fait. BAM!! Il est tombé de sa branche à plusieurs reprises, sous plusieurs angles.

BAM!! BAM!! ***"On le r'fait!"*** BAM!!

"COUPÉ! Bon, on l'a. On change de plan. CLOSE-UP. Maquillages FX on ajoute du sang partout SVP! MAINTENANT... reste'pas grand temps avant l'soleil!"

Dans ce prochain plan, le dernier de la nuit, il devait 'faire le mort' à ***"ACTION!"*** Sauf que les morts, ça ne claque pas des dents. Le corps humain est ainsi fait qu'il a un mécanisme de défense contre l'hypothermie. Claquer des dents et faire trembler les muscles ça crée des frictions et donc de la chaleur naturelle. Incontrôlable par le conscient.

En plus, le maquillage et le travail de poils n'étaient pas aussi fignolés qu'aux retouches d'après diner.

Le pauvre gars étendu dans le sirop de sang figé sur le métal frigorifié a essayé pendant une dizaine de prises. La fille des cheveux faisait marcher le séchoir de l'intérieur de l'automobile pour réchauffer le plafond / toit puisqu'il n'y avait pas de dialogues. Le réalisateur est passé par tous les stades de trauma : la gentillesse, la tristesse, la colère, la négociation, l'humour... même lui offrir plus d'argent. Réflexe incontrôlable. Point.

Après une heure de vaines tentatives et le soleil qui se pointait le nez entre les érables, le premier assistant à la réalisation (qui était aussi électro et cantinier, vive les petits budgets!) lance un

"WRAP! On va arranger ça au montage final."

J'ai regardé le film complété l'année suivante, en VHS évidemment, et le loup-garou 'mort' claque visiblement des dents.

Le département costumes, et les autres...

Il n'y a pas que le département maquillage qui a besoin de maquilleurs FX.

Non plus juste *'la tivi pis les fims'*, pour emprunter les mots colorés de mon vieux voisin. D'autres requièrent des sculptures, moulages ou peintures complexes.

En fait, tout ce que l'on a touché de près ou de loin sans être des séries télé ou du cinéma.

LES MAGICIENS.

Encore désolé les enfants mais les magiciens sont des tricheurs. Ils utilisent plein de fausses patentes pour faire croire plein de fausses choses. Pour nous divertir.

Mon premier coup de téléphone en relation avec la magie fut de l'agent d'un des gros noms du temps. Il montait un spectacle pour une tournée canadienne et avait besoin de divers membres, têtes, masques et autres artifices mécanisés / radio-commandés. C'est ça.

C'est tout pour les détails.

Je dois m'arrêter ici parce que, comme avec plusieurs productions cinématographiques, le **Cirque du Soleil** ou l'**Institut de Police** de Nicolet, j'ai signé des ententes de confidentialité. Non-divulgation.

Mettre le dernier scénario d'un **X-Men** sur **Facebook**, 2 ans avant sa sortie en salle, me coûterait dans les 6 chiffres en frais punitifs, et le reste de ma carrière probablement!

LES MUSÉES ET EXPOSITIONS.

Valter, lecteur de nouvelles entièrement mécanisé. Contrôlé par ordinateur. Une boucle de 16 minutes durant toute la période d'ouverture.

Avant notre vieux couple animatronique de la **Petite Maison-Blanche** du Lac-Saint-Jean ou bien les marionnettes caricaturales de la série télé **Les Facéties** à **Radio-Canada**, nous avait fabriqué VALTER. 'V' pas 'W'.

Un lecteur de nouvelles basé sur Pierre Bruneau / Charles Tisseyre / Walter Cronkite qui expliquait, 15 fois par jour et en 16 minutes, l'histoire du Canada aux touristes de la **Maison de la Découverte** sur les Plaines d'Abraham. Un contrat de fabrication et entretien qui devait durer 10 ans et qui s'est étiré pour 14. Le démonter pour mettre toute la quincaillerie dans un conteneur fut un moment de deuil professionnel. Par contre, je crois que notre vieux couple d'amoureux, fabriqué pour le **Musée de La Petite Maison-Blanche** au Lac-Saint-Jean se berce toujours avec leur chat blanc animatronique à la queue trop active.

DU GRANDEUR NATURE.

Il semblerait que notre série télé communautaire a attiré l'attention des fans de médiéval. Quelques-unes de nos premières factures officielles ont été pour des regroupements de joueurs de 'Grandeur Nature' qui passaient leurs fins de semaine à se taper dessus avec des armes en mousse, habillés en **Game of Thrones**, avant **Game of Thrones**.

Au final, nous avons fabriqué plus de 300 armes diverses, plus légères et plus résistantes possibles, et une centaine de paires d'oreilles d'Elfes et nez de sorcières. Et quelques masques d'Orc à crocs flexibles!

Les Elfes et leurs oreilles auront été un bon entrainement pour l'application cellulaire **Portable North Pole** pour qui nous avons conçu des dizaines de lutins au fil des ans. Les Orcs sont aussi ressortis des boules à mite pour un commercial en 2021 de **Hélix / Vidéotron**. Tous ceux qui ont suivi les **Canadiens** jusqu'à la finale de la **Coupe Stanley** ont pu voir nos personnages se battre sous la pluie des centaines de fois.

LES URNES FUNÉRAIRES.

Une autre connexion qui s'est faite à cause de l'émission ***'Twins FX'*** en conjonction avec du bouche-à-oreille, les urnes funéraires et bustes commémoratifs.

Adhémar Dion et René Lévesque. L'un a été remis à l'une des soeurs de Céline, l'autre à Pauline Marois lors d'une exposition de nos oeuvres dans un hôtel huppé.

Lors de mon bref passage dans le monde des sculptures de bustes j'ai même eu la belle opportunité de livrer un bronze de Paul Roch-de-St-Ours. Sa tête est toujours le point central du ***'monument aux fondateurs'*** du parc municipal de St-Roch-de-l'Achigan.

ET FINALEMENT, LE DÉPARTEMENT COSTUMES.

Tout a commencé sur la série pour **CBC**, **The Neverending Story**. Pas le film adoré de tous… j'étais trop petit quand ils l'ont tourné. La série de 6 heures pour notre diffuseur national canadien. Une association qui allait nous donner beaucoup de travail au fil des décennies et nous permettre de travailler même sur des projets où nous n'avions pas été choisit pour s'occuper des maquillages FX.

La designer de ce projet savait qu'on sculptait des personnages en quantité, avec des cornes, des griffes, des artifices n'étant pas vraiment de la 'peau'. Pas du maquillage. Elle avait créé de superbes costumes et armures pour les soldats de la **Reine Xayide** et nous avait demandé de mettre des cornes sur des plastrons et casques ultralégers mais résistants.

J'ai accepté le défi, avec succès. Le mariage des deux départements s'est fait là. Grâce à Renée et à ma mauvaise habitude de relever les défis!

Pour le blockbuster **The Fountain**, on a fabriqué d'imposants casques de prêtres incas basés sur une colonne vertébrale d'Ours brun, cuir, crocs et bijouterie de métal... tout en mousse légère, rigide, peinte en trompe-l'oeil pour imiter les vrais matériaux.

Puis vint la rencontre avec la seule et unique Eiko Ishioka. Toute menue Dame japonaise, gagnante d'un **Oscar**, et *designer* de costumes reconnues mondialement. **The Cell**. **Dracula**. **Immortals**. C'est elle et son imagination.

Chaque fois que j'ai eu la chance de m'assoir avec elle et de jaser d'art elle me disait que mes choses étaient *'GROTESQUES'*, sauf qu'elle prononçait ***"GWotesk"***. Elle aimait le caractère 'vécu' de nos finitions de peintures.

La rouille, les égratignures, les coulisses inégales et l'asymétrie n'étaient jamais dans son monde imaginaire. Alors que ça peuple le mien. Elle disait d'elle-même que son style était *'SHARP'* mais prononcé ***"Shap"***. Elle accompagnait ça de gestes de mains secs en essayant d'expliquer dans un anglais cassé nos différences fascinantes. Et le répétait deux fois rapidement. ***"Shap-Shap"***. La symétrie, la brillance et les lignes fines et droites étaient plus son monde.

Quand je lui montrais une de nos sculptures pour des masques ou un test de peinture / texture de plastron ça sonnait comme ça,

"You, Gwotesk… me shap-shap. Shap-shap like dis. Beautiful. Do more. I like your for dis."

Ajoutez à ça le fait qu'elle ne mesure pas 5 pieds, et le portrait est là. Une menue créatrice japonaise au beau milieu d'un atelier remplit de cadavres humains et animaux, baragouinant un anglais douteux. On l'aimait bien!

Les armures et casques de soldats **Héraklions** ou celui avec des pointes dangereuses de Mickey Rourke furent des moments forts pour notre équipe sur **Immortals**.

Une adorable petite femme que je n'oublierai jamais. Juste avant qu'elle décède d'un cancer, j'ai pu travailler avec elle une dernière fois sur le **Blanche-Neige / Mirror, Mirror** mettant en vedette Julia Roberts.

Des centaines de masques en fibre de verre pour des séries comme **Benhur**, les nombreux costumes de statues de bronze pour le spectacle de Las Vegas ***'Cirque du Soleil presents Micheal Jackson'*** ou les douzaines de souliers de lutins des films **Northpole 1** et **2** ont été des pauses bienvenues aux cadavres habituels.

Le projet 'costumes' le plus cool de ma carrière? Et le plus technique? **Riddick**. Les armures de Vin Diesel faites pour Simonetta en conjonction

avec ses merveilleux techniciens spécialisés en cuir et patines étaient des oeuvres d'art de faux finis et un hymne au travail d'équipe.
On devait rendre ses superbes designs en mousse légère et résistante, évidemment, tout en imitant le cuir et les métaux du concept. J'ai arrêté de compter le nombre de morceaux différents entassés dans des boites pour livraison à 200...

Le produit final était magnifique.

Ajoutez à ça les murales de dojos ou de chambres d'enfant, les illustrations à l'aérographe sur les manteaux de cuir et les casques de motos de cascadeurs. Même des visages de créatures mythiques coulées en ciment pour rénover un édifice centenaire appartenant à un réalisateur connu... ça fait de la variété dans le travail.

Les moments mémorables, même ceux que j'essaie d'oublier!

LE BULLETIN DES CADAVRES

En 30 ans, j'en ai fait des cadavres de latex, mousse et silicone! Quelques centaines. Je serais curieux de les compter.

Un corps par-ci, deux corps par là, le total ne monte pas toujours rapidement mais, 30 ans... 300? 450? Beaucoup.

Quand tu additionnes les films de guerre comme **La Peur** avec ses deux douzaines de soldats déglingués ou la trentaine livrée à **Midway**… on est déjà à plus de 50. Ça débute le compte en grande.

Puis on y ajoute la trilogie *'zombies made-in-Québec'* **Les Affamés**, **Blood Quantum** et **Brain Freeze**… Ça s'empile sérieusement.

Et on continue. L'**École Nationale de Police**, **19-2** (3x saisons anglophones), **Fortier**, **The Hunger: the TV series**, **Big Wolf on Campus** (64 épisodes), le jeu d'échecs complet pour **5150 Rue des Ormes**, **Mensonges**, **Being Human** (4 saisons), **Incendies**… le compteur à faux corps surchauffe.

Et plus récemment, la série de **National Geographic**, **Barksins** en 2019, pour qui nous en avons fabriqué près d'une autre trentaine... femme enterrée, femme pourrie suspendue à un arbre, douze Amérindiens massacrés, 3 prêtres à la tête ouverte, des Français égorgés, un Britannique gonflé par un séjour dans un lac stagnant....

Même pendant cette année et demie de pandémie, avec la série télé **La Faille** et ses suites, le nouveau Xavier Dolan, **Three Pines** et **Bungalow**, nous sommes à 26 et ça continue.

Ça fait beaucoup, beaucoup de fausse chair morte. Beaucoup. (Non, toujours pas de cauchemars!)

Parmi tout ça, j'ai des favoris. Comme un parent qui aime mieux tel ou tel enfant et qui ne peut l'avouer. Sauf que vu que mes corps sont inertes, je peux me permettre de dévoiler mes préférés.

Difficiles à départager mais de par le contexte de fabrication, le concept de base, la position intéressante, la coloration dérangeante, ou l'investissement émotif transmis dans la matière, 3 se démarquent. Deux qui ne sont même plus à mon atelier pour des raisons vraiment différentes et l'autre que je peins au moment où j'écris ces lignes.

Indéniablement, l'un des corps dont je suis le plus fier est le clone de David Bowie fait pour la série **The Hunger** (approx. 1997). J'en ai parlé plus tôt dans un autre chapitre. M. Bowie l'a emporté avec lui après le tournage pour être inclus dans sa collection d'art privée dans une superbe demeure de New York, à ce qu'on m'a dit. En vitrine pour d'heureux élus.

Le deuxième corps qui aurait pu avoir ce titre est celui que j'ai toujours affectueusement appelé la *'petite fantôme de* ***Gothika****, celle qui cause l'accident à Halle'*. (approx. 2006)

C'est d'ailleurs le seul accessoire dans mon atelier qui faisait peur à mon fils Francis lorsqu'il était plus jeune. Il était habitué et tout à fait à l'aise de filer à toute vitesse avec son tricycle dans notre édifice de **Ciné-Cité** en slalomant les créatures et corps de toutes sortes mais il évitait toujours celle-là. Avec son regard qui traversait votre crâne, ses longs et fins cheveux huileux et pendouillants, son corps mi-nu couvert de blessures et sa position recroquevillée mais menaçante. Francis restait loin.

Lors d'une entrevue télé, l'intervieweur l'avait placée en arrière-plan comme décoration. Puis, je suis passé à autre chose. Des mois plus tard, je reçois un coup de téléphone d'un représentant de l'Union des Artistes version nord-américaine anglophone, l'ACTRA.

Un membre aurait fait une plainte formelle et promettait des poursuites judiciaires en dommages et intérêts contre Lifemaker si le corps de la fantomatique petite fille blonde n'était pas détruit. Détruit dans des conditions bien spécifiques, et les morceaux livrés aux bureaux de ce syndicat dans les trois prochaines semaines.

Une confirmation écrite de la destruction ne serait pas suffisante. Il fallait filmer, sans coupes et donc en plan séquence, l'arrivée du bourreau (moi) dans le cadre avec une scie puis couper le corps en ***"au moins 10 morceaux"***, toujours sans arrêter de filmer, puis les mettre dans un sac de poubelle.

Ce sac devait être livré aux bureaux de l'ACTRA avec le DVD de la destruction en deux copies, dans les 48 heures. Rien de moins.

Ça m'a fait quelque chose de scier une oeuvre dans laquelle j'avais tant investi émotivement, que je trouvais si parfaite, mais je voulais le faire moi-même. Plus facile de faire son deuil de cette façon.

Pendant que les dents de la scie déchiraient le silicone et la mousse d'uréthane, je revoyais le tournage. Les visages d'Halle Berry et du réalisateur Mathieu Kassovitz fixant la petite en faisant le tour du personnage qui se tenait debout au beau milieu de la route.

Halle et Mathieu avaient des parapluies mais l'eau coulait sur le cadavre immobile rendant ses cheveux encore plus mystérieux et clairsemés, ses nombreuses blessures plus douloureuses au travers d'une camisole de nuit translucide. Son regard humide scrutait les spectateurs. On aurait dit qu'elle grelottait de par sa position recroquevillée. Macabre et triste.

Tout comme les photos incroyables et uniques que j'ai réussi à faire de David Bowie qui se regarde lui-même ou avec son coiffeur français qui les peigne tous les deux, côte à côte, j'en ai d'aussi surréelles de Halle Berry qui fixe la petite fille morte debout dans la rue pluvieuse, brouillard rasant le sol et lumière de lune envoûtante. Nez à nez. Fascinée. J'ai des frissons juste de repenser aux sentiments d'accomplissements qui m'habitaient pendant que je prenais ces clichés de David et Halle dévisageant mon travail.

Puis la fantôme est devenue un tas de mains, jambes, demi-têtes, mâchoire tailladée de coups de scie. Un casse-tête morbide. Dans le même vidéo de sciage, il fallait aussi briser à coups de masse les moules négatifs de plâtre et fibre de verre.

Une hécatombe inutile et irréversible exigée par je-ne-sais-qui. Un membre anonyme de l'Union. (Je pense que c'était l'actrice elle-même!)

Triste.

Et, le champion toutes catégories... le **Gros Nobody**! Un homme de 500 livres, étêté. Ses mains et ses pieds emballés dans des **Ziploc**, livrés séparément du reste du corps. Tattoos de prison, poils implantés un à un, coloration violacée surréelle mais réaliste! Une oeuvre d'art macabre. Le long métrage sortira probablement début 2022 et j'aurai la larme à l'oeil, assis dans le cinéma, plein de fierté, quand sa grosse carcasse remplira l'écran.

Titre de travail : **Gros Nobody**... ou **2x4**. Titre de sortie en salle : ???

Quelques mentions honorables de cadavres qui étaient tous dans la course, en désordre, pour une multitude de raisons :

- Meaghan Rath pour **Being Human**. (2013)

La copie statique d'une Meaghan ayant l'air de dormir mis à part quelques trous pustuleux ici et là dans sa peau ouvre la liste. L'image mentale (et photo) qui me reste du moment exact où les 3 autres vedettes de la série entouraient l'actrice accroupie touchant son visage de silicone sera toujours dans ma banque de réussites.

Les points d'interrogation dans l'expression des 4 acteurs mélangés à de l'émerveillant sur un fond de silence. Wow.

- Une tête écrasée pour des étudiants en formation. (2014)

Je mentionne plus loin nos nombreuses années de collaboration avec les forces de l'ordre. L'**École Nationale de Police** fut notre premier collaborateur.

Et au fil des ans, ils nous ont commandé beaucoup de corps pour former les cadets. Le plus fou et excitant pour notre équipe est celui représentant une 'mort imminente'. Vrai terme technique si aucune manoeuvre de réanimation n'est nécessaire, visiblement. Le corps final livré avait eu la tête écrasée par un camion.

Un genre de galette de pastèque avec des yeux exorbités et des dents toutes croches. Dégueulasse sans aucun doute mais techniquement et artistiquement magistral.

- L'homme d'affaires dévoré par un lion. (2016)

Quand les producteurs de la série **Mensonges** m'ont contacté pour fabriquer ce personnage éviscéré, je ne savais pas que le tueur était un lion. Secret d'auteur.

On m'avait simplement expliqué le look recherché quand les inspecteurs entrent dans l'usine et voient ce tas de linge écarlate par terre.

Sa tête et ses membres étaient reconnaissables, son habit de travail aussi, mais son abdomen était grignoté et ses intérieurs étalés partout sur le plancher. Une fois la scène tournée on m'a mis au parfum... un lion en VFX serait responsable du carnage.

- Le cadavre éclaté, lancé d'un hélicoptère. (2009)

Mon tournage avec la superbe Kate Beckinsale et le futur **Steve McGarrett** d'**Hawaii 5-0** au réseau **ABC**. Mon travail était pour le thriller nordique **Whiteout**.

L'un de nos mandats pour ce suspense dans le Grand Nord était de fabriquer une victime du tueur qui aurait frappé la glace en vol plané de plus de 200 pieds. Je l'appelais affectueusement le corps splashé.

La version finale qui devait jouer sur la table d'autopsie était superbement dégoutante, cousin de la mort imminente de Nicolet en plus déglinguée. Mais nous avions aussi fabriqué 3 têtes *'explosables'* qui devaient être filmées avec une caméra sous une plaque de plexiglas. JM et moi étions excités de les installer au bout d'un bâton et les écraser à ***"Action!"*** mais la nuit s'est terminée avant de se rendre à cet insert.

Nous avons pu pratiquer notre élan de baseball quand même quand nous avons fait exploser les têtes dans le stationnement de Lifemaker. Filmé par nous. Photos à l'appui!

J'aurais pu mentionner le plus petit : Un bébé naissant croustillant, cuit à la brochette pour **Nulle Trace**. Je n'écris pas les scénarios, j'exécute seulement.

Le plus lourd : l'homme noyé à qui il manquait un bras pour **Le Revenant**. Cadavre + Rivière = KILOS MOUS.

Le plus inutile : la 'momie' d'**Apocalypse** pour un des derniers **X-Men**. Le corps rachitique devait servir aux effets visuels comme point de fin à une transformation mais est resté dans sa boite au plateau.

SCEPTIQUES DU QUÉBEC ET LA DESCENDANCE DES GOSSELIN.

Ça suffit les bla-bla de corps morts, passons aux **Sceptiques du Québec** et à la lignée généalogique des Gosselin!

Quelques surprises de taille la même année, surtout pour une pute à trophées comme moi : Les ***'Sceptiques de l'année'*** et un ***'Gosselin' de l'année'***, tous deux partagés avec mon frère Karl.

Le premier honneur, attribué par les **Sceptiques du Québec**, était pour avoir promu la pensée scientifique critique grâce à nos apparitions impromptues à la populaire émission Claire Lamarche. Celles qui traitaient de la fameuse Autopsie extra-terrestre.

Avec le prix on reçoit aussi une invitation à aller montrer le corps de l'extra-terrestre dans le kiosque officiel des Sceptiques au **Salon Pepsi-Jeunesse** tenu au **Stade Olympique**.

Plus de 100 000 jeunes ont défilé dans les grandes allées aménagées de quelques centaines de kiosques durant la fin de semaine.

Grâce à cet extra-terrestre, on côtoiera le coloré (et un génie dans la vraie vie!) Jean-René Dufort, qui était le *'poster boy'* des Sceptiques bien avant d'être une super vedette journalistique avec **Infoman**.

Le deuxième honneur était pour avoir exposé le nom 'Gosselin' sous une lueur positive par nos succès professionnels et nombreuses entrevues colorées. Une reconnaissance attribuée par l'Association des Familles Gosselin d'Amérique du Nord. Merci tout spécial à André d'ailleurs!

La plaque commémorative nous a été remise tout près de la maison du premier Gosselin d'Amérique, un certain Gabriel, sur l'Ile-d'Orléans. Lors de la soirée honorifique on y a rencontré des grandes tantes et troisièmes cousins du Texas, des Maritimes, d'Allemagne et de Vancouver. Fou. Merveilleux.

Pendant la cérémonie, j'ai appris qu'il y aurait un autre Gosselin de salué comme porte-parole du nom, Léon. Après quelques recherches, je me suis rendu compte que son claim-to-fame était dans la pharmaceutique. Mon homonyme plus vieux sauvait des vies au travers de son entreprise Axcan Pharma.

Karl et moi, on faisait vendre du popcorn en égorgeant des acteurs à l'écran. Je me suis senti, disons, moins important que Léon. Mais bon. Le nom Gosselin circulait positivement grâce à nous 3 cette année-là et on a accepté l'honneur avec plaisir.

J'ai évidemment une jolie photo de Karl et moi, tenant la plaque, devant la maison de Gabriel Gosselin, né en 1621, arrivé en Amérique en 1650. Il était un grand travailleur au lit, avec 12 enfants. Émouvant.

Ma mère était fière de ses 'cocos' ce soir-là. Ses jumeaux.

CLAIRE LAMARCHE, EN DIRECT.

Nos fameuses apparitions à Claire Lamarche... tellement de gens s'en souviennent, et m'accostent dans la rue, que ça devait être ici. Deux émissions successives à la fin de la saison 1996. (1997??) On revient toujours sur la deuxième, celle où l'on voit notre reconstitution d'autopsie qui démontre bien ce que l'on disait lors de notre première visite.

Que ce soit une vraie ou une fausse, celle de Ray Santilli, ex-musicien devenu producteur de films, est facilement refaite. Elle ne prouve donc rien contrairement à ce que plusieurs ufologues proclament. C'était juste ça notre point et la raison pour laquelle les recherchistes nous avaient invité en tant que professionnels des FX. Pour répondre à la question ***"est-ce qu'on peut imiter ce genre d'autopsie?"***

Les gens n'ont pas de souvenirs du commencement de cette histoire. Elle a débuté deux semaines auparavant, lors de la première émission consacrée au sujet.

Les Twins (gros égos) versus les ufologues (gros égos aussi). Lors de notre première apparition, il n'y avait pas de suite de planifiée par les producteurs. Les évènements l'ont rendue nécessaire.

Karl et moi étions dans l'audience et avons donné notre opinion professionnelle en début d'émission. En résumé,

***"Que ce soit un authentique film d'autopsie
du crash de Roswell en 1944 ou non,
c'est très facile de le refaire dans mon sous-sol!"***

C'est ce que j'ai dit. Le panel d'ufologues a réagi avec des roulements d'yeux et des sourires moqueurs avant d'embarquer dans un long discours sans fondement et quelques attaques frisants le personnel.

Tout le talk-show se déroule avec des débats entre ufologues, astronomes, psychologues de l'insolite et investigateurs du paranormal, croyants et non-croyants dans les 'p'tits bonhommes verts'. Puis, vers la fin de l'émission, juste après une récapitulation de ma position qui sonnait à peu près comme,

“Si vous avez vu Parc Jurassique, et les dinosaures de mousse de latex vous ont convaincu, pourquoi un professionnel ne pourrait-il pas FACILEMENT faire une autopsie d’un gars à 6 doigts avec une grosse tête et une grosse bedaine?”

Point. Simple. Obstinez-vous là-dessus.

Un des panélistes ‘croyants’ envoie sarcastiquement à Claire,

“Les gars d’effets spéciaux arrêtent pas de dire que c’est facile mais personne ne l’a encore fait!”

Je paraphrase et abrège un peu mais c’est l’essentiel de la conversation. Pause publicitaire...

Claire vient me voir et me dit, sourire en coin,

“Ça sonne pas mal comme un défi ça Erik, qu’est-ce que t’en penses?”

Puis elle ajoute qu’il ne reste qu’une émission à la courante saison et que je n’aurais donc que deux semaines pour le faire.

Un égo c’est un égo, alors je lui réponds, torse bombé,

”Effectivement, ça sonne comme un défi! On va l’faire!”

Au retour de la pause, elle résume notre discussion hors caméra pour le public et les ufologues.

"Les jumeaux vont tenter de refaire l'autopsie."

Et la course folle venait de commencer. En sortant des Studios de **TVA** l'un des panélistes nous lance en riant,

'Bien hâte de voir votre bonhomme en plastique!'

Il ne faut pas réveiller un ours qui dort M. le panéliste, encore moins deux!

Évidemment, sans budget. Zéro. Un gros investissement temporel, financier et émotif de la part des jumeaux mais ça en valait la peine.

Le but ultime était de surprendre le public et fermer la gueule des détracteurs avec un budget de broche-à-foin. GO! On avait deux semaines et le compteur tournait déjà...

Heureusement, le beau-frère de mon frère connaissait un embaumeur aimant les défis qui nous prêterait son local, table d'éviscération et outils inclus pour filmer le vidéo final. Il nous montre quelques vrais cadavres embaumés puis devient notre consultant pour la reproduction de l'autopsie.

Encore heureusement, un ami d'un ami avait une adolescente courageuse qui était prête à se faire mouler pour servir de base à une sculpture extra-terrestre de 4'6" de haut. On pourrait la remodeler en partie pour ressembler au bonhomme du vidéo qui avait fait le tour du monde.

Une fois le double de plâtre de la jeune fille coulé, il fallait modifier quelques parties importantes de son corps. L'extra-terrestre avait 6 doigts et 6 orteils, une tête démesurée, des yeux grands comme des poings fermés et une bedaine de bière évidente. Tout ça ne ressemblait pas à Stéphanie à la base, heureusement pour elle et sa vie quotidienne.

Ensuite on a dû remouler le nouveau personnage pour faire nos moules négatifs maitres qui serviraient à y couler de la fausse peau. Tout ça remplit par une ouverture dans le dos.

Après avoir pinceauté une couche de 'peau' et de 'graisse' il fallait insérer des côtes, des organes bien définis et précolorés, du coton ouaté rouge et humide (muscles), des graines de moutarde et gélatine (graisse), etc. Il s'est même glissé 'accidentellement' un bout de nez de l'acteur Benoit Brière. De la pâte à dents, du gruau crû et cuit, de la laine minérale effilochée et du paprika pour sa couleur unique.

Une grosse saucisse juteuse, remplie des *restants de la veille*, organiques et synthétiques, par couches superposées.

Une fois démoulée et la peau peinte, la saucisse était prête à ouvrir et autopsier à la caméra par le 'coroner militaire'.

Fabriquer ce bonhomme nous a pris un total de 9 jours et quelques nuits blanches dans le petit sous-sol de ma maison privée. Je n'avais pas encore les moyens d'un atelier comme les 20 dernières années...

Le dixième jour était réservé pour le tournage de notre vidéo. Nous laissant 2 jours de montage et préparation avant de retourner dans les studios de **Télé-Métropole**.

On a décidé de faire ça simple avec peu de temps et 1 seul extra-terrestre à découper. On s'est installé dans une salle d'embaumement lugubre avec vapeurs de produits chimiques, au sous-sol du salon funéraire de notre ami. (Évidemment que les salles d'embaumement sont dans des sous-sols. Une loi non écrite)

La célèbre vidéo noir et blanc de Ray Santilli jouait en boucle sur un écran télé nous servant de guide image-par-image pour la reproduction. Chaque plan, cadrage et action devait être identique.

Les militaires tailladaient la chair au scalpel. *Check*. Sciaient la calotte crânienne. *Check*. Coupaient les côtes avec d'énormes pinces. Tripotaient les viscères gluantes. Sortaient le cerveau luisant pour le peser. *Check. Check. Check.* On l'a fait.

Le cerveau est tombé par terre à sa première sortie mais on a arrangé ça au montage!

Un flash de génie la veille de l'émission... on décolore notre montage final. On le présentera en noir et blanc au public et si quelqu'un le mentionne, on leur sort la version couleur comme une bombe. On était prêt.

Un petit passage au maquillage. Des salutations polies aux autres invités dans la *green room*. Puis,

"On regarde ça..."

Dit Claire Lamarche d'entrée de jeu.

Pendant la diffusion de notre autopsie, j'observais les ufologues comme un vautour qui chasse la souris de champ. J'étais fier du travail et il n'y avait vraiment rien à redire.

FIN. Les gens applaudissent. Claire est contente. Nous aussi.

Notre détracteur numéro 1, aussitôt le vidéo terminé, seul membre du panel d'experts et d'ufologues que je n'ai pas vu applaudir avec réticence, lance à Claire,

"Je suis content qu'on ait soigné l'égo des frères Gosselin... est-ce qu'on peut passer à autre chose."

Accompagné d'un grand sourire moqueur.

Moi, je me suis dit ***"FUCKER"*** intérieurement, mais j'ai gardé mon calme. Karl s'est penché par en avant pour sauter sur la scène... mais a eu le réflexe de rester assis. ***"#*$&%$! #&@?#&@\\!$%."*** Flatter l'égo. Tabarnak. Toute une façon d'admettre son tort.

Louis Bélanger, enseignant à l'Université de Montréal en psilogie (!!), envoie un,

"L'extra-terrestre de Ray Santilli peut bien aller se rhabiller!".

Suivi d'une succession de commentaires positifs. Très bon pour l'égo. (Peut-être que l'ufologue avait un peu raison avec le flattage!)

On avait relevé le défi avec succès. Pendant que les crédits déroulaient avec des images de notre vidéo d'autopsie, Claire ajoute : ***"Merci encore aux frères Gosselin. C'est à vous autres qu'on doit d'avoir relancé le débat! Bravo."*** Un des plus beaux moments de fermage de gueule de ma vie.

Ça n'existait pas en 1997 mais un *'mike drop'* aurait été approprié!

Karl était toujours pompé contre un des ufologues en particulier. Les micros étaient fermés et les crédits déroulaient à l'écran. Karl le pointait en lui lançant quelques mots bien choisis au travers du bruit de foule.

Inoubliable tranche de vie qui nous a donné beaucoup de visibilité en tant que jeune entreprise.

Il y a quelques semaines un livreur de **Fedex** qui passait par l'atelier m'a annoncé qu'il ne travaillait comme livreur qu'à cause de la pandémie.

"Ma vraie job c'est pas ça.
Je suis maitre-coloriste dans une entreprise
de restauration de vieux meuble.
À cause de toé pis ton frère, pis votre show sur
le câble vous m'avez donné la piqure artistique!"

Merci Claire! De nous et du gars de **Fedex**.

MOULER UN PÉNIS ; PAS SI SIMPLE.

La peau du pénis humain est élastique. Très élastique.

Pour un film américain à gros budget, la demande était une douzaine de faux corps émaciés, pourris, sales.

Comme d'habitude, on commence par une base qu'on resculptera avec les ajustements nécessaires tels yeux ouverts, moins de bedaine, plus de seins, texture de peau extra-terrestre ou un membre en moins. Vous voyez le principe.

Dans le cas de ce personnage en particulier, la scène demandait qu'il soit nu, couché sur le dos, sur une table à diner. En fait, le cadavre final ne serait ni plus ni moins qu'un rôti de 6 pieds de long pour une famille de sympathiques cannibales. Il ne serait jamais déplacé à l'écran, donc pas besoin qu'il soit articulé ou même empesé, juste sur le dos, mort. Point.

Comment mouler l'acteur? Couché sur le dos, évidemment. Nu, évidemment. Pas trop de resculpture ou ajustements à prévoir sur celui-là. La tête serait moulée à part.

Le plan était simple, on le moule en un seul morceau dans la bonne position et quand le silicone et la coquille de plâtre ont durci, on le *'flip'* complètement. Toute sa peau qui touchait directement à la table devenait automatiquement un 'trou' d'où le gars pouvait s'extirper une fois tourné sur le ventre. Simple, je vous l'ai dit. Mais, il y a eu un pépin. La succion!

On s'y prend à 4 techniciens, on fait un décompte, et HOP! Le moule, avec l'acteur à l'intérieur, passe du dos au ventre en un seul coup. Parfait 180 degrés aériens. C'était comme flipper une crêpe de laquelle une tête dépassait.

"OK Robert, comme on t'a expliqué tantôt.
Tu sors tes bras tranquillement et déposes tes paumes

sur la table, comme pour faire un push-up.”

Il s'exécute.

“Ça tire les gars!”

“Mais oui, c'est la succion normale. Vas-y doucement.”

POP! Ses bras sortent du moule et il s'appuie bien sur le dessus de la table. POP! encore. Tranquillement mais sûrement, il émergeait de sa prison temporaire.

“Tu gigotes tes orteils, tes pieds et tu sors tes jambes toujours en les déposant sur la table, en push-up.”

Il s'exécute et on a un moulage de bandes plâtrées avec de vrais membres humains et une tête qui dépasse. Une bizarre de pieuvre moitié chair, moitié plâtre. Mais le milieu du corps est encore accroché au moule.

“OK Robert, l'étape finale,
la plus facile pour un athlète comme toi.
Tu fais un push-up et tu sors complètement de là.
Essaie d'envoyer ton derrière au plafond.
On paie la bière après!”

Il commence à bouger les fesses en grognant, et tout semble sortir. POP! Les cuisses, le haut de l'abdomen même les fesses, les hanches, tout... sauf son pénis! L'image était vraiment drôle mais vraiment inquiétante.

Un homme se tenait en position de *push-up* au-dessus d'un moulage de lui-même, relié au négatif par un bout de peau central en hyper extension sur fond sonore de,

"Les gars! J'ai la bite bein pognée!
Qu'est-ce que j'fais? Ça tire en crisse!"

Tout en y allant de plus belle.

Évidemment, le fou rire est déjà contagieux mais la panique commence à s'installer dans l'équipe aussi. Puis POP! Le bout du pénis lâche prise et lui rebondit directement sur les couilles.

"TABARNAK!!! Ayoye..."

Incapable de retenir son propre fou rire Robert en pleure un bon coup avec nous. J'en avais mal au ventre le lendemain.

"J'vais prendre deux bières au lieu d'une les boys!"

LA *SUPERMODEL* FATIGUÉE.

La *supermodel* qui avait fêté depuis trois jours avec toutes les substances illicites possibles (et du gin **Bombay Sapphire** en masse!) qui doit se faire mouler en entier, debout, pas couchée.

Ma première réaction à son arrivée à l'atelier: trop maigre, peau cireuse blanchâtre, cernes sous les yeux comme des couilles de mammouths. Elle n'avait pas l'air d'une athlète ni même en santé. Et se faire mouler debout, corps complet, c'est pour les gens en forme ou tout au moins en santé. Elle n'était pas en état pour l'aventure d'un moule de ce genre.

On avait préparé un carcan fait de *2x4* au beau milieu de la pièce choisie pour l'opération. Une pièce trop petite, non ventilée, dénuée de tout superflu comme une fenêtre. Juste le cadrage de support au centre et une table pliante pour déposer les bols et bandes plâtrées.

La femme s'est déshabillée et on lui a expliqué la procédure. Le carcan de support. La difficulté de la chose. La grosse demi-heure nécessaire, sans bouger.

On l'avertit aussi que du plâtre c'est une réaction poudre-eau qui est exothermique. Ça chauffe en durcissant, réaction chimique oblige. Donc il va faire chaud sous la coquille de momie.

"Es-tu sûre de vouloir faire ça?
T'as pas l'air en grande forme."

Elle a dit oui sans hésitation.

Une fois la grosse majorité du moulage complété on voit bien dans ses yeux qu'elle flirte avec un évanouissement imminent. On lui fait boire un espresso avec une paille. Sa peau devient encore plus pâlotte et ses yeux semblent rouler dans sa tête. Je me précipite sur elle et l'agrippe en prise de l'ours juste à temps. En fait, j'ai agrippé la coquille de bandes plâtrées à forme humaine qui encapsulait la demoiselle. Un des gars lui épongeait le visage et le cou avec de l'eau froide pour le dernier 10 minutes.

On avait besoin du moule aujourd'hui. On devait terminer.

Déjà qu'il faisait plus de 30 degrés dans le local, avec une forme de corps rigide chauffant directement sur moi, j'en ai sué un bon coup le temps que mes compagnons de travail terminent les couches finales de bandelettes.

Juste comme on conclut le moule pour la sortir de là, elle se réveille d'elle-même et me demande en français cassé ce que je fais avec ma face à deux pouces de la sienne, en ajoutant en anglais,

"Wait! where the fuck am I?"

Eh oui. La boisson et la coke, tout un mélange.

Le corps final, deux semaines après l'incident, est superbe et joue merveilleusement bien son rôle de cadavre émacié déterré par la Police dans une série américaine. Une des *jobs* de peinture dont je suis le plus fier!

UNE PYRAMIDE DE CACA.

Un de mes premiers tournages d'envergure et aussi mon premier de 5 projets à vie mettant en vedette Roy Dupuis. **Screamers**.

Pour cette impressionnante production du réalisateur Christian Duguay, je travaille pour une entreprise qui a le mandat de fabriquer de nombreux accessoires mécanisés, cadavres et maquillages avec prothèses. Mon plus gros show du moment sans aucun doute.

Heureusement ou malheureusement, le souvenir le plus vivide qui me reste du tournage de fous qu'avait été **Screamers**, très long mais satisfaisant quand même, est une montagne de merde gelée, en forme de pyramide! Vive Joliette en hiver à -35...

L'histoire de cette construction fécale congelée est sur un fond de mois de février plus froid que les 40 années auparavant. Yeah!

La scène se déroulait dans une carrière de Joliette, de nuit. Une location qui jouait le rôle d'une planète inhospitalière. On devait sentir que nous étions sur une terre déserte, ravagée par une tempête cosmique.

Madame Météo nous choyait déjà avec des vents nordiques et une température glaciale mais les gars des FX avaient en plus leurs machines à fumée, ventilos géants et fausse neige pour rajouter au look apocalyptique appuyé par des bourrasques infernales.

Pas plaisant comme environnement. Mais il fallait quand même aller aux toilettes portatives 'communes' de temps en temps. Du moins les techniciens. Les acteurs avaient des toilettes privées dans leur **Winnebago**, évidemment.

Habituellement, la quantité de toilettes chimiques *'Porta-potty'* installées sur un site donné est proportionnelle au nombre de gens qui vont s'en servir en 24 heures. Une formule mathématique utilisée par les fabricants pour éviter les débordements! Pour une raison inconnue, malgré la centaine de techniciens et les 75 figurants (jeunes ados portant des masques de latex), on en avait 2. Pour accomplir cette tâche de ramassage gargantuesque, ce n'était pas suffisant.

Ce qui devait arriver, arriva. Les mathématiques c'est précis. 175 personnes qui s'assoient sur 2 bols pendant un nombre 'X' d'heures = un trop-plein.

Un trop-plein de toilette chimique + des températures nocturnes sous les -30 = de la crotte gelée. En pyramide. Parce que tout-l'monde vise à la même place. Au centre.

Grosso modo, quelques heures après minuit, l'une des cabanes mettait en vedette le bout d'une montagne de merde qui dépassait le siège de toilette. J'ai été chercher ma caméra (pas de cell intelligent y'a 25 ans) et j'ai pris une photo de 'profil' montrant bien la pointe de la pyramide brune. J'ai un seuil de fascination et divertissement assez bas, visiblement.

Des beaux souvenirs!

UN BOUC MÉCANIQUE, GRACIEUSETÉ DE YOUTUBE.

Une série télé française avec un compte de banque bien garni nous commande un ours complètement animatronique qui peut même articuler des voyelles. Un beau défi avec de multiples servos-moteurs pour contrôler les lèvres et la mâchoire, les clignements d'yeux, etc. Autre détail, il se trouve que ce personnage animal parlant est le seul artifice mécanique du projet et doit jaser avec le reste de la distribution qui est humaine. En chair et en os. Beau mais gros défi.

Tout ça, sans le spécialiste des radio-commandes qui m'avait épaulé jusque-là.

Mon frérot Karl s'était épuisé, tout simplement. Le citron n'avait plus de jus. Les heures, le stress, la désillusion de la politique et des jeux de coulisse, les délais déraisonnables immanquables. Après toutes ces années, il en avait assez. J'ai perdu mon 'gars de mécanique' sur qui je comptais depuis plus de 20 ans dans le cinéma, et depuis 50 ans dans la vie de tous les jours. Lui, désabusé. Moi, découragé.

Mais, quand le producteur m'a appelé pour savoir si j'étais disponible et capable de faire ça, j'ai évidemment dit ***"oui! facile!"*** Aussitôt que j'ai raccroché, je me suis dit ***"Shit! J'aurais jamais dû dire oui!"***

Une recherche ***'costumes de mascottes'***, une autre de ***'masques animatroniques'***, une autre encore sur les ***'transferts de fourrure sur une surface flexible'***. Ajoutez ***'servos-moteurs 101'***, ***'animaux radio-commandés'***, etc. J'ai trouvé TOUTES les infos nécessaires en moins de deux heures à fouiller l'internet. Merci **YouTube**.

Pour compléter la préparation j'ai réussi à dénicher un chic type, professeur d'aéronautique à l'É.N.A. / Édouard-Montpetit, pour qui les servos-moteurs et les avions téléguidés sont un passe-temps.

C'est surtout en repensant à ce contrat que je frustre quand un jeune appelle à l'atelier pour apprendre le métier parce qu'il n'y a pas d'infos disponibles sur les bases. *COME ON!*

On a réussi. Le premier succès animatronique post-frère jumeau.

Parce que je devais donner la réplique aux comédiens pendant que je manipulais les lèvres, c'est sur ce projet que je me suis rendu compte combien un marionnettiste est payé en tournage. Un marionnettiste syndiqué. Plus qu'un maquilleur, confirmé!

UN CORPS D'HOMME NU AVEC LA TÊTE DE L'ÉPOUSE DU CLIENT COLLÉE DESSUS.

Il fallait survoler le sujet des fantasmes et des demandes reliées au sexe. Y'en a trop eu. La plupart m'ont fait me poser la question :

"Où sont les caméras cachées? Est-ce une blague?"

Le premier choc du genre m'est arrivé sous la forme d'un homme d'affaires au look tout à fait normal. Un assistant-comptable ou bureaucrate Provincial. Celui qui voulait un faux corps mâle, musclé, poilu, avec la tête de son épouse. C'était la deuxième fois que j'entendais ce genre de demande. En silicone. Lavable. Avec articulations. ***"Sont où les caméras cachées?"***

Puis 2 ans plus tard, un autre homme d'affaires...

"Un hermaphrodite que je peux emmener en voyage dans ma valise?"

Après le saut mental initial, je me suis ressaisi et j'ai poliment refusé.

J'ai eu des requêtes de 3 vagins, 4 oreilles, des prothèses de plus gros pénis, des 'tests' d'augmentations mammaires avant la vraie opération, des peaux aux couleurs extra-terrestres sur mannequins de silicone... Un gars dans la cinquantaine vivant avec sa mère avait été impressionné par l'extra-terrestre à peau verte qui faisait de l'oeil au Capitaine Kirk.

"Le vert comme dans Star Trek, pis sexy au boutte!"

Quand même de la diversité dans les perversions. L'humain est fascinant.

C'était drôle / bizarre / amusant / jusqu'à ce qu'on me parle de mineurs. Je prenais la peine d'échanger avec les demandeurs par courtoisie mais là, j'ai même arrêté d'accepter les appels de clients privés.

J'aurais pu faire de l'argent avec la branche du métier *'fabrication de jouets sexuels haut de gamme en production de masse'* quand je pense parfois aux chiffres d'affaires faramineux des **RealDoll.com** ou **Silicone Dreams.net** de ce monde!

Mais j'ai pointé le navire vers un autre port.

LA RÉSURRECTION DU CHIEN FONDU.

Y'a du mémorable positif, et du mémorable négatif. Le chien fondu est l'exemple parfait du deuxième, ainsi qu'une belle claque à mon égo du moment.

J'étais en charge d'un atelier. Et en tant que superviseur, je ne pouvais pas faire d'erreur. Théoriquement, je ne DEVAIS pas en faire.

Le contrat du moment requérait entre autres un faux chien mort. Empesé, articulé et urgent. Après une semaine de fabrication *'rush'* il restait la fourrure à poser et l'implantation du 'poil à poil' pour un ramassage le lendemain matin. Le travail s'est complété avant le coucher du soleil et, histoire d'avoir une belle toison finale, j'ai décidé de brosser / peigner l'animal avec beaucoup de gel à cheveux. Trop pour que ça sèche à l'air libre. Pas assez rapidement pour le ramassage du lendemain midi.

Karl venait tout juste de fabriquer un superbe four à convection de 4' x 8', avec une profondeur de 2 pieds, spécifiquement pour cuire la mousse de latex des costumes des co-sanguins de **Dark Harbor**. Ça ne prenait que 250 degrés pour nos besoins et un four commercial aurait coûté des dizaines de milliers de dollars. Celui-là, 340 $. Contre-plaqués (*plywood!*), laine minérale et feuilles d'amiantes, un petit ventilo de réfrigérateur et 3x ampoules à bronzer. Génial frérot.

Donc, problème résolu, on fait sécher le chien dans le four à convection 'basse température' toute la nuit et on va dormir. 'On' fait sécher et 'on' va dormir dans le sens de 'je'. Ma décision. Mon plan.

J'aurais dû laisser la porte entre-ouverte de quelques centimètres, ce qui aurait transformé le four en séchoir. Un sauna confortable pour que la bête sèche en toute sécurité. La fermer complètement équivalait à un sauna inconfortable, mortel.

Le premier indice du problème quand nous sommes arrivés le lendemain matin, la senteur de caoutchouc brulé. Shit! La salle où se trouvait le four était très loin de la porte d'entrée principale et ma marche accélérée vers l'odeur a semblé interminable.

Les 3 gars qui sont restés derrière moi se demandaient où j'allais subitement.

***"Rick! t'as une urgence de bécosse?
Où tu t'en vas?"***

Plus je marchais et plus ça sentait... la panique. Oh re-SHIT!

J'ai trotté d'un pas nerveux tout le long du corridor écho, les yeux agressés par des vapeurs d'ammoniaque mélangées au parfum brulé de gel à cheveux bon marché.

J'ai ouvert la grande porte du four en priant, doigts croisés, sans respirer.

Un vieux raisin sec, poilu. Une semaine de fou finie par une journée complète de travail de fourrure pour se retrouver avec ça. Une boule de

poil déformée qui sent les *toasts* calcinées. Bravo Rick!
Mon patron et quelques-uns des techniciens sont arrivés et ont regardé le 'chien' / raisin. Silence. Soupirs. Regard du patron qui a ouvert les fenêtres. Puis ils sont tous sortis un à un, comme le défilé des membres d'une famille affligée devant le cercueil. Je suis resté seul à contempler la boucherie avec l'arrière-goût de latex brulé au fond de la gorge.

J'ai resculpté des parties du chien avec des morceaux de mousse 'coussin de divan' que j'ai sécuré à la **Crazy Glue**, puis recollé du poil en grosses touffes comme un déchainé. En deux heures, j'ai fait une chirurgie plastique passable au bout de latex recroquevillé et il a été ramassé à l'heure convenue.

On s'entend que 250 degrés c'est VRAIMENT bas pour une cuisson de pizza, mais j'ai confirmé que c'est VRAIMENT haut pour un chien de latex et fourrure synthétique!

Je respecte depuis ce jour les patentes à convection. Du mouvement d'air, c'est trompeur.

UN APPEL ANODIN DU *SEX-SHOP*.

J'avais déjà vu des visages intrigués, suspicieux ou même complices (!!) en allant acheter divers matériaux ou objets plus délicats, nécessaires pour réaliser un effet ou un maquillage.

Mes légendaires visites dans les **Jean-Coutu** et **Pharmaprix**, pour ne pas les nommer, où je demandais au pharmacien si le lubrifiant personnel était disponible au gallon ou au baril de 5 gallons. Ou encore, en passant à la caisse d'un **Dollarama** quelconque avec un chariot rempli de bas de nylon (*'plus-size women 200 lbs++'* écrit sur tous les paquets) déposés sur une douzaine de contenants de **Vaseline** 'grand format'.

Des situations malaisantes au début qui sont devenues au fil des années cocasses et divertissantes.

Évidemment, le lubrifiant est très utile comme base pour le transformer en sang d'extra-terrestre ou en morve ou en *'slime'* à-la-**Ghostbusters**. Un tube serait totalement insuffisant, d'où les grandes quantités.

Les bas de nylon sont extraordinaires pour créer une couche de renfort à l'intérieur des costumes, masques et gants de créatures de mousse de latex. Très tenaces mais flexibles, ils résistent à la chaleur de cuisson de la mousse.

La **Vaseline** est un agent de démoulage indispensable lorsque l'on coule des prothèses de silicone ou des items en résine. Un agent séparateur pour les surfaces plâtre à plâtre. Un produit magique.

Finalement, tous des produits utiles dans un atelier FX mais qui inévitablement créent toute une gamme de réactions loufoques une fois en face des caissiers / caissières.

Tout simplement pas des quantités usuelles pour Mr-Mme-tout-l'monde!

L'année dernière par contre, j'ai vécu une nouvelle version de ces situations comiques. Quelqu'un d'autre que moi faisait les achats pour le département FX!

Pendant un tournage en location, j'appliquais des prothèses sur le plateau avec quelques maquilleuses et nous étions en manque criant de *'slime'*. Sans réfléchir, j'envoie mon extraordinaire guerrière Sandy pour en rapporter quelques gallons avant que nos maquillages soient devant les caméras. Heureusement, une scène de nuit. On avait un peu de temps.

Une heure s'écoule puis mon téléphone sonne. Quand je vois sur mon écran de cellulaire ***'Appel de Sandy, asste'*** je me dis qu'il y a un problème et qu'elle n'en a pas trouvé aux pharmacies les plus près du plateau, à Québec. Je pose mes pinceaux et prends l'appel nerveusement.

Mais non. Elle en avait trouvé. En masse. Grâce à un *sex-shop* bien équipé de la Capitale.

> ***"Salut Patron! Je suis à la caisse du Toréador Poilu Boutique érotique, prête à payer. Je voulais vérifier si deux fois 2 litres de lubrifiant ce serait assez pour le tournage de cette nuit ou on en prend plus?"***

La seule chose qui m'est venue à la tête était la scène au bout du fil. La face de l'employé du magasin scrutant une jolie jeune fille qui appelle son 'patron' pour savoir si on aura assez de lubrifiant 'pour le tournage'. Le hamster dans sa tête devait pédaler! Patron? Assez pour ce soir? Des litres?

L'incident méritait un petit espace dans le livre.

LES FIGURANTS, UNE COMMUNAUTÉ UNIQUE.

Avant de parler de la démographie particulière que sont les figurants professionnels, je vais m'exposer moi-même comme l'un d'eux, il y a longtemps, à temps partiel.

Les figurants en comparaison avec les acteurs ont un peu comme pendant, les gardiens de sécurité qui n'ont pas pu devenir policiers, et les policiers. Déjà un bon indice des frustrations et désillusions qui peuvent accompagner ce métier singulier de meubleur de scène, 'de décor humain' comme disait un réalisateur belge de passage à Montréal dernièrement.

Personnellement je n'ai pas eu une grande carrière de figuration mais beaucoup de plaisir. J'acceptais les offres de 'meubler' pour m'amuser, pas pour empiler de l'argent. Et parce que je suis une pute de lentilles en plus de trophées.

5 'rôles'. J'ai amassé grâce à ça une richesse de 2 posters originaux,

900 $, de la pizza gratuite, des fous rires et des *'bragging rights'*.

Mon premier, accidentel, un camionneur qui grimpe dans son '18-roues' pour la comédie de vol de banque mettant en vedette Jean-Paul Belmondo...

Il faisait 30 degrés à l'ombre et quelqu'un m'avait vu circuler dans mon rôle de technicien du chariot radio-commandé en pause de lunch.

"Ça te tente pas de remplacer un de nos figurants manquants? T'as juste à prendre ta pause au côté du camion au lieu d'ici?"

Go! Malheureusement, le ***'camionneur #57'*** devait porter une casquette et une épaisse veste de travail doublée, carottée. Pas tout à fait une pause thé glacé mais excitant. Mon patron m'a libéré pour le reste de la journée, avec paie, et j'ai pu profiter du moment. J'ai eu chaud mais c'était cool même si je ne mesurais qu'un demi-pouce flou sur l'écran des salles de cinéma.

Monter et descendre d'un camion-remorque pendant 10 heures c'est comme du **CrossFit**.

135 $ figuration + 125 $ technicien chariot!

Le ***'fermier-jumeau'*** jouant aux échecs avec son frère dans le poste de police du village pour **Nico the Unicorn**. L'un des deux contrats de figuration que j'ai pu faire avec Karl. Le département costume nous a habillés en salopettes, les coiffeuses nous ont dépeignés, et les accessoires nous ont remis des longs brins de blé pour mâchouillage durant la scène!

"Ça fera plus authentique."

On regardait les filles essayer de nous 'salir' avec une petite pochette de 'fausse saleté' et ça prenait une éternité. Avec des résultats moyens. J'aurais dû prendre une photo de la face du département costume pendant que Karl et moi on se roulait par terre pour 'donner du vécu' à nos salopettes. Ça faisait un peu ver de terre coupé en deux mais ça a fonctionné, et rapidement. Deux jumeaux sales. *Check.*

110 $ chaque et un diner gratuit.

L'un des nombreux prisonniers qui assistaient à un spectacle annuel dans une prison, tête rasée et faux tattoos, dans le classique de Pierre Falardeau, **Le Party**. Autre contrat avec mon frérot. Lui avait déjà les cheveux longs et l'air 'sérieux' (*tough!*) alors que j'avais l'air un peu *nerd*, cheveux très ordinaires, pas de tattoos, sourire niais. J'ai pris la décision de me raser la tête et d'arrêter de sourire pour m'assurer d'obtenir le rôle!

On a été payé en pizza, aucun argent, mais les stripteases de Lucie Laurier et Andréa Parro en direct ont compensé!

Le ***'Bigfoot'*** dans un épisode de **Prank Patrol**. Il devait porter des prothèses, des gants et des pieds fabriqués à mon atelier, tout ça compléter par un costume de poil acheté dans un magasin d'Halloween et modifié par nous.

La production avait plusieurs caméras cachées et essayait de prendre un cryptozoologue amateur. Un **Bigfoot** était supposé vivre dans la forêt derrière chez lui et, faute de figurant au gabarit nécessaire disponible, je me suis porté volontaire.

Confirmé : Des lentilles et des dentiers c'est inconfortable. Un costume de poils c'est chaud en juillet dans la forêt humide! Surtout bénévolement. L'absence de paie fait descendre le seuil de tolérance normal.

Pour aider à l'acceptation de la victime nous avons aussi fabriqué des fausses bouzes de **Bigfoot** en ciment brun, déposées en mottes ici et là sur son terrain.

Le ***'gardien de sécurité'*** vérifiant les foetus extra-terrestres dans un laboratoire aux côtés de nulle autre qu'Isabella Rossellini.

Le département m'avait accoutré en SWAT et je faisais virevolter fièrement mon bâton de police PR-24 lors de mes passages du point A au point B. Entre des rangées de tablettes remplies d'expériences biologiques du savant fou. L'air suspicieux accroché au visage de mon personnage complétait le look. Facile.

165 $ + le diner + un sourire coquin de Mme Rossellini.

Et finalement, le ***'mouleur #4'*** dans la série **Malenfant** aux côtés de Luc Picard qui jouait le rôle titre. Je lui avais déjà fabriqué un doigt pour **L'Audition**... mon plus petit contrat à vie. Quand je regarde la centaine de posters de projets qui tapissent mon atelier et que je m'arrête sur celui de **L'Audition**, entouré de **X-Men** ou **Death Race** ou **19-2**, je ne peux m'empêcher de sourire. 1 seul doigt, dans une toilette.

Je travaillais déjà sur ce projet pour fabriquer quelques accessoires et prothèses quand le réalisateur Ricardo Trogi m'a parlé d'un figurant devant mouler le personnage principal, à l'écran. Présent!

Le jour du tournage j'ai eu droit à un sarrau blanc et ma propre loge de 6x6 dans une roulotte spécialisée. Sur la porte, ***'mouleur #4'***.

Mon dernier contrat de figuration mais ma première loge.

235 $ + une plaisante jasette avec Luc + la découverte du personnage qu'est Ricardo Trogi.

Maintenant que j'ai parlé de mes visites parmi les figurants et que j'ai établi que j'en fais partie, un peu, je peux m'étendre sans gêne sur les autres membres du clan figuration. Un micromonde de spécimens rares, à l'intérieur d'un monde de fous.

Donc, un survol des récurrents les plus remarquables que j'ai croisés.

Comme pour le reste du livre, j'utiliserai le masculin quand les situations peuvent s'appliquer aux deux sexes. Et vice-versa! Écrire *'Il/elle'* peut allonger un manuscrit considérablement. Tout s'applique à tous.

LE PRO a toujours sa chaise camping *high-tech* avec lui. Tablette et appuie-pieds en accessoires amovibles. Un gars équipé prêt pour la guerre du temps perdu, armé de la patience et de l'introspection. Un thermos de construction complète inévitablement le portrait.

Il sait où aller en début de journée et à qui parler. L'expérience incarnée.

LA *CLOSEUP* répète la même phrase plusieurs fois par jour, peu importe la réponse qu'on lui donne. Il espère / prie / demande / supplie / mentionne ***"c'est quand mon gros plan?"*** en ajoutant des variations du genre ***"parce que je suis toute petite dans l'écran au fond de la scène!"*** ou ***"mes amis ne me reconnaitront pas!"***

Ça vient souvent de débutants dans la carrière de figuration ou simplement des individus passagers qui ne remettront plus jamais les pieds sur un plateau. Évidemment, le gros plan n'arrive jamais.

LE *SNEAKY* est un ratoureux qui se pense plus rusé que tout-l'monde. Dans l'art du subterfuge, il l'est probablement.

Sa spécialité: se cacher dans les toilettes ou derrière une banque de camion de production pour jouer à **Angry Birds** ou vérifier son **Instagram**... au lieu de servir de décor humain à l'acteur principal.

Et / ou, il a un talent particulier pour se glisser tout près d'un comédien vedette pour avoir une augmentation 'de proximité' ou dire un mot improvisé pendant l'action pour passer de figurant à 3ème rôle, donc plus payant.

LA COUSINE est bien connectée. Elle a souvent un lien familial ou amical avec un des responsables du casting. (on peut remplacer cousine par amie, frère, *mononcle*, blonde, etc.)

Cette cousine de l'autre a donc totalement le mauvais profil pour les demandes de la scène et devra être ajusté par les départements maquillage / coiffure / costumes pour entrer dans le moule requis. Beaucoup de travail pour rien et pas toujours possible.

Les bronzés qui jouent des cadavres 'palôts' sont un bon exemple. Je l'ai vécu sur la première saison de **Being Human** avec un sympathique homme âgé qui atterrissait la veille du tournage d'un séjour de 1 mois à Punta Cana à siroter des Pina Coladas. Il était brun-rouge. Bedonnant comme une femme enceinte de 10 mois. Il était mon canevas pour le métamorphoser en cadavre nu, couché sur une table d'autopsie.

La description exacte envoyée par la production était : ***'homme pâlot / blanc, rachitique, devant jouer le mort.'*** Un bedonnant au teint mexicain transportant une bedaine de bière à transformer en squelettique cadavre veiné.

En bout de ligne nous avons utilisé très épais de maquillage et 1 heure de plus que prévu pour lui donner un semblant de peau blanche et translucide. On n'a rien pu faire pour la bedaine...

Le meilleur moment du genre fut avec une femme aux mains tatouées. *'FUCK'* et *'KILL'* sur chaque jointure / doigt pour jouer une nonne.

Vive les connexions!

LE *CLUELESS* n'est pas à blâmer. C'est la faute de l'agence qui l'envoie.

Le pauvre gars arrive à l'atelier avec un bout de papier dans les mains affichant un air perdu.

"C'est ici les effets spéciaux pour le film XY?" Il n'a aucune idée de ce qu'il doit faire pour le projet, seulement qu'il a été choisi et l'adresse de Lifemaker FX.

C'est nous qui finissons donc par annoncer les mauvaises nouvelles au *clueless* à propos du personnage qu'ils jouent et des étapes inévitables à traverser ici.

Peu importe si on doit le mouler nu et le gars est pudique, ou si on prend une empreinte de sa tête mais l'agence a envoyé un claustrophobe. C'est là que ça se passe. Et ça nous complique énormément la tâche, évidemment.

Si le gars revient d'une opération majeure chez le denturologue et qu'on doit lui mouler les dents? Pas grave. L'info n'a pas circulé entre l'agence et le figurant et il se tient debout dans la porte d'entrée de l'atelier.

Vive la communication et le partage d'informations!

LA GRANOLA aime ça jaser. Partager son savoir pour le bien de l'humanité. Un peu prêcheuse, très 'bienveillante', elle va essayer de nous convertir à chaque occasion qui se pointe le nez.

Si on mange quelque chose avec du gluten ou non-bio ou 'transformé par l'industrie' ou 'modifié génétiquement en laboratoire', s'est garanti qu'on va en entendre parler. De long en large, avec le sourire connaisseur de la fille qui a la vérité universelle.

Les Chakras, les sulfites, les cristaux guérisseurs, l'acupuncture, l'homéopathie, les enlèvements par les ovnis, le Saint-Esprit, le véganisme, le jeûne, le traitement de la nourriture ou des vêtements sous des pyramides de carton, le transfert d'énergie des lieux négatifs, etc., etc. *Ad vitam æternam*. J'en ai appris des patentes en 30 ans de moulages et maquillages de plus illuminés que moi. Affectueusement, des granolas.

Puis avant de passer à la dernière catégorie d'importance, aussi la plus spectaculaire mais rare, de petites mentions d'honneur au **SCRIPTEUR EN HERBES**, qui a toujours 2-3 scénarios dans ses poches à faire lire à quelqu'un de 'bien placé' ou la **FUTURE VEDETTE**, pour qui ce contrat de figuration est ***"mon dernier avant d'être découvert."***

Et la catégorie championne?

LE KIDNAPPEUR.

C'est le figurant qui remporte la palme même si je n'en ai croisé que 2 fois comme lui. 2 fois en Europe. Jamais vu ça ailleurs.

Un mort-vivant qui tient le maquillage en otage pour renégocier un contrat clair déjà signé. Faut l'faire!

Le vieillard se présente tôt le matin dans notre roulotte un peu serrée et on commence à le transformer. Pendant les premières deux heures de pose et peinture, il est très avenant. Tranquille. Un vrai pro. Puis, durant la dernière heure, il prépare son coup d'éclat. Il demande de changer de position, avoir un café, fumer une cigarette, tout pour retarder le processus. En fait, plus on approche d'un produit fini, plus il se transforme en diva. Une façon de tester son importance dans la hiérarchie.

Une fois terminé, on prend les photos d'usage et l'envoie dans sa loge. Merci beaucoup M. X. Et on commence à travailler sur un autre personnage.

Quand vient le temps de tourner avec toute l'équipe, pas de vieux zombie à fractures ouvertes et mâchoire pendouillante!

Une fois entièrement transformé (3 heures à 2 maquilleurs) il refuse de jouer sans doubler son salaire, négociant avec le producteur au travers de la porte des toilettes portatives.

Tout ce que je pensais était qu'on ne filmerait pas mon oeuvre éphémère... la peau translucide et veinée, les dents cassées, les blessures béantes sur ses jambes et son cou, si la production ne pliait pas à ses demandes.

Diabolique mais génial plan de sa part. Merde!

Heureusement pour moi, malheureusement pour les finances du projet, le mort-vivant a eu ce qu'il voulait après 10 minutes d'engueulade en Roumain. Fou!

On m'a dit plus tard que c'est commun sur les petites productions d'Europe de l'Est. Je ne pense pas que ce genre de situation pourrait arriver en Amérique du Nord. Le figurant serait sur une liste noire pour le restant de sa vie...

Les gens en uniforme.

Les gens en uniforme sont des humains normaux... des enfants dans l'âme, comme nous.

Pour une raison semi-ésotérique, il y a toujours eu un fil conducteur entre les services de premiers répondants et mon travail d'effets spéciaux. À première vue, ce fil serait la violence et ses résultats sur le corps humain. Vrai violence pour les agents et officiers, fausse violence pour le cinéma, mais l'idée générale est la même. Les situations de la vie ne sont pas toujours roses et créent des émotions fortes aux victimes comme aux spectateurs. C'est ma théorie.

Mon premier contact, qui a duré plusieurs années, est survenu grâce à la série Twins FX sur le câble. Gracieusement, la Ville de Longueuil nous fournissait régulièrement au moins une ambulance et une auto-patrouille à chaque fois que l'on tournait des scènes ou des cascades extérieures. Ajoutés à ça la 'grande échelle' des pompiers aussitôt qu'on disait les mots pyrotechnie, feu ou explosions. Gratos.

Des chics types (hommes et femmes!) qui venaient nous appuyer dans nos tournages, toujours souriants et prêts à aider.

NOTE SYNCHRONICITÉ: J'ai commencé à travailler sur ce chapitre de police / ambulance / pompier un après-midi nuageux, en marchant. Presque tout ce livre a été écrit en position assise, normalement. Mais le jour où j'ai décidé de 'parler' un chapitre dans mon téléphone / *recorder* pendant ma marche matinale quotidienne, je n'ai eu le temps que de faire 3 pas qu'il y avait deux automobiles de la Police de Longueuil stationnées sur ma rue, en pleine chasse à la contravention.

Signe du Ciel? De la Providence? Du Dieu de l'écriture? Peut-être, mais l'occasion et la synchronicité étaient trop appropriées pour que je ne les prenne pas.

C'était le temps parfait pour débuter ce chapitre et j'ai aussitôt interviewé les trois agents sur leur passage à l'école nationale de Police dans le temps où ils étaient des cadets. Je voulais avoir leur avis sur les cadavres utilisés en formation, ceux que je leur livre depuis des années.

On a jasé un peu avec beaucoup de rires et d'honnêteté, comme d'habitude dans mes interactions avec les corps policiers... même quand je reçois une contravention!

La première fois qu'on m'a contacté pour un contrat c'était parce que l'un des agents du poste #33 allait bientôt se marier. Ses compagnons de travail voulaient lui faire une ***"bonne blague."*** Ayant vu l'épisode sur les impacts de balles, ils avaient eu l'idée de simuler un assaut armé de leur poste avec mort du criminel pendant l'action. Le futur marié serait convaincu que tout était vrai et, une fois la blague mise au grand jour, en rirait un bon coup. Euh... non!

Karl et moi n'avons eu besoin que de 4 secondes de réflexion pour imaginer tous les scénarios possibles résultants de cette supercherie 'pour rire' et aucun d'eux ne finissait bien. Chacun des participants de cette mise en scène, conscient ou inconscient que ce n'était qu'une 'blague', avait une arme à feu chargée à la hanche. Non merci.

Finalement, plus on ferait un bon travail et plus il y avait de chances de mort d'hommes. On a sagement décidé de ne pas embarquer dans la blague et nos amis policiers ont éventuellement concédé que ç'aurait pu être une situation explosive.

Notre point a vite fait son chemin dans la tête des instigateurs de la blague proposée et ils ont sagement décidé d'emmener leur confrère dans un chic restaurant à la mode.

L'ÉCOLE NATIONALE DE POLICE DE NICOLET.

Bien des années après la série télé, nous avons pu participer à de nombreuses simulations bénévoles pour des évènements spéciaux organisés par les services d'urgence. Lors de sorties scolaires ou de festivals ils avaient besoin de nos compétences pour simuler des accidents ferroviaires ou d'alcool au volant.

Des démonstrations à Longueuil, Laval, Ottawa, Brossard, Alma, Saint-Césaire et une autre douzaine. Des invitations des départements de premiers répondants locaux à utiliser nos connaissances pour mousser et 'donner de la véracité' à leurs évènements respectifs.

Dans ces années post-télé-communautaire, nous étions aussi devenus des *'ambulance chasers'*... pas comme les avocats qui se cherchent des clients mais comme des artisans qui cherchent des avis professionnels sur des couleurs de peau ou des blessures grotesques.

Et tout à coup, le téléphone de l'atelier sonne avec une demande toute nouvelle à l'autre bout.

"Sergeant Vermette de l'École Nationale de Police. Est-ce que je parle bien aux Twins FX?"

Pas sûr que c'était Vermette mais ça commençait par un 'V', et contenait au moins 2 'E'.

Eh oui. La Police avait recours à nos services pour un contrat important pour la Communauté. C'était surtout bien rémunéré, non bénévole. Le nouveau programme de formation des cadets requérait des accessoires spéciaux, réalistes, durables et empesés.

Le Sergeant m'invite à visiter les installations du 350 Marguerite-d'Youville pour m'expliquer leurs besoins en détail et rencontrer les différents intervenants.

En gros, la responsable des acteurs qui jouent des scénarios pour les cadets policiers voulait que je donne des cours de maquillages FX à ses troupes, et leur fournisse des dizaines de prothèses diverses, pour rendre leurs simulations plus 'vraies'. Le sergent lui, voulait avoir des *'bébés shakés'* (donc morts, réalistes), et quelques résultantes de suicides par arme à feu et par pendaison.

Tout ça pour entrainer les futurs policiers à gérer les drames de ce genre, visuellement et émotivement. Ce qui me frappe le plus est que la nécessité de nous commander ces accessoires lugubres sous-entendait que ces évènements étaient choses communes pour les services de Police. Triste.

Un total d'une centaine de prothèses, 5x faux corps et deux journées de formation. Beau contrat pour nous. Et valorisant, pas seulement pour 'vendre du popcorn' comme dit souvent un de mes amis de plateau de tournage.

En repartant, je me suis dirigé à l'Université McGill où j'ai acheté mes deux premières encyclopédies couleur. ***'Colour Atlas of Accidents and Emergencies'*** et ***'Forensic Pathology Illustrated'***.

J'ai aussi déniché sur internet les intenses ***'A Homicide Detective's Scrapbook'*** et ***'War Surgery in Afghanistan and Irak'***. J'avais déjà accumulé plusieurs références au fil des ans, même en VHS (autopsie et embaumement), mais ces quatre-là sont encore les plus utiles et graphiques malgré leur niveau de 'dégoutance' assez élevé. Coeurs sensibles s'abstenir.

Couplées avec les photos saisissantes fournies par le client, ça m'assurait de ne pouvoir me tromper sur le look final des faux corps de la liste d'épicerie.

Ça fait bientôt quinze ans que l'on travaille avec eux pour des items spécialisés et de l'entretien.

Mon favori au fil des ans? Le corps représentant une 'mort imminente', pour utiliser le terme technique. Un accident d'automobile fatal nécessitant la présence d'un homme avec la tête écrasée entre une roue de camion et l'asphalte. J'écris la phrase et j'ai un haut-le-coeur juste d'y penser (dans la vraie vie) mais artistiquement et techniquement c'était le plus grand défi et la plus grande réussite.

En réponse à la question qui trotte dans la tête de certains lecteurs, oui c'est intense comme cohabitation mentale, la violence et la mort. Mais dans notre métier, on doit séparer ART et RÉALITÉ ou on craque...

LE MINISTÈRE DES FORÊTS, FAUNE... ETC. DU QUÉBEC.

Après une première tranche de collaboration de 5-6 ans avec l'École de

Police, je suis contacté par Faune Québec pour aider à reproduire des scènes de crime. (vrai nom : *ministère provincial des Forêts, de la Faune et des Parcs*)

Faune Québec c'est plus facile à dire, à écrire et à lire. Ils avaient eu nos coordonnées par leurs confrères policiers et voulaient pouvoir recréer des scènes de crime... de braconnage.

Leur liste d'épicerie au fil des ans s'est grandement allongée et diversifiée. Elle a commencé avec quelques poissons dont des Achigans et des truites Arc-en-ciel avec quelques poitrines de perdrix, pour inclure par la suite 7 autres espèces d'animaux marins, des intestins d'orignaux et de cerfs, et des oesophages des deux mêmes cervidés.

Chaque contrat a son lot d'obstacles. La façon la plus simple de reproduire des animaux sans fourrure précisément était de les mouler. Sculpter des poissons *'from scratch'* avec leurs milliers d'écailles ou tous les organes internes d'un orignal serait trop long. Trop coûteux. On pourrait faire des ajustements à l'époxy plus tard mais au moins la base de 90 % du spécimen choisi serait faite.

Deux énormes problèmes ont surgi :

- Beaucoup de nos matériaux de moulage n'aiment pas le froid, il fallait donc expérimenter pour pouvoir les mouler congelés. Mouler de la glace!
- quand venait le temps de démouler, les spécimens étaient décongelés... dans le sens mou... dans le sens gluant... dans le sens odorant! Pour les poissons ça passait toujours, et on a des masques quand même résistants, mais pour les intestins et oesophages de cerfs et d'orignaux, non!

Il faut impérativement ouvrir les nouveaux moules négatifs EN

DEHORS de l'atelier, de préférence quand il vente! Les senteurs développées sont envahissantes.

La première commande de **Faune Québec** qui consistait en 200 pièces de 5 sortes de poissons différents était aussi le premier travail pour Edwina à l'atelier Lifemaker FX après son arrivée au Québec en 2006.

Peindre des écailles au silicone translucide.

Évidemment, avec un 'oeil' comme le sien, que ce soit des poissons de silicone ou la face d'un acteur, Edwina a réalisé des merveilles. Les théories de la couleur et la minutie s'appliquent partout.

Tout un contrat. Ça sortait du cinéma, et encore, portait une connotation humaine utile, pas seulement de la vente de popcorn au public et une poursuite de trophées pour la pute.

L'INÉVITABLE PONT JACQUES-CARTIER.

De toutes mes rencontres avec les gens en uniformes, celle qui restera toujours en tête de liste et l'anecdote que j'ai racontée le plus souvent en entrevues au fil des ans, est sans aucun doute celle de la Sureté du Québec qui rencontre un David Bowie estropié sur le pont Jacques-Cartier.

Pour le tournage de la série **The Hunger : the TV series**, je devais transporter un cadavre de Longueuil à Montréal. Le même projet où Tony Scott m'avait clairement avisé que la suite de ma carrière dépendait du succès de ce faux corps.

J'ai parlé de cet épisode à quelques reprises déjà mais même se rendre au plateau avait été mémorable!

Le matin de la livraison de Bowie, le reste de mon équipe se rend aux studios par leurs propres moyens alors que j'emmène le corps en passager, ceinture de sécurité et tout, par moi-même. De mon atelier à la location, Jacques-Cartier est tout indiqué, mais je suis un peu en retard. (De toute façon je conduis toujours trop vite!)

Habituellement je couche les cadavres à l'arrière de l'auto et les recouvre d'un drap. Ce coup-ci j'étais pressé et David n'avait pas de jambes donc facile à installer à l'avant.

Évidemment, ce matin-là il y a un véhicule de la **Sureté du Québec** qui est stationné en plein milieu du pont à la sortie pour l'ile Ste-Hélène. Vérification routinière de la vitesse j'imagine. Et je me fais 'coller'. Merveilleux.

Je me stationne près d'eux pour ne pas créer d'embouteillage. Rappelons-nous que David Bowie est assis à mes côtés, yeux et bouche grands ouverts, sans bras gauche ni jambes.

Les deux hommes s'approchent du véhicule tentativement, avec un air des plus sérieux.

Le premier 21 secondes s'est déroulé comme une vérification de routine. ***"Papiers SVP. Vous savez pourquoi on vous a demandé d'arrêter?"*** Ouvrir ma fenêtre plus grande. Classique. L'autre plissait des yeux pour essayer de scanner l'intérieur de mon automobile au travers de la vitre passager sale.

Je réponds, en me pensant drôle,

"À cause du cadavre?"

Et je me mets à rire.

"Et il porte sa ceinture M. l'agent!"

Le policier ne riait pas. Du tout. Alors que son partenaire essayait de voir au travers des vitres arrières.

"Vous alliez à 78 dans une zone de 50 M. Gosselin.
Pourriez-vous descendre toutes les fenêtres SVP?"

Je m'exécute et l'autre gars à un réflexe de recul puis d'observation méticuleuse quand il se rend compte que quelque chose cloche avec le drôle de bonhomme souriant. En se rapprochant du David inerte, il dépose sa paume sur la crosse de son arme.

"Qu'est-ce qui se passe ici Monsieur?
Votre ami a un problème?"

En soi, c'était un compliment pour notre travail de réalisme. Mais sur le coup, c'était plus un présage de problèmes à venir.

Mais là, on était dedans, pas après. La surprise était réelle.

Les interrogations et les scénarios volaient derrière les yeux des 4 agents.

"C'est pas un vrai les gars. Je travaille au cinéma.
C'est un David Bowie. En plastique!
Pour une série télé AMÉRICAINE.
Je fais aussi des corps pour vous, pour l'École de Nicolet... "

Pour une raison bizarre ***'Elvis Grattonesque'***, mentionner ***"pour les Américains"*** ou ***"pour les States"*** ça donne toujours du poids à ce qui suit dans une phrase à un Québécois. Parce qu'il semblerait ***"qu'ils l'ont l'affaire Les Amaricains!"***

Une autre patrouille se présente avec les 'cerises' et vient se stationner en diagonale de la voie de droite, créant un trafic non existant jusque-là. L'attroupement a causé tout un émoi et sûrement rendu quelques travailleurs cernés en retard.

Après l'incident, on riait tous. Les gars m'ont dit que ce qui leur avait traversé l'esprit allait de ***"bûcheron torse nu qui avait eu un accident avec sa scie"*** (Bowie) jusqu'à ***"tueur en série allant domper le corps dans le Fleuve"*** (moi)... et même ***"un comique qui essaie de sourire sans cligner des yeux avec un bras fraichement coupé, de retour de l'urgence"*** (???).

Vingt minutes plus tard, nous sommes comme six bons amis jasant et riant à la sortie du pont Jacques-Cartier, Bowie étendu sur le capot de mon véhicule. Puis une troisième auto-patrouille se pointe. Les gars prennent quelques photos avec de vraies caméras, pas de cellulaires intelligents en 2000.

Où avez-vous moulé David Bowie? Quel matériau est la peau? Vous plantez les poils de barbichette un-à-un? C'est des yeux de vitre? Comment j'ai commencé dans ce métier? Etc. Et, évidemment, si je ressens de la douleur quand mon frère jumeau se fait mal! Incontournable.

On échange sur leur métier, sur l'utilisation de mes 'bonhommes' à Nicolet, les moments cocasses inévitables que créent mes accessoires. Ça a mieux fini que ça avait commencé.

Un bel après-midi, en retard au tournage mais Tony Scott était lent donc ça n'a pas paru.

J'ai eu la contravention quand même (!!!), accompagnée de poignée de mains chaleureuses. Ce sont des professionnels après tout.

On arrive au blaireau du titre... Enfin!

La série télé **Blue Mountain State** nous a donné du travail au fil de ses 5 saisons loufoques. Une comédie légère et absurde, pleine de blagues de pipi-caca, spécialement pour les ados américains. (Réseau **Spike** ou **Paramount**?)

Mon frérot a entre autres dû fabriquer des poignées de porte en *DILDO* et des *'pocket pussy'* (recherche **Google**!) pour quelques épisodes. Ça donne une idée du contenu hautement académique!

J'ai déjà mentionné que le blaireau dysfonctionnel (et non fonctionnel!) du titre venait directement d'un épisode de cette série.

Mais un autre moment qui restera toujours dans mes souvenirs, et l'image inoubliable qui y est associée, est encore celui du bouc que l'un des personnages devait réveiller coûte que coûte en utilisant des cubes de glace. ***'Straight in the ass!'*** étaient les mots dans le script. Ça a le mérite d'être clair.

Parmi toutes les demandes extravagantes de ma carrière et des moments où je me suis intérieurement dit ***"jamais j'aurais pensé me faire demander ça un jour!"***, celle-là ressort du lot.

Grosso modo, la production voulait une chèvre ultra-réaliste, empesée et flexible, avec un anus de silicone 'extensible au maximum'. En plus, ma chèvre devait ressembler à s'y méprendre à la 'vraie' qui jouait le rôle de la mascotte de l'équipe de football adverse.

Le bouc à l'anus de silicone se ferait insérer deux douzaines de cubes de glace pour, en théorie, le réveiller. Les kidnappeurs lui avaient donné trop de sédatifs.

Cet animal avait plusieurs qualités. Son articulation et son poids étaient très réalistes. La fourrure synthétique commandée aux États-Unis à gros prix était superbe et notre travail de pose / salissage impeccable. L'anus, 'étirable' à souhait! Mais, il ne se tenait pas debout seul. Ça ne faisait pas partie du mandat.

Il devait être transporté, frappé à coups de pieds, accepter le bouche-à-bouche et, évidemment, recevoir les cubes sans broncher, mais pas se tenir debout!

Puisqu'une scène nécessitait cette position, je suis rapidement arrivé à la conclusion que le plus simple serait de me coucher par terre sur le dos hors champ et maintenir la bête 'sur ses pattes' moi-même, à bout de bras.

Je me suis exécuté. Le réalisateur voulait un gros plan du derrière de l'animal. Que le spectateur assimile bien qu'est-ce qui allait dans quel trou, pour quelle raison.

J'ai encore l'image de mon point de vue unique... les couilles pendouillantes du bouc à 1 pouce de mon nez alors que l'actrice pousse des cubes dans l'anus en les comptant pour la caméra. J'ai travaillé le haut du corps pour le reste de la semaine. Pas besoin d'aller au gym ce jour-là.

Puis... le blaireau du titre. Enfin.

JM va me corriger si je divague puisqu'il était présent lors des naissances de la 'bibitte' merdique et du titre.

Toujours pour **Blue Mountain State**, on nous demande de fabriquer un blaireau mécanique. Ils avaient de l'argent mais pas de temps de fabrication à nous accorder. Et ils en étaient conscients.

Le producteur et le directeur artistique se faisaient insistants mais j'avais un mauvais *feeling*.

On venait de traverser une tempête de problèmes techniques et logistiques sur la comédie française **Fatal Bazooka** avec leurs boucs animatroniques et une statue de femme qui 'pisse du champagne', entre autres. En plus du projet **Nuit #1** pour lequel on avait fabriqué une prothèse d'érection perpétuelle à appliquer à l'acteur sur plusieurs jours. (Plus une étude relationnelle qu'un porno, garanti)

Un blaireau *cheap* qui nous ferait mal paraitre était la dernière chose dont on avait besoin.

J'ai refusé sur le coup mais trop poliment. J'ai laissé la porte entrouverte… et le lendemain, les clients sont revenus à la charge.

Le producteur et le directeur artistique étaient motivés. Et leur insistance a gagné mon intérêt pour quelques minutes fatidiques. Puis l'un d'eux a ajouté :

(je traduis)

"Et vous pourrez utiliser un magnifique animal taxidermisé que nous avons déniché au grenier. Ça vous sauvera beaucoup de temps!"

Bon. Premièrement, un animal 'taxidermisé' ça ne se dit pas. C'est naturalisé.

Deuxièmement, les animaux naturalisés ne sont pas faits pour être flexibles. Le cuir devient rapidement sec et cassant après le procédé chimique et les formes sous la fourrure sont faites de polyuréthane rigide. Tout simplement. Le cuir d'un manteau de fourrure, par exemple, est traité différemment. Un traitement qui rétrécit énormément le matériau final.

On doit donc aviser le taxidermiste bien d'avance si on planifie de fabriquer des animaux 'mobiles' avec une armature mécanisée ou empesée. Plus long, plus cher et plus complexe mais ça peut se faire avec une carcasse fraiche, bien préparée. Ou bien, on utilise une fourrure synthétique montée sur un lycra / tulle flexible spécialement conçue pour cette utilisation. Importée des États-Unis et faite sur mesure, cette solution multiplie les coûts et délais associés à la fabrication d'un animal par 4 ou 5 fois.

Malgré nos nombreuses explications pour ne pas s'embarquer dans cette aventure, ils nous revenaient toujours avec des commentaires comme ***"c'est pas grave que ce soit mauvais"***, ***"ça va être drôle"***, ou ***"c'est une comédie loufoque"***.

"On comprend ce que tu dis Rick. On t'entend.
Mais c'est OK. On le veut quand même!"

Point final.

Après plusieurs heures de négociations, j'ai accepté de faire le travail sans garantie de qualité de notre part. Contre le bon sens. Le produit livré aurait l'air d'une moppe raide / marionnette à fils tout droit sortie d'une vente de garage. *D'la marde* finalement.

Ils ont envoyé le vieux blaireau naturalisé avant les années 2000 puis on a commencé la rénovation utopique. Créer les articulations, insérer des simili-pentures en lacets de souliers, attacher des petits anneaux d'ancrage pour les futurs câbles à marionnetter au bout des pattes et du nez, empeser l'abdomen, etc.

Après les premières 24 heures de travail, j'ai offert de ne leur facturer que le tarif minimum et le matériel, sans profit, et on envoie la pauvre bête au cimetière des accessoires merdiques. Sans succès. Les producteurs ne voulaient rien entendre.

Puis les tests initiaux à l'atelier m'ont fait redoubler d'ardeur pour les convaincre de ne pas le mettre à l'écran. Ce coup-ci, j'ai offert de leur rendre tout l'argent et de passer à autre chose. Mais, ils demandent à venir le voir en personne avant de prendre la décision.

Parfait. C'était justement ma nouvelle stratégie pour échapper au contrat, une première démonstration du désastre en devenir. Pour leur montrer l'horreur.

Les joints coupés au niveau des épaules, des cuisses et du cou étaient finis avec des poils de pinceaux beiges. Ces gros poils raides étaient la meilleure imitation qu'on avait pu trouver dans le court délai de 3 jours, mais ça avait l'air 'ordinaire'. Disons-le, ça avait l'air *d'la MARDE!* Comme prévu.

Une ficelle attachée à son museau contrôlait le mouvement majeur lors de ses 'courses' effrénées. Les ressorts aux articulations devaient donner un effet de pattes qui bougent par secousses nerveuses quand on tirait sur la corde reliée au bout du nez.

JM me disait ***"on peut pas livrer ça Rick!"*** et il avait totalement raison. Je lui ai rappelé à quelques reprises que les producteurs étaient au courant des limites du pauvre blaireau tout croche, tout sec et dépeigné.

Mais au lieu de prouver mon point, j'ai rempiré les choses. Ils se roulaient tous par terre. Ravis et satisfaits.

"Oh mon dieu! C'est incroyable!

Le public va adorer!
Je vous l'avais bien dit que ça marcherait les gars."

Eh oui. Je regardais notre bout de poil à la forme de blaireau en me grattant la tête.

Toutes leurs belles phrases ne calmaient pas notre désir de livrer un accessoire dont on pourrait être fier. Après tout, le nom de Lifemaker serait à l'écran. On était rendu là. J'ai brièvement considéré l'idée de vider mon compte de banque et me réfugier au Mexique pour un mois ou deux, juste pour éviter la catastrophe publique d'un premier contrat raté en 20 ans.

À l'atelier, on a dû rire un après-midi au complet pendant la fabrication. Le lendemain, j'avais des douleurs au bas ventre comme si j'avais fait 100 *sit-ups*. Des fous rires, littéralement aux larmes. J'écris ces lignes et je ne peux m'empêcher de rire encore.

Lors de la 2ème démonstration, la veille du jour qui verrait ma carrière s'envoler en fumée dans un nuage de ridicule les 3 producteurs se sont présentés à l'atelier avec 2 amis. Tous portaient des casquettes *'rapper'* avec la palette croche malgré le fait qu'ils soient à quelques décennies au nord de l'adolescence.

Gêné de montrer cette horreur aux clients, on l'a quand même fait 'avancer' (tirer sur la ficelle), 'tourner sur lui-même' (tirer sur la même ficelle de côté) et 'courir, enragé' (tirer sur la ficelle plus vite!). Les pattes trainaient mollasses derrière la bibitte et les poils de pinceau collés sur les articulations tombaient pendant le mouvement. Un fiasco total. On ne se sentait pas dignes du titre ***'maquilleurs FX professionnels'***.

Mais, les 5 hommes se roulaient par terre encore. Extatiques.

"It works!
Marvellous!!"

Eh oui. Je regardais notre moppe à la forme de blaireau en me grattant la tête pour une deuxième fois en compagnie de ces gars-là.

"Let's proceed Rick! This is brilliantly funny.
See you tomorrow on set. This is gonna be epic.
I LOVE IT!!"

Et ils sont partis toujours en riant, regardant en boucle le test qu'ils venaient de filmer avec leurs cellulaires respectifs.

Le proverbial *'tous les goûts sont dans la nature'* s'appliquait bien ici.

Maintenant, il faudrait refaire ce cirque devant les caméras, le lendemain. Une autre courte pensée pour l'anonymat au Mexique…

Nous nous sommes présentés à la location du nord de la ville pas trop confiants, gênés du travail final, malgré l'acceptation en bloc de la production. Nous avons fait connaissance avec les deux vrais blaireaux qui essayaient de manger leurs cages en métal tout en grognant et tentant de sauter sur tous les curieux qui passaient à moins de 3 mètres. Des motivés, antisociaux. Petits mais dangereux.

Je comprenais plus pourquoi ils avaient besoin d'une doublure non-enragée.

Sur le plateau, les propriétaires des bêtes avaient construit une sorte de labyrinthe 'planches de bois couleur gazon' pour protéger l'équipe de techniciens et les acteurs lors des rares scènes où leurs animaux seraient en vedette, en semi-liberté.

On m'a expliqué que les blaireaux n'étaient pas très 'sauteurs' donc de simples murs de 16 pouces de haut seraient suffisants. Finalement, ils sautent effectivement pas pire… plus que 16" une fois qu'ils ont une cible dans la mire!

Malgré toutes les précautions prises, l'un des enragés a réussi à sortir de son enclos. Une scène qui devenait routinière pour moi avec l'explosion de l'automobile de **Shirley Pimple** ou la fuite d'essence aux **Studios de l'ONF**, c.-à-d. la panique totale ressemblant à une fourmilière inondée. Ça criait et ça courait comme si le blaireau en liberté était en fait une famille d'ours affamés munie de mitraillettes.

Heureusement, il a été capturé avant de dévorer un technicien moins rapide en course à pied. Nous avons tourné le reste des scènes de 'course' avec notre marionnette à fils.

Plus on tournait des plans, plus nous étions découragés de cette merde, plus les techniciens et nos clients trouvaient ça génial. Faut croire que je n'étais pas assez dans la mentalité 'loufoque' pour apprécier ce que je livrais à sa juste valeur. Un accessoire hilarant pour un show 'loufoque'.

Quand l'assistant-réalisateur a appelé le ***"WRAP"*** de fin de nuit, nous étions soulagés. J'ai donné un coup de pied bien mérité à notre marionnette amateur puis je l'ai lancé à l'arrière de mon véhicule avec dédain. Poubelle. Salut. Bye!

Et, la phrase mythique est née chez Lifemaker FX… ***'And the Oscar goes to … THE BADGER!'*** En anglais au début, traduit pour les besoins de la cause depuis cet épisode.

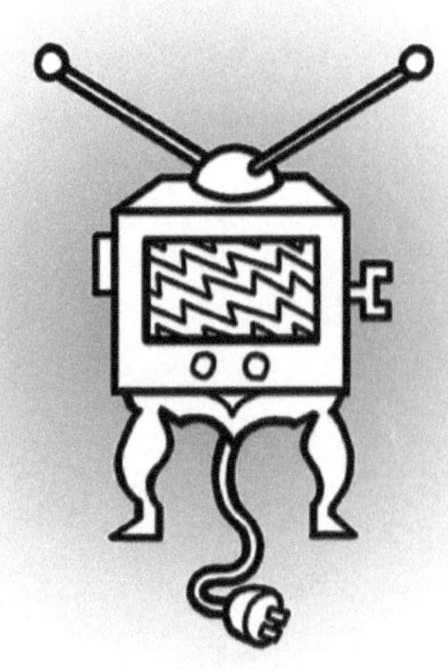

Épilogue.

Ce livre est basé sur ma vie, oui. Basé mais romancé, oui. Par contre, il entre sans aucun doute dans la catégorie 'fiction' des libraires. Comme disait Stephen King dans son excellent ***'On writing'***, on doit écrire sur ce que l'on sait. Plus facile, plus naturel, plus vrai. Gros bon sens.

J'avais écouté M. King pour mon premier livre, ma propre jeunesse. Pourquoi changer quelque chose qui marche? J'ai donc continué d'appliquer son conseil avec celui-ci...

Par contre, une question que l'on m'a demandée à maintes reprises depuis que j'ai commencé le travail d'écriture de 'Et l'Oscar va au... BLAIREAU!' il y a plusieurs années concerne le pourcentage de 'vrai' versus 'romance'.

Évidemment.

"T'as vraiment fait ça?"
"T'as tourné là-bas pendant les problèmes politiques!"

“Elle a vraiment dit ça?”

“Y’é mort pendant l’tournage!”

Des centaines de commentaires surpris, à répétition.

Grosso modo la plupart des intervenants et témoins vont se reconnaitre, tous, ce qui donnerait un haut pourcentage au côté ‘vrai’. Disons 90 % pour ceux qui veulent absolument un chiffre. Mais ils vont se gratter la tête en réalisant les changements de sexe ou les amalgames des différents personnages. Tout simplement. Les poursuites judiciaires c’est ‘l’fun’... jusqu’à ce que ça ne le soit plus.

Certains noms et quelques villes sont changés parce que, comme j’expliquais, une poursuite c’est vraiment poche et stressant. 2 ça m’a traumatisé. Je n’en veux pas une troisième!

Si on accepte le chiffre de ‘vrai’ à 90 % ça nous laisse 10 % de ‘romance’. Ce 10 % est totalement réservé pour les évènements ou actions ou personnages du livre qui pourraient grandement me compliquer la vie dans le cas d’une poursuite en cour par une production ou un acteur mécontent. Une marge de manoeuvre défensive!

90-10 sera donc ma position officielle devant le juge.

À PROPOS DE L'AUTEUR :

Âgé de cinquante-six ans, Erik Gosselin est propriétaire et artiste principal de l'entreprise **Lifemaker Make-Up Effects inc.**, qu'il a fondé il y a près de trente ans.

Il a transformé avec son frère jumeau Karl, un 'trip d'été' à produire et animer une populaire série à la Télé-Communautaire locale en une fructueuse carrière dans les effets spéciaux de cinéma.

Il est marié à la maquilleuse Edwina Voda depuis plusieurs années.

Dans son métier, il compte déjà plusieurs nominations et victoires entre autres aux **Gémeaux**, **Hollywood Guild Awards**, **Iris**, **Prix Écrans Canadiens** et **Nocturna Madrid Film Festival**.

Écrivain à temps partiel, il travaille déjà sur ses 2ème et 3ème scénarios de films (horreur, évidemment) en plus de finaliser son recueil de nouvelles ***'Métiers à risques'*** (horreur aussi, évidemment)!

À VENIR :

Steve's Roadtrip

Cette histoire est un scénario de film déjà complété qui sera adapté en roman.

"Steve Woodman est un décrocheur scolaire de 20 ans qui a renoncé à joindre l'entreprise familiale de plomberie. Contre la volonté de son père, il décide de poursuivre son rêve de devenir écrivain en se rendant en Transylvanie. En mission pour voir le château de **Dracula** dans le village de Bran, espérant y trouver de l'inspiration pour son premier best-seller.

Mais l'Europe de l'Est a beaucoup de surprises qui vont tester la volonté de l'aventurier à survivre!"

Métiers à risques

Une anthologie de meurtres et mystères contenant 13 nouvelles littéraires, écrite en collaboration avec mon frère Karl Gosselin… continuation de nos années d'adolescents écrivains amateurs.

Pour être tenu au courant des dates de sortie de ces ouvrages ou des conférences de l'auteur visitez le site ***www.erikgosselin.rocks***

Vous pourrez y laisser votre adresse courriel pour recevoir des infos et des mises à jour.

www.ingramcontent.com/pod-product-compliance
Lightning Source LLC
Chambersburg PA
CBHW031628200726
48288CB00019B/353

* 9 7 8 1 7 7 5 1 4 6 5 6 8 *